# DR. ZHI GANG SHA
Seelensprache

# DR. ZHI GANG SHA

# Seelensprache

### Erkenne deine innere Wahrheit

Aus dem Amerikanischen von
Peter Herrmann

Die amerikanische Ausgabe erschien 2008
unter dem Titel »Soul Communication« bei Atria Books, New York.


Die Folie des Schutzumschlags sowie die Einschweißfolie
sind PE-Folien und biologisch abbaubar.
Dieses Buch wurde auf chlor- und säurefreiem Papier gedruckt.


Besuchen Sie uns im Internet: www.droemer-knaur.de
Alle Titel aus dem Bereich MensSana finden Sie im Internet unter:
www.mens-sana.de

Deutsche Erstausgabe
Copyright © 2007, 2008 by Heaven's Library Publication Corp.
and Dr. Zhi Gang Sha
Copyright © 2010 der deutschsprachigen Ausgabe bei Knaur Verlag.
Ein Unternehmen der Droemerschen Verlagsanstalt
Th. Knaur Nachf. GmbH & Co. KG, München
Alle Rechte vorbehalten. Das Werk darf – auch teilweise –
nur mit Genehmigung des Verlags wiedergegeben werden.
Redaktion: Ralf Lay
Umschlaggestaltung: ZERO Werbeagentur, München
Umschlagabbildung: Gettyimages / Vstock
Satz: Adobe InDesign im Verlag
Druck und Bindung: GGP Media GmbH, Pößneck
Printed in Germany
ISBN 978-3-426-65648-8


2   4   5   3   1

# Inhalt

# Einführung

Der Sinn des Lebens liegt im Dienen. Wir sind universelle Diener. Ein universeller Diener leistet universellen Dienst. Dieser schließt die universelle Liebe und Vergebung, den Frieden, die Heilung, den Segen, die Harmonie und die universelle Erleuchtung ein.

Meine Aufgabe besteht darin, das Bewusstsein der Menschheit und aller Seelen im Universum zu transformieren, um dadurch alle Seelen zu vereinen und eine friedvolle und harmonische Welt sowie ein friedfertiges und ausgeglichenes Universum zu erschaffen. Diese Mission umfasst drei Ermächtigungen.

Die erste besteht darin, universellen Dienst zu lehren, der die Menschen dazu befähigt, bedingungslose universelle Diener zu sein. Die Botschaft des universellen Dienstes lautet:

*Ich bin ein universeller Diener.*
*Du bist ein universeller Diener.*
*Alles und jedes ist ein universeller Diener.*

Ein universeller Diener leistet bedingungslos seinen universellen Dienst. Dazu zählen Vergebung, Heilung, Harmonie, Frieden, Segen und Erleuchtung:

*Ich diene der Menschheit und dem Universum bedin-*
*gungslos.*
*Du dienst der Menschheit und dem Universum bedin-*
*gungslos.*
*Gemeinsam dienen wir der Menschheit und dem*
*Universum bedingungslos.*

Der zweite Teil meiner Mission besteht darin, Heilung zu lehren, damit die Menschen ermächtigt werden, sich selbst und andere zu heilen. Die Botschaft der Heilung lautet:

*Ich habe die Kraft und die Macht, mich selbst zu heilen.*
*Du hast die Kraft und die Macht, dich selbst zu heilen.*
*Gemeinsam haben wir die Kraft und die Macht, die Welt*
*zu heilen.*

Der dritte Teil meiner Mission besteht darin, Seelenweisheit zu lehren, damit die Menschen ermächtigt werden, ihr gesamtes Leben zu transformieren sowie ihre Seelen, ihren Geist und ihren Körper zu erleuchten. Die Botschaft der Seelenweisheit lautet:

*Ich habe die Kraft und die Macht, mein Leben zu trans-*
*formieren und meine Seele, meinen Geist sowie*
*meinen Körper zu erleuchten.*
*Du hast die Kraft und die Macht, dein Leben zu transfor-*
*mieren und deine Seele, deinen Geist sowie deinen*
*Körper zu erleuchten.*
*Gemeinsam haben wir die Kraft und die Macht, die ganze*
*Welt zu transformieren und die Menschheit sowie alle*
*Seelen zu erleuchten.*

Den Beginn des 21. Jahrhunderts kann man als eine »Übergangsphase« bezeichnen, in der die Erde ins *Zeitalter des Seelenlichts* wechselt. Naturkatastrophen, Tsunamis, Orkane, Erdbeben, Überschwemmungen, Dürreperioden, extreme Temperaturen, Hungersnöte, Krankheiten, politisch oder religiös begründete Kriege, Terrorismus und anderes mehr sind Teil dieses Übergangs. Millionen leiden unter Depressionen, Ängsten, Wut, Beklemmungen und Sorgen aller Art, unter Schmerzen, chronischen Beschwerden und lebensbedrohlichen Krankheiten. Die Menschheit bedarf der Hilfe. Ihr Bewusstsein muss transformiert, ihr Leiden beendet werden.

Eines der dringendsten Bedürfnisse aller Seelen besteht im Zugang zu göttlicher Weisheit und den damit verbundenen Gaben des Wissens, der Erkenntnis, der Liebe, Vergebung, des Mitgefühls und des Friedens. Zu allen Zeiten wurden uns offenen Herzens heilige Schriften zugänglich gemacht, um uns himmlische Weisheit und himmlisches Wissen zu vermitteln. Gleichzeitig wurden aber auch tiefe Wahrheiten, echte Weisheit und heiliges Wissen aus kulturellen, politischen oder religiösen Gründen entstellt und verdreht.

In unseren Tagen nun darf uns wieder heiliges Wissen zufließen, um das Bewusstsein anzuheben. Zu diesem historischen Zeitpunkt haben wir mit Hilfe der göttlichen Führung die Heaven's Library gegründet, die bei jener Mission behilflich sein soll. Das Ziel dieser Bücher besteht darin, göttliche Lehren und Unterweisungen anzubieten, die Seelenweisheit vermitteln, Seelengeheimnisse enthüllen und praktisch anwendbare Werkzeuge und Schätze enthalten, die es den Menschen ermöglichen, sich selbst zu heilen und zu erleuchten, jeden einzelnen Aspekt ihres Lebens zu transformieren, diese Dienste auch anderen anzubieten und dadurch ein harmonisches und erleuchtetes Universum mitzugestalten.

Im Jahr 2003 wurde ich als göttlicher Diener, Werkzeug und Kanal auserwählt, um der Menschheit und allen Seelen im Universum nachhaltige göttliche Heilung und Segensschätze zukommen zu lassen. Diese Heilungs- und Segensschätze können auf körperlich-physischer, emotionaler, mentaler oder spiritueller Ebene wirken und umfassen alle Aspekte des Lebens, einschließlich Beziehungen und Finanzen.

Die göttliche Führung hat mich beauftragt, ausgewählten Menschen ganz bestimmte Fähigkeiten zu übertragen, um sie zu »göttlichen Schreibkanälen« zu machen. Jeder von ihnen hat die Aufgabe, mehrere Bücher sozusagen mit meiner Stimme, über meinen »Kanal« zum Göttlichen sozusagen aus sich herausfließen zu lassen. Der jeweilige Titel eines Buchs wird dabei vom Göttlichen bestimmt. Jede Buchreihe oder jeder Buchtitel wiederum ist maßgeschneidert für den jeweiligen Repräsentanten der Menschheit zu diesem besonderen Zeitpunkt seiner Seelenreise. Auch der Inhalt wird durch das Göttliche bestimmt. In den Büchern geht es um viele Aspekte des Lebens: alte Weisheit, Weisheit eingeborener Völker, Anleitungen zum Umgang mit Kindern verschiedenen Alters, Jugendlichen oder Erwachsenen. Es geht um verschiedenste Berufe, Elternschaft, Musik, Yoga, Geschäfte, Erziehung und Ausbildung, Technologie und vieles mehr. Ihr Hauptanliegen besteht darin, Seelenweisheit zu vermitteln. Dazu gehören göttliche Intelligenz, Liebe und Vergebung, göttliches Mitgefühl – sowie praktische Übungen zu all diesen Themenbereichen.

Das Göttliche hat mir erlaubt, den Schreibkanälen auf direktem Weg verbleibende Schätze zu übertragen, um ihre

»Kanäle« zu öffnen und die göttlichen Schriften zu ihren Seelen »downzuloaden«. Sobald diese Schätze von den Schreibkanälen angerufen werden, fließt das entsprechende Buch quasi automatisch aus ihnen heraus. Die göttlichen Kanäle nutzen dabei nicht ihren logischen Verstand, ihre Ratio, und denken nicht darüber nach, wie oder was sie schreiben oder sagen. Stattdessen rufen Sie einfach ihre göttlichen Gaben an und schreiben auf, was sie im Inneren hören. Wir verfügen auch über göttliche Lektoren, die mit entsprechenden göttlichen Downloads ausgestattet wurden, um diese Bücher zu bearbeiten. Schließlich lese ich das Buch noch einmal und stimme der Veröffentlichung zu.

Auch dieses Buch ist so entstanden. Es ist ein hingebungsvoller universeller Diener. Öffne dein Herz und deine Seele, wenn du es liest. Wende die Weisheit, das Wissen und die Übungen, die du hier findest, an, um dein Leben zu heilen, zu transformieren und zu erleuchten. Es ist uns eine Ehre, der Menschheit und allen Seelen im Universum zu verkünden, dass es hier darum geht, göttliche Weisheit, göttliches Wissen und praktische Übungen zu enthüllen und zu vermitteln.

Nimm es auf. Verdau es. Wende es an. Profitiere davon.

*Ich liebe mein Herz und meine Seele.*
*Ich liebe die ganze Menschheit.*
*Verbindet Herzen und Seelen miteinander.*
*Liebe, Frieden und Harmonie.*
*Liebe, Frieden und Harmonie.*

Diese göttlichen Lehren und Unterweisungen können dir allzeit dienlich sein.

Auf der ganzen Welt haben Tausende, wenn nicht gar Millionen von Menschen den Wunsch nach Seelenkommunikation. Seit langem schon sehnen sich ihre Seelen danach. Einige von ihnen warten bereits seit vielen Leben. Es ist sehr wahrscheinlich, dass du einer dieser Menschen bist. Jeder Einzelne von euch hat nun die Möglichkeit, Seelenkommunikation zu erlernen.

Seelenkommunikation ist ein bedeutendes Geschenk für diese Ära, das *Zeitalter des Seelenlichts*, das am 8. August 2003 begann. (Darauf werde ich noch eingehen.) Die Seelenkommunikation ermöglicht es dir, dich direkt mit dem Göttlichen zu unterhalten, mit den höchsten Heiligen oder mit jeder beliebigen Seele. Die Weisheit, Heilung, Verjüngung und Transformation, die mit der Seelenkommunikation einhergehen, sind wahrlich grenzenlos. Du wirst über die Maßen erstaunt sein, wie Seelenkommunikation dein Leben verändern kann. Dir werden Geheimnisse enthüllt werden, Ursachen für Blockaden auf deinem Weg mögen deutlich werden, gesundheitliche Probleme können sich verbessern, der Alterungsprozess kann verlangsamt werden. Ich kann und darf dir natürlich nichts versprechen. Sei aber gewiss, dass die Lehren, die dieses Buch enthält, dein Leben vollständig transformieren können.

Die Seelenkommunikation ist der Schlüssel zu unschätzbaren Kostbarkeiten. Zu diesen Schätzen zählt das Öffnen deiner spirituellen Kanäle, das Empfangen wundervoller Lehren aus den höchsten Ebenen der Seelenwelt, die Gegenwart der außergewöhnlichen Frequenz, die mit dem jeweiligen Thema deiner Kommunikation verbunden ist, und vieles mehr. In diesem Buch erfährst du mehr zu diesen Schätzen.

Einige der praktischen Anregungen und einfachen Übungen mögen dir vertraut erscheinen. Vielleicht ist aber auch alles vollständig neu für dich. Es spielt keine Rolle. Nutze dieses Buch, um Seelenkommunikation als den Schatz zu verstehen, der sie ist, um zu erfahren, wie du Seelenkommunikation anwenden kannst, um für jeden Aspekt deines Lebens Vorteile daraus zu ziehen. Nutze dieses Buch, um deine spirituellen Kanäle immer weiter zu öffnen, um Unterweisungen zu erhalten, denn jeder seiner Aspekte ist ein Segen für alle, die es lesen.

Je mehr Segnungen du erhältst, desto höher wird deine Frequenz. Dies ist von großer Bedeutung, da die höchsten Lehren nur jenen anvertraut werden, die damit umgehen können. Wenn deine Schwingung niedrig ist, wird der Grad der Weisheit, den du empfängst, sehr begrenzt sein. Dies kann sich dadurch ändern, dass du dieses Buch nutzt, um die Segnungen zu erhalten, die du benötigst. Das Verfahren hilft dir dabei, jeden einzelnen Teil der Lehren dieses Buches zu einem Teil deines Lebens zu machen. Dieses Buch ist ein Heilungs- und Segnungswerkzeug, das dazu geschrieben wurde, dir zu dienen.

Ich bin dankbar, weil ich der Menschheit jene Lehren und Unterweisungen zu diesem entscheidenden Zeitpunkt in der Übergangsphase von Mutter Erde und all ihren Wesen übermitteln darf. Ebenso, weil ich Weisheit und Einsichten weitergeben darf, so dass du ihre Kraft, ihre Macht und ihren Nutzen für dich selbst erfahren kannst.

Ich bin meinem über alles geliebten spirituellen und »Adoptivvater«, dem Meister Zhi Chen Guo, zutiefst dafür dankbar, dass er mir die Tore zu dieser Information geöffnet hat. Ohne seine Lehren und Unterweisungen wäre ich nicht in der Lage gewesen, dieses Buch zu schreiben. Großzügig hat er tiefe Geheimnisse und profunde

Weisheit an mich weitergegeben. Es ist mir eine Ehre und ein Privileg, dieses Wissen nun dir und allen Menschen anzubieten.

Danke, danke, danke.

*Zhi Gang Sha*

# 1
# Was ist Seelenkommunikation?

**K**ommunikation ist einer der bedeutendsten Aspekte des Daseins. Nicht nur für den Menschen, sondern für alles Leben. Du kommunizierst mit deinen Familienangehörigen, deinen Kollegen, deinen Freunden. In unserer modernen Welt tauschen wir uns aus über Telefon, Internet, Funk, Fernsehen und über Satellit. Mittels fortschrittlicher Technologie kommunizieren Wissenschaftler mit unseren Zellen und Zelleinheiten, mit Planeten, Sternen und Galaxien. Kommunikation ist ein grundlegender Teil unseres Lebens.

Kommunikation findet auf Mutter Erde fortwährend statt. In unserem Umfeld und in unserem Innern. Wir nutzen zahllose Kommunikationsformen in unserem Leben. Kommunikation findet nicht nur zwischen menschlichen Wesen statt, sondern ebenso zwischen allen Tieren, Pflanzen und Insekten. Man denke nur an die Sprache und Intelligenz der Delphine, an den Zug der Vögel und die Organisation in einem Bienenkorb, daran, wie Pflanzen auf die wundervollen Melodien und Harmonien Mozarts reagieren. Oder denk daran, wie DNA und RNA in deinen Zellen über Generationen hinweg kommunizieren. Alles, was lebt, steht miteinander in einem regen Austausch.

Wusstest du, dass die sogenannte unbelebte Materie ebenso kommuniziert? Alles, was sich in dem Zimmer befindet, in dem du gerade dieses Buch liest, kommuniziert. Die Firma, für die du arbeitest, das Auto, das du fährst, Berge und Flüsse, die Erde: Sie alle kommunizieren miteinander. Dieses Buch kommuniziert jetzt mit dir.

Du kannst mit allen lebendigen und unbelebten Gegenständen in Verbindung treten, mit solchen, die keine physische Form haben, die sich in den spirituellen Sphären oder, wie ich es nenne, der Seelenwelt befinden. Du kannst dies mittels der Seelenkommunikation tun. Durch Seelenkommunikation kannst du von jeder Seele des Universums Weisheit, Wissen oder Heilung empfangen. Dieses Buch lehrt dich, wie das funktioniert.

Alles hat eine Seele. Ein Mensch hat eine Seele. Ein Tier hat eine Seele. Eine Pflanze hat eine Seele. Eine Blume hat eine Seele. Ein Berg hat eine Seele. Ein Fluss hat eine Seele. Kommuniziert eine Seele mit einer anderen Seele? Wie kommuniziert eine Seele? Worin liegt die Bedeutung der Seelenkommunikation? Worin besteht ihr Nutzen? Wie kannst du deine spirituellen Kanäle öffnen, um dich in Seelenkommunikation zu üben? Es ist mir eine Freude, dir die Weisheit und die Geheimnisse der Seelenkommunikation zu enthüllen. Dieses Buch beantwortet dir all diese Fragen und viele mehr.

## Das Geheimnis des Seelenrangs

Seelenkommunikation ist der Austausch zwischen Seele und Seele, auch zwischen Seele und Geist. Brauchen wir

Seelenkommunikation? Wir benötigen sie, um die wahren Wünsche und Absichten unserer Seele zu verstehen. Es gibt dann keinen Zweifel mehr über die wirkliche Absicht deines Lebens. Hat die Seele einen Lebenssinn? *Ja!* Die Seele verfolgt eine ganz klare Absicht. Sie hat ihren ganz besonderen Lebenssinn. Auch die Seele eines Tieres hat eine Absicht. Hat auch die Seele eines Bergs oder einer Pflanze eine bestimmte Absicht? Die Antwort ist ebenfalls klar. *Ja!* Jede einzelne Seele verfolgt eine ganz bestimmte Absicht.

Was könnte man als den Lebenszweck einer Seele bezeichnen? *Jede Seele verfolgt den Zweck, ihren Status, ihren Standpunkt, ihren Rang zu erhöhen.* Als menschliche Wesen befinden wir uns in jener Sphäre des Universums, die über neun verschiedene Seelenebenen verfügt. Die neunte ist hierbei die unterste, während die erste die höchste Ebene ist.

Eine neugeborene Seele kommt auf Mutter Erde und schwebt durch die Natur. Sie verbindet sich möglicherweise mit einem Felsen, einer Blume oder einem Baum. So erfährt sie das körperliche Leben. Diese Seelen befinden sich in der Ebene neun. Im Laufe vieler Leben lernen und wachsen diese Seelen durch ihre eigenen Erfahrungen. Dadurch bereiten sie sich auf die Ebenen acht oder sieben vor. Hier können sie als Seelen für Berge, Flüsse oder Wälder dienen. Auch auf diesen Ebenen lernen die Seelen weiterhin durch ihre Erfahrungen und leisten sowohl der Natur als auch der Gemeinschaft gute Dienste. Dadurch kann die Seele in höhere Ebenen aufsteigen und als Tier inkarnieren. Die Tierseelen befinden sich auf den Ebenen sechs oder fünf und dienen auch hier dem Universum. Sie lernen jetzt weitere Lektionen und vervollkommnen sich. Dadurch erhöhen sie ihren Seelenrang. Wenn sie ihre Sache gut gemacht haben, werden die Tierseelen auf die menschlichen Ebenen erhoben. Dies sind die Ebenen vier und drei. Menschen erheben den Status ihrer Seele dadurch, dass sie gute Dienste leisten. Diese schließen bedingungslose Liebe, Vergebung, Freundlichkeit, Integrität, Großzügigkeit, bedingungsloses Mitgefühl und vieles Ähnliche mehr ein. Wer als Mensch seine Sache außerordentlich gut gemacht hat, wird auf die Ebenen der Heiligen erhoben. Hier befinden sich die Seelen der christlichen Heiligen, der Buddhas, der taoistischen Heiligen, der aufgestiegenen Meister, der Erzengel sowie der großen Gurus und Lamas. Es sind dies die Ebenen zwei und eins.

Für jeden Schritt auf der Seelenreise von Ebene neun zu Ebene eins können Hunderte von Leben notwendig sein. Diese Lehre über den Seelenstandpunkt wurde mir von meinem spirituellen Vater vermittelt, Meister Zhi Chen Guo. Es ist uns eine Ehre, diese Geheimnisse enthüllen zu dürfen. Du magst mit unserer Lehre übereinstimmen oder auch nicht. Es handelt sich um unsere persönlichen Einsichten und unser persönliches Verständnis der Dinge. Wir achten und ehren deine eigenen Einsichten und Perspektiven. Meister Guo und ich betrachten uns als universelle Diener, die einfach ihr Wissen weitergeben. Es ist uns eine Ehre, dir dienen zu dürfen.

Warum enthülle ich diese Seelengeheimnisse? Es ist mein Wunsch, dass du die Absicht deiner und jeder Seele verstehst. Nun, da du um die Ebenen und den Seelenrang weißt, magst du vielleicht fragen: »Was ist so wichtig daran, meinen Seelenstandpunkt zu erhöhen?« Wie war es denn bisher in der Geschichte der Menschheit? Wie viele christliche Heilige, Heilungs-, Erzengel, aufgestiegene Meister, Buddhas, taoistische Heilige, Lamas und indische Gurus haben der Menschheit auf Mutter Erde gedient?

Warum dienen sie bedingungslos? Ihre Absicht ist, in Übereinstimmung mit der Absicht ihrer Seele ihren Status zu erhöhen.

Die Seele einer hohen Ebene verfügt über große Weisheit, hohe Intelligenz, großes Wissen und die Fähigkeit, zu dienen. Millionen von Menschen kennen die Geschichten aus der Bibel. Millionen von Menschen kennen die Geschichten des Buddha. Warum sind diese Geschichten so kraftvoll? Sie sind kraftvoll, weil das Göttliche selbst und das Universum ihnen diese Kraft verleihen. Diese Kraft wird »Seelen-« oder »spirituelle Kraft« genannt. Es ist keine andere Art von Macht.

Jede Seele im gesamten Universum trägt den Wunsch in sich, ihren Status zu erhöhen, um näher am Göttlichen zu sein. Das spirituelle Gesetz besagt, dass die Seelenkraft, die dir vom Göttlichen gegeben wird, umso größer wird, je höher dein Seelenrang ist. Der Wunsch der Seele, ihre Position zu erhöhen, entspringt nicht dem Ego. Es ist ihr klarer Wunsch, höhere Fähigkeiten zu erlangen, um der Menschheit, der Erde und dem Universum dienen zu können.

Um dem Göttlichen näher sein zu können, musst du ihm immer ähnlicher werden. Der Seelenstandpunkt ist nur auf eine Art und Weise zu erhöhen: Biete deinen bedingungslosen universellen Dienst an. Universeller Dienst schließt universelle Liebe, Vergebung, Heilung, Harmonie, Erleuchtung, universellen Frieden und Segen ein. Leistest du kleine Dienste, erhältst du kleine Segnungen vom Göttlichen und dem Universum. Leistest du ein bisschen größere Dienste, erhältst du größere Segnungen. Leistest du jedoch bedingungslosen, universellen Dienst, erhältst du grenzenlose Segnungen.

Wir verbinden uns jetzt in unseren Herzen und Seelen für eine einfache Übung, die der Menschheit und allen Seelen im Universum einen bedingungslosen Dienst leistet. Wir offerieren diesen Dienst, um jede einzelne Seele zu erhöhen. Dies tun wir, indem wir das Mantra *Bedingungsloser universeller Dienst* wiederholen.

Sprich: *Liebe Seele, lieber Geist und lieber Körper des bedingungslosen universellen Dienstes. Ich liebe euch. Würdet ihr bitte der gesamten Menschheit und allen Seelen im Universum dienen? Erhebt alle Herzen und alle Seelen. Ich fühle mich geehrt und gesegnet. Ich kann euch gar nicht genug danken. Danke, danke, danke.*

Danach chantest oder singst du immer wieder: *Bedingungsloser universeller Dienst, bedingungsloser universeller Dienst, bedingungsloser universeller Dienst.* Tu dies mindestens drei Minuten lang. Je länger, desto besser. Je mehr guten Dienst du dadurch leistest, desto mehr *Tugend* – das bedeutet *spirituelle Werte* oder *gutes Karma* in Form von »himmlischen Blumen« – erlangst du, und der Status deiner Seele wird mehr und mehr erhoben. Wenn du dieserart gute Dienste leistest, wirst du auf wundervolle Weise gesegnet. Das Mantra *Bedingungsloser universeller Dienst* verbindet sich mit dem Göttlichen und mit allen Seelen, so dass du deine vollständige Liebe, Vergebung, Fürsorge und dein vollständiges Mitgefühl schenken kannst. Dieser Schatz ist äußerst praktisch und kann zu jeder Zeit und an jedem Ort leise oder laut angewendet werden. Die einzige Voraussetzung besteht in deiner Ernsthaftigkeit und deinem offenen Herzen.

Die Seelenreise hängt naturgemäß mit dem Gedanken der Reinkarnation zusammen. Ich persönlich glaube zutiefst an die Wiedergeburt. Sie ist eines der bedeutendsten spirituellen Gesetze. Wir befinden uns innerhalb besagter neun Ebenen des Himmels, die auch »Dschu Tien« genannt werden (*dschu* heißt »neun«, *tien* bedeutet »Himmel«). Alle Seelen im Dschu Tien inkarnieren immer wieder mit dem Ziel, die Ebene eins zu erreichen. Aber selbst dann ist die Reise noch nicht zu Ende. Auch die hohen Seelen der Heiligen auf Ebene eins sind bestrebt, ihren Status weiter zu erhöhen. Der nächste Schritt besteht darin, Dschu Tien hinter sich zu lassen und seine Seele darüber hinaus zu erheben. Diese Sphäre nennt sich »Tien Wai Tien«, was wörtlich übersetzt »Himmel über dem Himmel« bedeutet. Wenn eine Seele der Menschheit, Mutter Erde und dem Universum sehr gut gedient hat, können der Himmel und das Göttliche entscheiden, diese Seele aus der Ebene eins in Tien Wai Tien zu erheben.

Worin besteht der wichtigste Grund, in Tien Wai Tien erhoben zu werden? *In Tien Wai Tien endet das Rad der Wiedergeburt für eine Seele.* Die Seele hält sich dann ständig in Tien Wai Tien auf und befindet sich damit in der göttlichen Sphäre. Diese Seele muss nicht mehr als Mensch inkarnieren. Sie darf für immer in der Seelenwelt bleiben. Dennoch wird sie der Menschheit und dem Universum weiterhin auf eine ganz besondere Weise dienen können, da eine Seele in Tien Wai Tien über noch kraftvollere Fähigkeiten als eine Seele in Dschu Tien verfügt.

Dies sind die grundlegenden Seelengeheimnisse zum Seelenrang in Dschu Tien und zu der Möglichkeit, in Tien Wai Tien erhoben zu werden. Dies ist Ziel und Zweck einer jeden Seele im Universum. Wie kannst du nun erfahren, wo deine Seele sich befindet? Die Seelenkommunikation ist der Schatz, mit Hilfe dessen du die Antwort auf diese und viele andere Fragen zu deiner Seelenreise erhalten kannst.

Seelenkommunikation ist eine grundlegende spirituelle Weisheit zum Verständnis deiner spirituellen Reise. Sie kann darüber Aufschluss geben, wo du dich aus spiritueller Sicht gerade befindest. Sie kann dir Hinweise zu deiner Reise durch vergangene Leben geben, dazu, wie sich deine Seelenreise im gegenwärtigen Leben darstellt, sowie eine Aussicht auf deine zukünftigen Leben gewähren. Das körperliche Dasein ist sehr kurz. Das spirituelle Leben ist ewig. Der Sinn des körperlichen Lebens liegt darin, dem spirituellen zu dienen. Seelenkommunikation kann dich auf deiner physischen Reise leiten, so dass du deine spirituelle Reise bewältigen magst.

Durch Seelenkommunikation wirst du direkte Führung vom Göttlichen erhalten. Jeder kann lernen, unmittelbar mit dem Göttlichen und den höchsten spirituellen Lehrern im Himmel zu kommunizieren. Öffne deine Kanäle der Seelenkommunikation, um ihre Lehren, ihre Weisheit und ihr Wissen zu empfangen. Deine Intelligenz und deine Fähigkeiten werden wachsen, und jeder Aspekt deines Lebens wird davon profitieren.

Mit Hilfe der Seelenkommunikation kannst du auch direkt das Göttliche und hohe spirituelle Wesen anrufen, um sie um Heilung und Segnungen für dein Leben zu bitten. Dies darf gern auch Beziehungen und das Berufsleben betreffen. Öffne die Kanäle deiner Seelenkommunikation und gestatte ihr, jeden Aspekt deines Lebens zu transformieren. Dazu zählen Geschäfte, Partnerschaften, Emotionen, Gefühle, körperliche Leiden und deine gesamte spirituelle Reise. Du kannst Seelenkommunikation für jeden Aspekt deines Lebens anwenden. Die einzige Begrenzung besteht in deiner eigenen Flexibilität und Kreativität. Die Möglichkeiten zur Transformation sind grenzenlos.

Ich habe Hunderten von Schülern auf der ganzen Welt gezeigt, wie sie ihre spirituellen Kanäle öffnen können. Dies geschah durch tägliche Kommunikation mit dem Göttlichen und dadurch, dass sie Segnungen zur Reinigung und Transformation ihrer spirituellen Kanäle erhielten. Darüber hinaus habe ich wie gesagt etwa hundert Schreiber erschaffen, die ihre göttlichen Schreibkanäle geöffnet haben. Diese göttlichen Schreibkanäle empfangen Weisheit und Lehren direkt aus der spirituellen Welt, um jeden Aspekt des Lebens zu stärken. Auch dir kann all das Gute, das sie empfangen haben und noch empfangen, nützlich sein.

Viele Menschen haben den Wunsch, mit dem Göttlichen, den höchsten Heiligen und allen Aspekten der Seelenwelt zu kommunizieren. Es ist durchaus möglich, dies zu tun. Es ist mein Wunsch, dies Tausenden, ja, Millionen von Menschen zu vermitteln. Ich habe mich dazu verpflichtet, der Menschheit die Seelenkommunikation beizubringen. Dieses Buch hier zu lesen und zu nutzen ist eine Möglichkeit, deine Fähigkeiten zur Seelenkommunikation zu entwickeln. Die Menschheit wartet auf die Gelegenheit, Seelenkommunikation zu einem Teil des täglichen Lebens werden zu lassen. Je mehr Menschen Seelenkommunikation praktizieren, desto größere Segnungen und desto mehr Heilung kann jeden einzelnen Teil des Lebens erreichen.

Seelenkommunikation ist mit Sicherheit nicht beschränkt auf jene, die sich auf der spirituellen Reise befinden. Sie ist für die ganze Menschheit da. Stell dir vor, wie Mutter Erde aussähe, wenn mehr und mehr Menschen ihre Fähigkeit zur Seelenkommunikation entwickeln könnten. Sie ist ein Geschenk für jeden Menschen. Sie ist auch ein Geschenk für die Erde.

Gestatte mir, dein Diener zu sein, indem ich dir Weisheit und Geheimnisse zur Seelenkommunikation übermittle. Gestatte mir, dir geheime Techniken zur Öffnung deiner spirituellen Kanäle mitzuteilen. Gestatte mir, dir zu dienen, indem ich dir Seelenweisheit übermittle, die dir auf deiner spirituellen Reise helfen kann. Seelenkommunikation wird dir gute Dienste leisten, wenn du willens bist, deinen Seelenstandpunkt zu erhöhen und deine spirituelle Reise erfolgreich zu bewältigen. Sie wird dir gute Dienste leisten, wenn du willens bist, einen jeden Aspekt deines Lebens zu transformieren.

Deine Seele hat auf diese Botschaft gewartet. Sie ist glücklich, dass die Gelegenheit nun verfügbar ist. Während du dieses Buch liest, erhältst du kraftvolle Lehren und Segnungen, um deine Fähigkeiten zur Seelenkommunikation zu entwickeln. Empfange diese Segnungen. Lerne die Weisheit. Übe damit. Zieh deinen Nutzen daraus.

## Die Bedeutung
## der Seelenkommunikation

Warum möchte deine Seele kommunizieren? Ganz einfach. Sie möchte dienen. Sie will auf ihrer Reise vorankommen. Sie will immer mehr teilhaben am göttlichen Licht, an der göttlichen Liebe, der göttlichen Vergebung und jeder anderen göttlichen Qualität. Sie möchte Zugang zu den Geheimnissen des Universums haben. Wenn du die Möglichkeiten der Seelenkommunikation nutzt, ist all dies erreichbar.

Es ist mir eine Freude, dir diese grundlegende Weisheit für

deine Seelenreise mitzuteilen. Eine Seele hat wie gesagt sehr viele Leben, die wir auch als »Inkarnationen« bezeichnen. In jedem Leben dient sie der Familie, der Gesellschaft und der Menschheit. Alle Taten, das Verhalten und alle Gedanken der Seele werden im Himmel aufgezeichnet. Diesen Ort nennt man »Akasha-Chronik«[1]. Leistet eine Seele in einem Leben gute Dienste, einschließlich Liebe, Fürsorge, Mitgefühl, Aufrichtigkeit, Großzügigkeit, Freundlichkeit, Integrität und Reinheit, erhebt sie damit ihren spirituellen Standpunkt. Leistet sie unschöne Dienste wie Töten, Verletzen, Betrügen oder Stehlen, verringert sich dadurch ihr spiritueller Rang.

Deine Seele hatte schon viele Leben. In manchen Inkarnationen hat sie ihren Standpunkt erhöht, in anderen verringert. Deine Seele war auf einer Reise, auf der es auf und ab ging. Auf dem gesamten Weg wünschte sie sich eine Richtschnur, um stets auf dem rechten Pfad zu bleiben und sich nicht zu verirren. Seelenkommunikation kann dir etwas über deine früheren, dein derzeitiges und auch über zukünftige Leben sagen. Du empfängst klare Anleitungen, um deine Seelenreise voranzubringen.

Die Seele hat viele Qualitäten und Charakteristiken. Eine davon ist der Wunsch, zu lernen. Es gibt viele Gründe dafür, dass deine Seele lernen möchte. Der wichtigste ist zweifellos, auf dem Pfad des Lichts zu bleiben. Sie möchte sich darin immer weiter verbessern. Deine Seele verfügt über große Weisheit, die sie sich in vielen Leben angeeignet hat. Sie verfügt über gutes Karma, das ich wie erwähnt auch als »Tugend« oder »spirituelle Werte in Form von himmlischen Blumen« bezeichne. All dies hat deiner Seele auf ihrer Reise geholfen, stets das Ziel vor Augen zu haben. Es hat deiner Seele geholfen, stets auf dem richtigen Pfad zu wandeln.

Dies ist aber nur ein Teil der Geschichte. Was geschah, wenn deine Seele vom rechten Pfad abkam? In so manchem Leben hast du Fehler gemacht. Du hast Dinge getan, die dir schlechtes Karma einbrachten und durch die du an »Tugend« verloren hast. All diese Fehler, seien es nun Taten, Verhaltensweisen oder Gesinnungen, bringen Lektionen in dein Leben. Je schwerer der Fehler, desto größer das Lehrstück. Deine Seele ist sich dessen bewusst. Sie weiß, dass sie viele Aufgaben zu bewältigen hat.

Es gibt sogar noch Lektionen zu lernen, wenn du frei von Karma bist, da Seelenerinnerungen geheilt werden wollen. Deine Seele ist sich darüber bewusst, dass es wichtig ist, Lektionen zu lernen. Deine Seele kann diese Lektionen auf die harte Tour lernen – nämlich durch Versuch und Irrtum – oder auf eine direkte und effizientere Art und Weise. Das bedeutet nicht, dass dies ohne Leiden abgehen wird oder dass es einfach sein wird. Denn wenn auch die Lektionen auf eine direkte Art und Weise gelernt werden können, ist es doch ein Kampf, bestimmte Verhaltensweisen und innere Haltungen abzulegen. Diese Verhaltensweisen und Einstellungen zeigen dir deutlich, welche Lektionen du in früheren Leben durchstehen musstest, und es kann schwierig sein, sie zu transformieren und loszulassen.

Deine Verhaltensweisen und inneren Einstellungen sind mit vielen Geisteshaltungen, Glaubenssätzen und Anhaftungen verbunden und in Wirklichkeit ein Geschenk für dich. Sie zeigen dir, welche Lektionen es zu lernen gilt. Sie zeigen dir, welche Geisteshaltung, Glaubenssätze und Anhaftungen es loszulassen gilt. Sobald du loslässt und deine Lektionen lernst, wird dein damit verbundenes Karma in Licht transformiert. Dies ist ein unbezahlbares Geschenk für deine Seele. Es beschleunigt deine Seelenreise auf unvorstellbare Art und Weise. Sobald das Karma, das mit deinen Verhaltensweisen und Einstellungen verbunden ist, transformiert ist, bedeutet das üblicherweise, dass dieses Karma gereinigt ist. Du hast die Lektion gelernt. Es besteht kein Grund, diese Lektionen wiederholen zu müssen.

Dennoch ist es so, dass sich eine Rückschau auf die gelernten Lektionen lohnt. Es gilt auch, die neuen, transformierten Verhaltensweisen und Einstellungen zu üben. Dies ist allerdings vergleichsweise einfach. Es ist wie beim Autofahren. Hast du es erst einmal gelernt, besitzt du die Fähigkeit dein ganzes Leben lang. Du hast es dir angeeignet, die Prüfung bestanden, und du hast dir den Führerschein aushändigen lassen. Um nun aber ein wirklich guter Fahrer zu werden, musst du üben und Erfahrung sammeln. Ähnlich verhält es sich mit dem Lernen der Lektionen und dem dadurch transformierten Karma. Um deine Transformation abzuschließen und die neuen Verhaltensweisen und inneren Haltungen zu manifestieren, gilt es, damit zu arbeiten und zu üben.

Vergebung ist der Schlüssel zur Karma-Reinigung. Sie bringt die Qualität des göttlichen Friedens in alle Aspekte deines Lebens, einschließlich Beziehungen, Gesundheit, Geschäfte und Finanzen. Du kannst allen Seelen, die du jemals verletzt hast, Vergebung anbieten. Ebenso kannst du allen Seelen vergeben, die dich verletzt haben. Wenn du bedingungslose Vergebung schenkst, wird dadurch dein Leben gesegnet und Karma gereinigt. Dazu kannst du die Universelle Meditation anwenden, über die ich in meinem Buch *Seele Geist Körper Medizin*[2] schreibe.

Sprich: *Liebe Seele, lieber Geist und lieber Körper aller Seelen, die ich verletzt habe. Bitte nehmt in meinem Unterbauch Platz. Bitte vergebt mir. Es tut mir wirklich von*

27

*ganzem Herzen leid. Ich schenke euch meine Liebe. Ich kann euch gar nicht genug danken. Danke, danke, danke.* Denk auch daran, all jene Seelen einzuladen, die dich verletzt haben, und biete ihnen Vergebung an. Sprich: *Liebe Seele, lieber Geist und lieber Körper aller Seelen, die mich verletzt haben. Ich liebe euch alle. Bitte nehmt in meinem Unterbauch Platz. Ich vergebe euch alles, was ihr mir möglicherweise angetan habt. Ich schenke euch meine Liebe und meinen Segen. Ich schätze und achte euch zutiefst. Danke, danke, danke.*

Danach chantest du mindestens drei Minuten lang das Mantra *Bedingungslose Vergebung.* Je länger, desto besser. Führ diese Übung täglich durch, um deine Bereitschaft zur bedingungslosen Vergebung auszudrücken. Manche Seele wird dir auf der Stelle vergeben, manche nicht. Je mehr du deiner Bereitschaft zur bedingungslosen Vergebung Ausdruck verleihst, desto mehr Seelen werden dir verzeihen. Durch diese praktischen Übungen werden alle Aspekte deines Lebens einen grundlegenden Transformationsprozess erfahren.

Aber deine Seele will nicht nur ihr Karma transformieren, sondern ebenso alte Erinnerungen heilen. Auch diese Erinnerungen zeigen sich in deinem gegenwärtigen Leben. Sie machen sich in deinem Verhalten, deinen inneren Haltungen und Gesinnungen bemerkbar. Wie kann das sein? Ich gebe dir ein Beispiel. Wenn du in einem vergangenen Leben ein großer Weisheitslehrer warst, wird es in diesem Leben dein Wunsch sein, tiefe Einblicke in alte Weisheitslehren zu erlangen. Dadurch magst du wieder zu einem großen Weisheitslehrer werden. Deine Seele erinnert sich dieses früheren Lebens. Deine Seele erinnert sich an alle früheren Leben. Diese Seelenerinnerungen drücken sich im gegenwärtigen Dasein aus. Hast du beispielsweise in einem früheren Leben deine spirituelle Aufgabe nicht erfüllt, magst du dich heute gegen eine ähnliche Aufgabe oder Rolle sträuben. Es kann aber auch sein, dass du dich gerade zu solcherlei Aufgaben hingezogen fühlst, da deine Seele den Auftrag abschließen möchte. Deine Seele weiß um die Bedeutung dessen. Diese Beispiele sollen deutlich machen, wie sich Seelenerinnerungen im gegenwärtigen Leben ausdrücken.

Meine kurze Einführung soll als Basis dienen, die Bedeutung der Seelenkommunikation zu schätzen zu wissen. Mittels der Seelenkommunikation kannst du eine direkte Verbindung zu einem früheren Leben herstellen. Du kannst dich mit deinem Widerstand in diesem Leben verbinden und nach dem Sinn fragen. Du kannst um einen Segen bitten, um deine Widerstände loszulassen. Dieses Beispiel ist sehr nützlich, da Widerstände ein weitverbreitetes Phänomen sind. Die Seelenkommunikation erlaubt dir die Frage: *Wo liegt die Quelle meines Widerstands? Was ist die Wurzel?* Wenn du von Seele zu Seele kommunizieren kannst, empfängst du sofort eine Antwort, die in den meisten Fällen korrekt ist. (Es mag nicht zu hundert Prozent stimmen, ist aber verlässlich.)

Eine Qualität der Seelenkommunikation besteht darin, dass du direkt zur Essenz einer Situation, Frage oder eines Problems gelangen kannst, um Informationen zum Kern des Themas zu erhalten. Du kannst Hinweise dazu bekommen, wie das Thema zu lösen ist. All dies braucht nicht viel Zeit und kann in einem Augenblick geschehen. Selbstverständlich kannst du auch bedeutend mehr Zeit für die Seelenkommunikation aufwenden, wenn dies angemessen ist. Hier geht es nicht um logisches Denken. Das logische Denken ist weiterhin wichtig und notwendig. Es ist ein bedeutender Bestandteil aller Aspekte unseres Lebens. Allerdings genügt es den Ansprüchen unserer Seelenreise nicht. Das logische Denken zeigt uns höchst selten innerhalb weniger Augenblicke den Ausweg aus einem Dilemma. Man verwendet Stunden, Tage oder gar Wochen und Monate darauf, darüber nachzudenken, wie man ein bestimmtes Verhalten oder eine innere Haltung ändern kann. Die Möglichkeit der Seelenkommunikation zeigt sich hier als wunderbares Geschenk. Die Antwort innerhalb weniger Augenblicke, innerhalb von zehn Minuten oder innerhalb einer Stunde zu erhalten ist in jedem Fall besser, als Wochen und Monate darum zu kämpfen. Allein dieser Aspekt der Seelenkommunikation zeigt dir, welch wundervoller Schatz dir hier geschenkt wird. Er macht dir auch ihre Bedeutung für deine Seelenreise bewusst. Er sagt dir, warum deine Seele sich diese Fähigkeit gewünscht hat und warum du dir das volle Potenzial der Seelenkommunikation erschließen solltest.

Seelenkommunikation transformiert dein ganzes Leben. Du empfängst Unterweisungen, Weisheit und Heilung. Die Seelenkommunikation verändert deine Schwingung. Dadurch wird es dir möglich, dich mit höheren Ebenen der Seelenwelt zu verbinden. Von dort kannst du grundlegende Lehren empfangen, und diese Weisheit wird Teil deines täglichen Lebens. Du magst Aussagen machen, die dich selbst überraschen, und dich fragen, wo diese herkommen. Du wirst immer wieder hören, wie hilfreich deine Bemerkungen waren. Auch dies ist Teil der Bedeutung der Seelenkommunikation. Wenn du von Seele zu Seele verbunden bist, werden die Botschaften und Informationen Teil deines Seins. Dein Verstand mag sich dessen nicht bewusst sein, doch deine Seele weiß es.

Was auch immer du durch die Seelenkommunikation

empfängst, wird Teil deiner Reise. Immer wieder wirst du überraschende Worte aussprechen. Dies wird Teil deines täglichen Lebens werden und ist ein großer Segen. Wann immer du eine Lehre nutzt, die du empfangen hast, erhältst du einen Segen von ihr. Und sobald du über diese Lehre sprichst, empfangen alle Zuhörer einen Segen.

Solltest du Lehrer sein, wirst du feststellen, dass du anders mit deinen Schülern sprichst. Es ist dir möglich, ungeahnt kraftvolle Antworten auf die Fragen deiner Schüler zu geben, da deine Worte von der Weisheit und dem Segen der Seelenkommunikation berührt sind. Daraus ziehen deine Schüler großen Nutzen. Es fällt ihnen leichter, zu lernen, da sie von jemandem unterrichtet werden, der eine direkte Verbindung zur Seelenwelt hat. Das bedeutet nicht, dass du ihnen von der Seelenkommunikation erzählst. Es heißt ganz einfach, dass alles, was du tust und sagst, von der Seelenkommunikation profitiert, die du selbst pflegst. Deine Antworten enthalten dadurch größere Weisheit. Es spielt dabei keine Rolle, ob es sich um Wissenschaft, Kunst, Geschichte oder einen Computerkurs handelt. Die Tatsache, dass du Seelenkommunikation praktizierst, ist ausschlaggebend. Die Weisheit, die deiner Seele zufließt, wird ganz natürlich Teil deines Handelns und Redens. Du wirst auf allen Ebenen transformiert: Seele, Geist, Emotionen und Körper.

Nimm diese Veränderungen bewusst wahr. Wenn du sie aufzeichnest, kannst du den Grad der Transformation besser einschätzen. Siehst du dir dann nach einigen Monaten deine Aufzeichnungen wieder an, wirst du große Veränderungen feststellen. Diese Aufzeichnungen sind sehr hilfreich auf deiner Seelenreise. Du magst mit anderen über deine Geschichte reden, da dies einen großartigen Dienst bedeuten kann. Es muss nicht die ganze Story sein, sondern es reichen die für den Moment angemessenen Ausschnitte. Der Nutzen davon liegt auf der Hand. Anderen schenkst du damit Klarheit und Ermutigung, und sie können sich in ihrem Lernprozess an dir orientieren. Zudem hilft es ihnen, zu wissen, nicht der oder die Erste und vermutlich auch nicht der oder die Letzte mit diesem Thema zu sein.

Geschichten sind kraftvolle Lehrer. Sie tragen eine Botschaft. Sie tragen auch ihre ganz eigenen Gaben, Fähigkeiten und die Weisheit der Seele, die sich mitteilt. Es reicht nicht aus, wenn nur ein oder zwei Menschen ihre Geschichten erzählen. Hunderte, ja, Tausende und mehr müssen ihre Story verbreiten. Dies ist wichtig, da jeder Mensch das Gesagte anders hört und seine eigenen Schlüsse daraus zieht. Je mehr Geschichten es gibt, desto mehr Menschen werden sich eingeschlossen, bedeutend und geschätzt fühlen.

Sich mit seiner Biographie mitzuteilen ist eine äußerst kraftvolle Art des Lehrens. Zudem ist es sehr einfach und freudvoll. Kommt jemand mit einer Frage oder einem Anliegen zu dir, könnt ihr euch darüber lange unterhalten. Du kannst aber auch einfach mit deinem Herzen zuhören und eine eigene Erfahrung oder Geschichte erzählen, die sich mit dem Herzen des anderen verbindet. Wenn dies geschieht, fühlte sich dein Visavis verstanden. Es ist eine sehr heilsame Erfahrung, sich verstanden zu fühlen. Dadurch kann sich das Tor zu immer mehr göttlicher Liebe und göttlichem Licht öffnen.

Jedes Mal, wenn du eine Geschichte mitteilst, erfahren deine Zuhörer Segen und Heilung. Zudem wird ihnen durch deine Erzählung wundervolle Weisheit zuteil. Auch du wirst gesegnet und erhältst einen goldenen Eintrag in deinem Buch in der Akasha-Chronik. Auf diese Weise kannst du unfassbare Mengen spiritueller Werte ansammeln, indem du einfach deine Story erzählst.

Natürlich spreche ich ausdrücklich von den Geschichten, die mit deiner Seelenreise zu tun haben. Es mag auch hier und da hilfreich und heilend sein, über andere Aspekte deines Lebens zu sprechen. Wirklich bedeutend ist aber einzig der Weg deiner Seelenreise. Diese Geschichte wirkt transformierend. Die Seelenkommunikation kann dir dabei helfen, herauszufinden, was du erzählen solltest, wie du es formulierst und wem du deine Geschichte mitteilst. Nicht jeder Teil davon kann mit jedem besprochen werden. Es gibt Menschen, die manche deiner Erfahrungen nicht verstehen würden. Dies könnte ihrer eigenen Seelenreise abträglich sein. Dabei kann es sich auch um Teile deiner Seelenkommunikation handeln.

Wenn du dir nicht vollständig sicher bist, was du erzählen sollst, frag einfach deine Seele. (Im nächsten Kapitel erfährst du, wie das geht.) Das erste empfangene Wort beziehungsweise der erste Satz ist zumeist richtig. Hinterfrage nicht und analysiere nicht. Die erste Antwort ergibt meistens einen Sinn. Das logische Denken hat seine Bedeutung, hier aber ist es fehl am Platz und wenig hilfreich.

Es gibt viele Aspekte der Seelenkommunikation. Es gehört viel mehr dazu, als einfach nur stillzusitzen und zu meditieren. Meditation ist ein wichtiger und heiliger Vorgang. Bei der Seelenkommunikation geht es aber um mehr. Zu bestimmten Zeiten des Tages magst du dich still hinsetzen und aufschreiben, was du empfängst. Du kannst dazu gern einen Rekorder oder ein Diktiergerät verwenden. Du kannst deine Antworten direkt in den Computer tippen oder von Hand aufschreiben. Die Wahl des Werkzeugs liegt ganz bei dir. Wichtig ist allein, dich in Seelenkommunikation zu üben und diese zu pflegen.

Es empfiehlt sich, den Tag schon mit Seelenkommunikation zu beginnen. Möglicherweise ziehst du es aber auch vor, ihn damit zu beenden. Mach es so oder so, mach es auf jeden Fall zu einer Routine. Bestenfalls sollte dies aber nicht die einzige Zeit sein, zu der du dich mit Seelenkommunikation beschäftigst. Mit der weiteren Lektüre dieses Buches wirst du mehr und mehr herausfinden, dass Seelenkommunikation den ganzen Tag über passiert. Dies mag immer wieder auch unbewusst geschehen. So kann die Seelenkommunikation beispielsweise stattfinden, während du dich mit einem Freund unterhältst, Auto fährst, Geschirr spülst oder den Boden wischst. Die Möglichkeiten der Verbindungen auf Seelenebene sind endlos. Du kannst vierundzwanzig Stunden am Tag in ständiger Verbindung mit der Seelenwelt sein. Der große Segen für dich selbst besteht dabei in Heilung, Verjüngung und Transformation, es ist eine hohe Ebene des Dienstes.

An fortgeschrittener Stelle in diesem Buch werde ich darüber sprechen, welche besondere Verbindung mit dem Göttlichen, den höchsten Heiligen und allen Seelen die Seelenkommunikation uns schenkt. Die Formulierung »alle Seelen« verwende ich sehr häufig. Ich gehe davon aus, dass alles eine Seele hat. Du hast eine Seele. Dein Herz hat eine Seele. Jedes Organ hat eine Seele. Jedes System, jede Zelle, jeder DNA- und RNA-Strang in deinem Körper hat eine Seele. Der Stuhl, auf dem du sitzt, und der Boden unter dir haben eine Seele. Alles um dich herum. Der Kalender an der Wand, ein Stück Seife, die Pflanzen in Haus und Garten, dieses Buch – alles hat eine Seele. Sei dir dessen bewusst. Du wirst das Leben mit völlig anderen Augen betrachten.

Alles hat eine Seele. Es ist uns eine Ehre und ein Privileg, mit all diesen Seelen zu kommunizieren.

# Das Öffnen der Kommunikationskanäle

Um Seelenkommunikation zu empfangen, ist es notwendig, deine Seelenkommunikationskanäle zu öffnen, die man auch »spirituelle Kommunikationskanäle« nennen kann. Diese Kanäle schließen dein Drittes Auge und das Botschaftenzentrum mit ein. Das Dritte Auge (siehe Seite 80) empfängt Bilder aus der Seelenwelt. Im Botschaftenzentrum sind die Mitteilungen oft hörbar. Dies betrifft vor allem Menschen, deren Zentrum bereits weit geöffnet ist. Im zweiten Kapitel werde ich noch umfassend über die verschiedenen Möglichkeiten des Empfangs sprechen.

Der wichtigste Kanal zur Seelenkommunikation ist das Botschaftenzentrum, das auch »Herzchakra« genannt wird. Es befindet sich in der Mitte der Brust, am unteren Ende des Brustbeins und zirka zweieinhalb *cun*[3] im Körper. Es hat etwa die Größe deiner Faust. Ein Eintrittspunkt befindet sich vorn auf der Brust, zwei weitere auf dem Rücken, links und rechts der Wirbelsäule. Es gibt Menschen, die ihre Botschaften direkt durch das Kronenchakra auf dem Scheitel erhalten. Die wichtigste Verbindung für die Kommunikationskanäle befindet sich zwischen dem Botschaftenzentrum und dem Kronenchakra.

Da die Möglichkeit besteht, dass Informationen durch die Eintrittspunkte auf dem Rücken in das Botschaftenzentrum gelangen, leiden viele Menschen, die sich auf der Seelenreise befinden, an Rückenschmerzen oder Verspannungen in diesem Bereich. Dies ist ein Zeichen dafür, dass sich das Zentrum weiter öffnen muss. Sobald du damit anfängst, es weiter zu öffnen, können die Schmerzen oder Verspannungen zuerst einmal zunehmen. Dies ist ein Segen. Es bedeutet nämlich, dass sich dein Botschaftenzentrum weiter öffnet. Blockaden werden gereinigt, und das Licht kann freier fließen. Dies alles sind Geschenke des Göttlichen. Es sind ganz besondere Segnungen. Die angemessene Antwort darauf ist ein »Danke«.

Für manchen mag es angesichts der Schmerzen schwierig erscheinen, danke zu sagen, dankbar für den Schmerz zu sein. Die Dankbarkeit bezieht sich jedoch nicht auf den Schmerz, sondern auf den Segen. Ersterer sagt dir lediglich, dass du gerade einen Segen empfängst. Er sagt dir, dass ein bedeutender Reinigungsprozess im Gange ist. Und dafür bedankt man sich.

Alle Kanäle der Seelenkommunikation benötigen ein starkes und festes *Unteres Dan Tien* sowie einen starken und festen *Schneebergbereich*. Sind diese beiden grundlegenden Energiezentren nur schwach ausgebildet, laugt dich die Seelenkommunikation aus. Sie kann dich dann sogar krank machen. Wenn dir etwas an einem qualitativ hochwertigen Botschaftenzentrum und Dritten Auge liegt, ist es unerlässlich, dein Unteres Dan Tien und den Schneebergbereich vollständig zu entwickeln.

Dies stellt keine große Schwierigkeit dar. Schau dir die folgenden Anleitungen dazu genau an. Lies auch diese Zeilen aufmerksam, selbst wenn du den Drang verspürst, den Teil zu überspringen, um direkt zu den Abschnitten zu gehen, die sich mit dem Öffnen des Botschaftenzentrums und der Entwicklung des Dritten Auges befassen. Solltest du diesen Teil auslassen, wird das deinen Fortschritt auf der spirituellen Reise verlangsamen. Die Präzision deiner empfangenen Botschaften wird darunter ebenso leiden wie die Genauigkeit der Bilder, die du durch dein Drittes Auge aus der Seelenwelt empfängst. Übe dich in Geduld. Gestatte deinen Kanälen zur Seelenkommunikation, sich Schritt für Schritt zu öffnen. Arbeite zuerst an deiner Grundlage.

Häuslebauer wissen, dass die Basis, die Grundlage, das Fundament essenziell ist. Ein Haus benötigt ein starkes Fundament, um Stürmen und Erdbeben zu widerstehen. Dies gilt auch für deine Kanäle zur Seelenkommunikation. Wenn deine Kommunikationskanäle stark werden sollen, benötigen sie ein solides Fundament. Diese starke Grundlage wird besonders in Zeiten benötigt, zu denen du deine Kommunikationskanäle stark beanspruchst. Es wird im Besonderen während spiritueller Prüfungen gebraucht. Es muss stark und solide sein. Ich kann gar nicht genug betonen, wie wichtig dies ist. Obwohl ich nun die Bedeutung der beiden grundlegenden Energiezentren herausgestellt habe, magst du noch immer versucht sein, diese Seiten zu überspringen und direkt zu den Kapiteln zu gehen, die sich mit der Öffnung der Kommunikationskanäle beschäftigen. Dies wäre ein großer Fehler!

## Entwicklung und Stärkung des Unteren Dan Tien

Das »Unteres Dan Tien« genannte Energiezentrum befindet sich im unteren Bauchraum, zirka 1,5 *cun* unterhalb des Nabels und 2,5 *cun* im Inneren des Körpers. Es ist etwa faustgroß und der Schlüssel zu Ausdauer, Vitalität, einem starken Immunsystem und zu einem langen Leben. Es gibt viele Techniken zur Entwicklung des Unteren Dan Tien. Eine grundlegende Herangehensweise ist folgende: Setz dich im Lotus-, halben Lotus- oder im Schneidersitz auf ein Kissen oder auf einen Stuhl. Im letzteren Fall stehen die Füße flach auf dem Boden, und dein Rücken befindet sich etwas entfernt von der Lehne. Solltest du lieber stehen, nimm deine Füße etwa schulterbreit auseinander. Deine Zunge liegt dicht am Gaumen, ohne ihn zu berühren. Halt deine Hände in der Yin-Yang-Position. Streck dazu deine linke Hand aus und umfasse mit der rechten Hand den linken Daumen. Umfasse nun mit der linken Hand deine rechte Faust. Wende etwa achtzig Prozent deiner Kraft auf, um den Daumen zu drücken. Dein restlicher Körper ist vollständig entspannt. Leg nun deine Hände in dieser Haltung auf das Untere Dan Tien.[4]

Dann sagst du *Hallo*[5] wie folgt: *Liebe Seele, lieber Geist und lieber Körper meines Unteren Dan Tien. Ich liebe euch. Ihr habt die Kraft und die Macht, euch selbst zu stärken. Gebt eurer Energie und eurer Kraft einen Schub. Entwickelt die höchste Qualität. Macht eure Sache gut. Danke, danke, danke.* Dies nennt sich »Seelenkraft«, eine der vier Krafttechniken aus dem Buch *Seele Geist Körper Medizin*.

Nun visualisiere goldenes Licht, das aus allen Richtungen gleichzeitig in dein Unteres Dan Tien einströmt. Stell dir vor, wie sich dieses Licht zu einer strahlenden goldenen Lichtkugel in deinem Unteren Dan Tien verbindet. Solltest du Schwierigkeiten haben, dies zu sehen, stell es dir einfach vor. Diesen Teil nennen wir »Geistkraft«.

Zur Nutzung der Klangkraft chantest oder sprichst du immer wieder das Wort *Licht* oder das Wort *dschu* (dies entspricht der chinesischen Zahl Neun).[6] Führ diese Übung drei- bis fünfmal pro Tag für jeweils drei bis fünf Minuten lang durch. Wenn du länger übst, ist das noch besser. Beschließ jede Übung in Dankbarkeit mit den Worten *Danke, danke, danke.*

An dieser Stelle schlage ich vor, dass du zu lesen aufhörst und die Übung fünfzehn Minuten lang durchführst. Du magst dabei Schwingungen und Wärme verspüren. Du magst spüren, wie sich Energie bewegt und entwickelt. Es braucht Zeit, die Basis deiner Energie und Vitalität *aufzubauen.* Ich schlage dringend vor, dass du diese Übung zum Aufbau des Unteren Dan Tien mindestens einen Monat lang durchführst. Wenn du diese Basis nicht hast, ist es nicht sinnvoll, das Öffnen des Dritten Auges oder anderer spiritueller Kanäle voranzutreiben. Es laugt dich aus. Dieses Fundament zu entwickeln ist der grundlegende Schritt, bevor du deine spirituellen Kanäle öffnest. Der Aufbau des Unteren Dan Tien dient jedem Aspekt deines Lebens – physisch, mental, emotional und spirituell.

In meinem Buch *Seele Geist Körper Medizin* findest du weitere Techniken zur Stärkung des unteren Dan Tien, beispielsweise die »universelle Meditation«. Dennoch ist es hilfreich, täglich die gleiche Übung durchzuführen, da dies die Entwicklung und Stärkung deines Unteren Dan Tien beschleunigt.

Ich möchte dir jetzt den ersten »Göttlichen Seelen-Download« in diesem Buch anbieten. Dieser Göttliche Seelen-Download heißt »Göttliches Seelentransplantat des Göttlichen Energie-Fundaments«. Es ist eine große goldene Lichtseele. Sie wird permanent in deinen Körper »heruntergeladen«.

Setz dich aufrecht hin. Leg die Zungenspitze in die Nähe des Gaumens, ohne ihn zu berühren. Entspann dich. Öffne dein Herz und deine Seele. Schließ deine Augen für etwa dreißig Sekunden. In dieser halben Minute wird dieser Schatz zu dir heruntergeladen werden. Also, Achtung, fertig, *los!*

# Göttliches Seelentransplantat des Göttlichen Energie-Fundaments, stiller Download!

*Hao! Hao! Hao!*[7]
*Danke, danke, danke.*

Es ist eine außerordentlich Ehre, dass das Göttliche jedem Leser und jeder Leserin diese Seelenschätze anbietet. Ich gratuliere dir zum Empfang dieses Schatzes! Du kannst ihn jederzeit und überall anrufen.

Du kannst diesen Seelenschatz sofort aktivieren und anwenden, um dein Energieniveau zu erhöhen. Am besten tun wir es gleich zusammen:

*Liebe Göttliche Energie-Fundament-Seele!*
*Ich liebe, ehre und schätze dich.*
*Bitte schalt dich ein.*
*Erhöhe mein Energielevel.*
*Ich bin sehr dankbar.*

Dann entspann dich. Schließ deine Augen. Leg beide Handflächen auf deinen Unterbauch. Nimm dein Bewusstsein in dein Unteres Dan Tien und visualisiere dort ein vibrierendes goldenes Licht. Wenn dein Drittes Auge geöffnet ist, kannst du die goldene Lichtseele in deinem Unterbauch schimmern sehen. Chante dann still oder auch laut:

*Die Göttliche Energie-Fundament-Seele erhöht meine*
  *Energie.*
*Die Göttliche Energie-Fundament-Seele erhöht meine*
  *Energie.*

*Die Göttliche Energie-Fundament-Seele erhöht meine*
   *Energie.*
*Die Göttliche Energie-Fundament-Seele erhöht meine*
   *Energie.*

Chante und visualisiere mindestens fünf Minuten lang, um die Kraft deiner Göttlichen Energie-Fundament-Seele zu erfahren. Ruf diesen unbezahlbaren Schatz jederzeit und überall an, um seine Segnung zu empfangen.

*Hao! Hao! Hao!*
*Danke, danke, danke.*

## Die Entwicklung und Stärkung des Schneebergbereichs

Stell dir eine Linie vor, die von deinem Nabel aus horizontal zum Rücken führt. Geh dann vom Endpunkt der Linie am Rücken etwa ein Drittel zurück in den Körper hinein. Wenn du von diesem Punkt aus etwa 2,5 *cun* nach unten wanderst, befindest du dich im Zentrum des Schneebergbereichs. Dieses faustgroße Zentrum wird auch »Kundalini« genannt.
Auch der Schneebergbereich sollte gut entwickelt sein. Um ihn zu stärken, legst du die Hände in der Yin-Yang-Haltung auf den unteren Rücken, etwas oberhalb des Steißbeins.
Sag *Hallo* wie folgt: *Liebe Seele, lieber Geist, lieber Körper meines Schneebergbereichs. Ich liebe euch. Ihr habt die Kraft und die Macht, eure Stärke immer größer werden*

*zu lassen und zur höchsten Qualität zu entwickeln. Macht eure Sache gut. Danke.*

Stell dir jetzt vor, wie goldenes, regenbogenfarbenes, purpurnes oder kristallenes Licht aus allen Richtungen gleichzeitig in deinen Schneebergbereich hineinstrahlt. Visualisiere, wie sich dieses wundervolle Licht zu einer strahlenden Kugel verdichtet. Auch hier kannst du wieder die Klangkraft anwenden, indem du das Wort *Licht* oder das Wort *dschu* chantest.

Führe auch diese Übung drei- bis fünfmal pro Tag für jeweils drei bis fünf Minuten durch. Wenn du länger übst, ist das noch besser. Beschließe auch hier die Übung in Dankbarkeit mit den Worten *Danke, danke, danke.*

Das Untere Dan Tien und der Schneebergbereich sind von grundlegender Bedeutung für deine Energie, Ausdauer, Lebenskraft und für ein langes Leben. Zusätzlich ist das Untere Dan Tien der Sitz der Seele und dient als ihre besondere Energiequelle. Ebenso dient der Schneebergbereich als Energiequelle für die Nieren, das Gehirn und das Dritte Auge. Sobald diese beiden Energiezentren an Stärke gewinnen, wird sich deine Fähigkeit zur Öffnung der Kanäle der Seelenkommunikation erhöhen.

Mit der Stärkung des Unteren Dan Tien und des Schneebergbereichs stärkst du deinen gesamten Körper. Dies ist von großer Bedeutung. Wenn du Seelenkommunikation pflegst, verbindest du dich mit dem Göttlichen, den höchsten Heiligen und vielen anderen Seelen. Deren Frequenz und Licht sind äußerst stark und wirken auch auf den physischen Körper ein. Dadurch könntest du ermüden und dich möglicherweise sogar ausgelaugt fühlen. Mit einem starken Körper kannst du dies vermeiden und die Erfahrung der Seelenkommunikation genießen.

# Die Öffnung des Botschaftenzentrums

Das Schlüsselzentrum zur Seelenkommunikation nennen wir »Botschaftenzentrum«. Deswegen ist es von besonderer Bedeutung, dieses Energiezentrum zu öffnen. Das Mantra *San San Dschu Liu Ba Jao Wu* (chinesisch für die Heilzahl 3396815[8]) könnte man als »Kommunikationsmantra« bezeichnen. Es ist ein Mantra, das die Menschheit darin unterstützt, die Kommunikationskanäle zu öffnen. Es ist ein Schlüssel für jede Art der Seelenkommunikation. *San San Dschu Liu Ba Jao Wu* stellt eine Verbindung zu Botschaften in der Seelenwelt dar. Diese Botschaften stehen in direkter Verbindung mit der Fähigkeit zur Seelenkommunikation. Nutze dieses Mantra, sooft du kannst. Nutze es während des ganzen Tages.

Bitte *San San Dschu Liu Ba Jao Wu*, deine Kanäle zur Seelenkommunikation immer vollständiger zu öffnen. Man kann das Mantra als »Standleitung zum Göttlichen und zur gesamten Seelenwelt« bezeichnen. Mein geliebter spiritueller Meister und Lehrer Dr. Zhi Chen Guo hat es vor über dreißig Jahren empfangen. Millionen von Menschen haben es bereits angewendet, um ihre Kanäle zur Seelenkommunikation zu öffnen, Heilung anzubieten und ihren Seelenstandpunkt zu erhöhen. Es ist ein großer Schatz der Öffnung ihrer Kanäle der Seelenkommunikation.

Schreiten wir zur nächsten Übung. Halt deine linke Hand mit der Handfläche in Richtung Körper direkt vor das Botschaftenzentrum und die rechte Hand in ausgestreckter Gebetshaltung vor den Halsbereich, wobei die Finger nach oben zeigen. Deine Zungenspitze befindet sich in der Nähe des Gaumens. Du kannst auch diese Übung im Sitzen oder Stehen ausführen, wie du es schon vom

Unteren Dan Tien beziehungsweise Schneebergbereich her kennst. Eine stehende Haltung beschleunigt die Öffnung der Kanäle zur Seelenkommunikation. Dies nennt man »Körperkraft«.

Nun sag wieder *Hallo: Liebe Seele, lieber Geist und lieber Körper meines Botschaftenzentrums. Ich liebe euch. Ihr seid das Schlüsselzentrum zur Seelenkommunikation, zur Heilung, für die Liebe und Vergebung, zur Transformation und zur Erleuchtung. Ihr habt die Kraft und die Macht, euch vollständig zu öffnen. Macht eure Sache gut. Danke, danke, danke.* So nutzen wir die Seelenkraft.

Wir beziehen jetzt die Geisteskraft mit ein und visualisieren eine sich kraftvoll im Botschaftenzentrum drehende goldene, regenbogenfarbene oder purpurne Lichtkugel. Ihr Licht erstrahlt in hellstem Glanz, und wir halten dieses Bild aufrecht.

Gleichzeitig chanten wir *San San Dschu Liu Ba Jao Wu,* um die Klangkraft zu nutzen. Wiederhole das Mantra immer wieder und werd dabei schneller und schneller. Wenn sich die Töne ineinanderschieben und verzerrt klingen, ist das völlig in Ordnung. Mach dir keine Sorgen darum und lass es einfach geschehen. Geschieht dies nicht, ist das auch gut. Verschwende keinen Gedanken daran, sondern chante einfach weiter. Du kannst auch das Wort *Licht* chanten, *Liebe*, *öffnen* oder *danke*. Es ist in Ordnung, andere Mantras zu verwenden, aber *San San Dschu Liu Ba Jao Wu* ist eines der kraftvollsten und wichtigsten für das Zeitalter des Seelenlichts. Führ diese Übung mindestens dreimal am Tag für jeweils mindestens drei Minuten durch. Auch hier ist es hilfreich, länger und bei jeder Gelegenheit zu üben. Je länger, desto besser. Beschließ auch diese Übung in Dankbarkeit: *Danke, danke, danke.*

Jetzt biete ich dir den zweiten Göttlichen Seelen-Download in diesem Buch an. Dieser Göttliche Seelen-Download heißt »Göttliches Seelentransplantat des Göttlichen Botschaftenzentrums«.

Setz dich aufrecht hin. Leg die Zungenspitze in die Nähe des Gaumens, ohne ihn zu berühren. Entspann dich. Öffne dein Herz und deine Seele. Schließ deine Augen für dreißig Sekunden. In dieser halben Minute wird der Schatz zu dir »heruntergeladen« werden. Also, Achtung, fertig, *los*!

**Göttliches Seelentransplantat
des Göttlichen Botschaftenzentrums,
stiller Download!**

*Hao! Hao! Hao!*
*Danke, danke, danke.*

Herzliche Gratulation zum Empfang dieses Schatzes! Du kannst deinen Seelenschatz sofort aktivieren, um deine Seelenkommunikationskanäle zu öffnen. Er kann auch zur Heilung und zur Lebenstransformation eingesetzt werden. Sprich nun mit mir:

*Liebe Seele des Göttlichen Botschaftenzentrums!*
*Ich liebe, ehre und schätze dich.*
*Bitte schalt dich ein.*
*Öffne mein Botschaftenzentrum vollständig.*
*Öffne auch meine Seelenkommunikationskanäle.*
*Ich bin sehr dankbar.*

Dann entspann dich. Leg deine linke Hand auf deine Brust, mit der Handfläche gegen das Botschaftenzentrum.

Halt deine rechte Hand in der Gebetsstellung, die Finger nach oben zeigend. Schließ deine Augen. Nimm dein Bewusstsein in dein Botschaftenzentrum, visualisiere ein goldenes Licht, das von dort ausstrahlt und schwingt. Chante dann still oder auch laut:

> *Das Göttliche Botschaftenzentrum öffnet meine Seelen-*
> *kommunikationskanäle.*
> *Das Göttliche Botschaftenzentrum öffnet meine Seelen-*
> *kommunikationskanäle.*
> *Das Göttliche Botschaftenzentrum öffnet meine Seelen-*
> *kommunikationskanäle.*
> *Das Göttliche Botschaftenzentrum öffnet meine Seelen-*
> *kommunikationskanäle.*

Chante und visualisiere mindestens fünf Minuten lang, um die Kraft deiner göttlichen Botschaftenzentrumsseele zu erfahren.

## Seelensprache

Der Kanal der Seelensprache ist die Grundlage für die anderen Kommunikationskanäle. Bevor du deine Kanäle der Seelenkommunikation öffnest, solltest du die Seelensprache sprechen und die Fähigkeit haben, sie zu übersetzen. In meinem Buch *Seelenweisheit*[9] findest du die ausführlichen Grundlagen dazu. Hier gebe ich dir eine Zusammenfassung.

Nutze immer alle vier Krafttechniken, um ein Energiezentrum oder eine spirituelle Fähigkeit aufzubauen oder zu entwickeln. Zur Körperkraft legst du die linke Hand wie vorher beschrieben vor deine Brust, und die rechte hältst du in der beschriebenen Gebetshaltung vor den Halsbereich.

Die Seelenkraft nutzt du folgendermaßen. Sag *Hallo: Liebe Seele, lieber Geist und lieber Körper meiner Seelensprache. Bitte tretet hervor. Liebe Seele, lieber Geist und lieber Körper meines Botschaftenzentrums. Bitte empfangt meine Seelensprache und drückt sie aus. Ihr schafft das. Macht eure Sache gut. Danke, danke, danke.*

Um die Klangkraft zu nutzen, chantest du *San San Dschu Liu Ba Jao Wu*. Werd dabei immer schneller und schneller und schneller. Mach dir keinerlei Gedanken über die Wörter, während du die Geschwindigkeit immer weiter erhöhst. Vergiss die deutliche Aussprache. Richte deine Aufmerksamkeit einzig und allein darauf, immer schneller zu chanten. Chante, so schnell du kannst. Dabei werden sich die Begriffe verzerren. Sie werden durch ein komisches Geräusch oder durch einen merkwürdigen Ton ersetzt. Herzlichen Glückwunsch! Das ist Seelensprache. Fahr nun damit fort, deine Seelensprache zu chanten. Ihr Klang wird dir völlig neu sein. Jede Seelensprache klingt anders. Sie ist jeweils einzigartig. Deine Seelensprache ist die individuelle Sprache deiner Seele.

Jetzt nutzen wir die Geisteskraft. Visualisiere überaus strahlendes Licht in deinem Botschaftenzentrum, während du *San San Dschu Liu Ba Jao Wu* chantest.

Führ diese Übung mindestens drei Minuten lang durch. Je länger, desto besser. Besonders für Anfänger ist es wichtig und hilfreich, mindestens fünfzehn Minuten lang zu üben. Das wichtigste Geheimnis besteht darin, deine Aufmerksamkeit vollständig auf Herz und Seele der Seelensprache zu richten. Sobald du in den Verstand abdriftest und darauf achtest, wie sich die Töne und Geräusche anhören, verlierst du die Verbindung mit der Seelensprache. Dieser Fehler wird von Anfängern oft gemacht. Ihre Aufmerksamkeit richtet sich auf den Klang der Seelensprache oder wird von der Fremdartigkeit der Klänge gefangen genommen. Dies beendet den Fluss deiner Seelensprache. Richte die Aufmerksamkeit, so schnell du kannst, wieder auf Herz und Seele der Seelensprache.

Ich möchte noch einmal herausstellen, wie wichtig es ist, seine Aufmerksamkeit auf Herz und Seele der Seelensprache und auf das Botschaftenzentrum zu richten. Begib dich »in den Zustand« der Seelensprache. *Werde* zur Seelensprache. Wenn du diese einfachen Anleitungen befolgst, ist es ein Leichtes, deine Seelensprache zu entwickeln. Ihre Qualität wird sich immer weiter verbessern.

Seelensprache kann auf vielfältige Art und Weise Anwendung finden. Sie ist die Grundlage zur Öffnung deiner spirituellen Kanäle, die man auch »Kanäle der Seelenkommunikation« nennt. Diese Sprache ist das kraftvollste Werkzeug zur Entwicklung deiner Kanäle der Seelenkommunikation.

Sobald deine Kanäle der Seelenkommunikation geöffnet sind, hast du eine Verbindung mit dem Göttlichen und der gesamten Seelenwelt. Dies ist ein Privileg, für das nur schwer Worte zu finden sind. Wenn wir uns vergegenwärtigen, dass wir uns von Seele zu Seele mit Ling Hui Sheng Shi[10], Jesus, Maria, den großen taoistischen Heiligen und großen Lehrern anderer Traditionen verbinden können, wird uns bewusst, welch besonderes Geschenk die Seelenkommunikation darstellt.

Schon ein einziger geöffneter Kanal der Seelenkommunikation wirkt heilend, verjüngend und zutiefst transformierend. Er erlaubt dir Zugang zu Lehren, Weisheit und

Übungen aus der Seelenwelt. Du wirst zur Stimme ihrer Botschaften. Dies ist ein höchst außergewöhnliches Privileg. Du wirst zu einer der Stimmen, die ihre Bilder erklären. Auch dies ist eine außergewöhnliche Ehre. Deine eigene Seelenreise beschleunigt sich dadurch. Alles, was du aus der Seelenwelt empfängst, transformiert deinen Seelenstatus. Deine Frequenz gewöhnt sich immer mehr an die höchsten Frequenzen in der Seelenwelt.

Du musst dich voll für die Entwicklung dieser Fähigkeit einsetzen. Du musst aus dem gleichen Grund üben, aus dem ein Konzertgeiger übt. Die Fähigkeit mag vorhanden sein, kann sich aber ohne Übung nicht weiterentwickeln.

Es stimmt mich traurig, dass diese Verbindung hergestellt werden kann und dennoch von manchen Menschen nicht kultiviert wird. Das macht deren Seelen unglücklich, da die hochqualitative Seelenkommunikation einen tiefen Wunsch der Seele darstellt.

Achte auf das Verlangen und die Wünsche deiner Seele. Die Seele ist der Boss. Sie wird dir so lange Erinnerungen schicken, bis du ihr Aufmerksamkeit schenkst. Diese Erinnerungen können gravierend sein. Du kannst krank werden oder einen Unfall haben. Es ist nicht notwendig, diese gravierenden Erinnerungen zu erhalten. Wenn du meinen Unterweisungen in diesem Buch folgst, wird es dir möglich, diese zu vermeiden. Seelenkommunikation ist ein Schatz, ein kraftvolles Geschenk und ein außergewöhnliches Werkzeug – für deine eigene Reise, um anderen, um Mutter Erde und dem Universum zu dienen. Wir sind zutiefst gesegnet, dass wir diese Möglichkeit haben. Nutze sie gut.

Es ist eine große Ehre und ein Privileg, Seelenkommunikation zu empfangen. Du hast an einer tiefgreifenden Konversation teil. Oftmals wird dabei deine Seele mehr verstehen als dein Verstand. Seele und Verstand erhalten große Lehren, Heilung und Segnungen. Zeichne deine Seelenkommunikation auf und schau sie dir alle paar Monate an. In jedem Fall solltest du die bedeutendsten oder ungewöhnlichsten Seelenkommunikationen aufbewahren.

Wenn du mit der Seelenkommunikation beginnst, wirst du überrascht sein, erstaunt, dankbar, und du wirst sie wertschätzen. Auf einer Ebene wirst du den Inhalt verstehen. Dennoch enthält auch die einfachste und direkteste Seelenkommunikation viel mehr, als du zu Beginn erfassen kannst. Ein paar Monate später wird dein Verständnis tiefer gehen, und du begreifst den Inhalt auch auf anderen Ebenen. Je mehr du übst, desto tiefer wird dein Verständnis für die Weisheit, die du empfängst, und desto höher wird die Frequenz deiner Verbindung mit der Seelenwelt. Der Nutzen, den du aus der Seelenkommunikation ziehen kannst, ist fast grenzenlos. Seelenkommunikation ist in der Lage, deine Seelenreise bedeutend zu beschleunigen.

## Die Entwicklung deiner Kommunikationskanäle

Die vorgeschlagenen Übungen in diesem und dem nächsten Kapitel sind äußerst kraftvolle Wege, um deine Kanäle zur Seelenkommunikation zu entwickeln. Es spielt dabei keine Rolle, ob dein hauptsächlicher Kanal sich in Worten oder Bildern ausdrückt. Deine Seele hat immer den Wunsch, ihre Kommunikationskanäle zu verbessern. Die Möglichkeiten sind grenzenlos. Sie sind deshalb grenzenlos, weil du mit dem Göttlichen selbst kommunizieren kannst. Du wirst niemals dazu kommen, zu sagen: »Ich habe meine Kanäle vollständig geöffnet. Ich fange jetzt jede einzelne Botschaft vom Göttlichen auf. Ich sehe alle Bilder, die es in der Seelenwelt gibt.« Diese Aussagen können gar nicht wahr sein. Es gibt immer die Möglichkeit, noch mehr zu empfangen. Dies ist einer der wunderschönen, spannenden Aspekte der Seelenkommunikation. Egal, wie hoch deine Fähigkeiten bereits entwickelt sind, du kannst dich doch immer weiter verbessern. Es existiert immer noch eine höhere Ebene der Weisheit, der Lehre und der Übung.

Das Göttliche kennt keine Begrenzungen. Das bedeutet, dass es auch für die Seelenkommunikation keinerlei Begrenzung gibt. Der Seelenstatus der höchsten Heiligen befindet sich so weit über dem unseren, dass wir viele weitere Leben von ihnen lernen können. Das Universum birgt zahllose Geheimnisse. Mit diesen Geheimnissen kannst du dich in vielen weiteren Inkarnationen verbinden. Darüber hinaus gibt es zahllose Universen, deren Sterne und Planeten niemals gezählt werden können. Vergleichsweise könnte man auch anführen, dass es zahllose Lebewesen auf Mutter Erde und in den Meeren gibt. Diese Beispiele sollen dir zu verstehen helfen, dass die Möglichkeiten zur Öffnung deiner Seelenkommunikation ohne Begrenzung sind. Du kannst mit jeder dieser Kommunikationsquellen Kontakt aufnehmen. Du hast die Auswahl. Jede Seele kann eine Kommunikationsquelle sein.

Ich möchte noch einmal hervorheben, dass es notwendig ist, deine Kanäle der Seelenkommunikation beständig zu entwickeln. Sei dir stets der zahllosen Möglichkeiten bewusst. Dieses Bewusstsein hilft dir dabei, deine Kanäle immer weiter zu öffnen. Es hilft auch dabei, die Flexibilität zu wahren. Flexibilität ist von größter Wichtigkeit. Es mag dir aufgefallen sein, dass ich immer von allen Seelen spreche. Viele Menschen sind daran gewöhnt, Kanal für eine einzige Seele zu sein. Dies ist ein Hauptunterschied zwischen meiner Lehre und anderen. Ich achte jedoch alle Auffassungen. Wir sind eine große Familie. Wir alle arbeiten daran, immer mehr Licht und Liebe auf Mutter Erde und darüber hinaus zu bringen. Wir haben nur einfach unterschiedliche Ansätze.

Mein Ansatz besteht darin, offen für die gesamte Seelenwelt zu sein. Vielleicht fragst du dich jetzt, ob dies auch die dunkle Seite einschließt. Die Antwort lautet: »Ja, sei auch offen für die dunkle Seite.« Allerdings muss ich dir hier eine ganz klare Anweisung geben: *Nutze die Seelenkommunikation niemals dazu, dich mit der dunklen Seite zu verbinden.* Diese Verbindung kann dir selbst und deinen Lieben großen Schaden zufügen. Du hast noch nicht die Stärke, dies zu tun. Ich wiederhole es noch einmal: Kommuniziere *nicht* mit der dunklen Seite. Bring diese Kommunikation *nicht* in Gang. Mancher ernsthaft mitfühlende Mensch mag diese Warnung übersehen und ihr nicht genügend Aufmerksamkeit schenken. Wenn du eine Verbindung mit der dunklen Seite herstellst, bringt dies großes Leid über dich und deine Lieben. Die Kommunikation mit ihr kann deine Gesundheit zerstören. Sie kann dich umbringen. Derart kraftvoll ist die Seelenkommunikation. Derart kraftvoll sind Verbindungen von Seele zu Seele.

Halt dir stets diese Warnung vor Augen und nutze sie als Richtschnur für deine Seelenkommunikation. Erinnere dich immer daran, dass ich von der lichten Seite spreche, wenn ich sage, dass du offen für die Seelenwelt sein sollst. Ich werde diese Warnung nicht wiederholen oder dich daran erinnern. Es ist wichtig, dass du dich selbst daran erinnerst. *Füge stets an: »... abgesehen von der dunklen Seite«, wenn du die Worte »Kommuniziere mit allen Seelen« liest.*

## Der Nutzen der Seelenkommunikation

Die Seelenkommunikation kann dir zur Heilung, zur Vorbeugung von Krankheiten und zur Verjüngung dienen. Mittels der Seelenkommunikation kannst du Lehren vom Göttlichen und aus der spirituellen Welt erhalten. Beim Lesen dieses Buchs wirst du durch weitere Anleitungen und Übungen in die Lage versetzt werden, daraus großen Nutzen zu ziehen. Im Moment möchte ich noch einmal betonen, dass du die Seelenkommunikation für jeden Bereich deines Lebens anwenden kannst. Und zwar zu jeder Zeit und überall. Du kannst die durch Seelenkommunikation erfahrene Weisheit genau so natürlich anwenden und empfangen, wie du drei Mahlzeiten am Tag zu dir nimmst oder dich am Abend zu Bett legst.

Ich möchte dir einige weitere Beispiele dazu geben, wie du die Seelenkommunikation im täglichen Leben anwendest. Bevor du nach dem Aufwachen aufstehst, kannst du Folgendes sagen: *Geliebtes Göttliches, meine geliebten spirituellen Führer und Lehrer in der physischen und der spirituellen Welt. Ich liebe euch. Bitte führt und segnet mich heute in meiner Arbeit und in meinem Dienst. Bitte segnet mich mit eurer Liebe und mit eurem Licht. Schenkt mir die Energie und Intelligenz, um der Menschheit besser dienen zu können. Danke, danke, danke.*

Wenn deine spirituellen Kanäle geöffnet sind, hörst du sofort die Führungen durch das Göttliche und durch deine spirituellen Lehrer im Himmel. Sind deine Kanäle noch nicht geöffnet, so dass du weder hören noch mit deinem Dritten Auge sehen kannst, profitierst du dennoch von deiner Seelenkommunikation. Du hast deine Bitte an den Himmel ausgesprochen. Du hast deine Absicht kundgetan. Deine spirituellen Führer und Lehrer segnen mit Freude dein tägliches Leben. Deine spirituellen Väter und Mütter unterstützen dich voller Freude bei deinen Aufgaben. Du kannst Fragen zu jedem Lebensbereich stellen. Dazu gehören Gesundheit, deine Familie, die Verbesserung deiner Arbeitssituation oder auch die Frage, wie du der Menschheit dienen kannst. Je aufrichtiger deine Bitte ist, desto höher ist die Wahrscheinlichkeit, dass deine Seelenführer dir helfen. Du wirst entdecken, dass deine Bitten mehr und mehr erfüllt werden, je größer dein Dienst an der Menschheit ist. Dein Leben wird mehr und mehr gesegnet.

Vielleicht bringst du nach dem Frühstück deine Kinder zur Schule. Übe dich in folgender Seelenkommunikation, bevor du das Haus verlässt: *Liebe Seele, lieber Geist und lieber Körper meines Autos. Ich liebe euch. Bitte bringt uns sicher zur Schule und zurück. Lieber Gott und alle meine spirituellen Väter und Mütter im Himmel. Bitte schenkt uns euren Segen für unsere Sicherheit. Danke, danke, danke.* Stell dir vor, wie sehr diese Sätze dir helfen können. Sie haben das Potenzial, einen tragischen Autounfall zu verhindern. Wäre dieser Nutzen nicht unbezahlbar?

Auf der Fahrt zur Schule oder auch zu jedem anderen Zeitpunkt kannst du innerlich folgende Seelenkommunikation mit deinen Kindern praktizieren: *Liebe Lara, lie-*

*ber Mark-Leon, ich liebe euch. Geliebtes Göttliches und alle meine Vorfahren, ich liebe euch. Es ist mir eine große Ehre, das Göttliche und alle meine Vorfahren zu bitten, dass sie meine Kinder segnen. Ich wünsche mir, dass sie ihre Klassenkameraden mit großer Liebe und großem Mitgefühl behandeln. Ich wünsche mir, dass sie die großartige Gelegenheit erkennen, sich Wissen aneignen zu dürfen und sich auf ihren zukünftigen Dienst an der Menschheit vorzubereiten. Ich bin zutiefst dankbar für diesen Segen vom Göttlichen und von meinen Vorfahren. Danke, danke, danke.*

Schon im Moment dieser Seelenkommunikation eilen die Vorfahren deinen Kindern zu Hilfe. Es wird sich dir vielleicht niemals wirklich erschließen, wie deine Ahnen deine Kinder segnen können. Aber bedenke, wie sehr du deine Kinder oder Enkel liebst. Deine Vorfahren fühlen die gleiche große Liebe für dich und deine Kinder. Von dieser Seelenkommunikation profitierst du genauso sehr wie deine Nachkommen.

Die Seelenkommunikation kann dir auch sofort nach Ankunft an deinem Arbeitsplatz helfen. Schon eine Minute genügt und macht dir das Leben bedeutend leichter. Kommuniziere wie folgt: *Liebe Seele, lieber Geist und lieber Körper meines Vorgesetzten und meiner Kollegen, ich liebe euch. Lasst uns in der physischen Welt konstruktiv kommunizieren, damit wir unsere Aufgaben erledigen können. Liebes Göttliches, geliebte spirituelle Väter und Mütter, bitte segnet meine heutige Arbeit. Liebe Seele, lieber Geist und lieber Körper meines Computers, meines Telefons und aller anderen Geräte, ich liebe euch. Bitte funktioniert hervorragend, um mich in der Erfüllung meiner Aufgaben zu unterstützen. Ich bin sehr dankbar. Danke, danke, danke.*

Diese Kommunikation auf Seelenebene mit deinem Vorgesetzten, deinen Kollegen und deinen Geräten ist hilfreich für ein harmonisches Miteinander und beseitigt Blockaden bei Computern und Telefonen. Dein Arbeitsumfeld, Beziehungen zu Kollegen und der Fluss deines Arbeitstags profitieren davon.

Zusammenfassend kann man sagen, dass jeder Bereich aus der Seelenkommunikation Nutzen ziehen kann. Erinnere dich immer wieder daran, dass die reine Liebe der Schlüssel zur Seelenkommunikation ist. Schenk allem und jedem Liebe, Fürsorge und Mitgefühl. Bitte das Göttliche, den Himmel, deine spirituellen Väter und Mütter, deine Vorfahren und deine Lieben, deine Kollegen und deine Vorgesetzten, dein Leben zu segnen. Der potenzielle Nutzen ist grenzenlos.

Die Seelenkommunikation kann dir zu jeder Zeit und an jedem Ort für alles Erdenkliche dienen. Deshalb ist es so wichtig, die Weisheit der Seelenkommunikation zu erlernen und deine Kanäle der spirituellen Kommunikation zu öffnen. Dies schließt den Kanal der Seelensprache, den Kanal des Dritten Auges, den Kanal der direkten Seelenkommunikation und den Kanal des direkten Wissens ein. Mein spiritueller Aufruf gilt jedem von euch. Führt die von mir überbrachten Übungen so oft wie möglich durch. Öffnet eure spirituellen Kanäle. Kommuniziert mit dem Göttlichen und dem Universum. Profitiert in jedem Bereich eures Lebens davon.

Besonders in dieser Zeit des Übergangs auf der Erde ist die Seelenkommunikation von großer Bedeutung. Sie ist grundlegend und entscheidend für die Heilung und ebenso wichtig für die Verjüngung. Sie kann dein Leben sehr schnell und vollständig transformieren. Sie kann deine Seele sehr bald erleuchten. Ich wünsche mir, dass die Seelenkommunikation deinem Leben gute Dienste leistet. Ich wünsche mir, dass sie dein Leben transformiert.

Wenn du mit allen Seelen kommunizierst, kannst du davon in hohem Maße profitieren. Deine Frequenz, deine Schwingung, die Qualität deines Lichts und dein Seelenrang erhöhen sich mehr, als du dir vorstellen kannst. Dies liegt buchstäblich außerhalb deiner Vorstellungskraft. Folge meinen Vorschlägen und pflege Seelenkommunikation. Führ ein Tagebuch dazu. Erfahrung ist hier der beste Lehrer. Deine Erfahrungen verhelfen dir zu einem immer tieferen Verständnis der Seelenkommunikation. Du wirst auch immer tiefere Einblicke in ihre transformativen Fähigkeiten erlangen.

Ich kann die Bedeutung des Übens gar nicht klar genug herausstellen. Wähle dazu regelmäßig einen bestimmten Zeitpunkt des Tages. Dieser Zeitraum sollte dir heilig sein. Tägliche Seelenkommunikation ist ebenso bedeutend wie tägliches Essen oder regelmäßiger Schlaf. Üblicherweise betrachten wir Essen und Schlafen nicht als Übung. Sie sind es aber, denn sie halten unsere Körper gesund. Manchmal ist es notwendig, unsere Ernährung umzustellen, damit wir wieder gesund werden. Manchmal sind wir erschöpft und müssen mehr schlafen. Somit sind Essen und Schlafen grundlegende Übungen, um unsere Gesundheit wiederherzustellen, zu erhalten und weiterzuentwickeln.

Auch die Seelenkommunikation ist eine Übung. Mit dieser Übung ist es möglich, einen sehr hohen Grad an spiritueller Gesundheit zu erlangen. Mit ihr können wir unseren Seelenstandpunkt wiederherstellen, erhalten und weiterentwickeln. Seelenkommunikation ist ein äußerst kraftvolles Werkzeug dazu. Denk einmal kurz darüber nach. Du befindest dich täglich zehn, zwanzig Minuten, eine halbe Stunde oder auch jede andere Zeitspanne in der Gegenwart des Göttlichen. Das Göttliche selbst, ein Heiliger oder eine andere Seele des Universums unterrichten dich ganz unmittelbar.

Dieser direkte Unterricht transformiert deine Frequenz und veredelt deine Seelenreise tiefgreifend. Er berührt die tiefsten Teile deines Lebens. Er enthüllt dir versteckte Dinge. Er bringt Gaben ans Tageslicht, die du bis dahin nicht erkennen konntest. Er macht dir Themen auf deiner Reise bewusst, die der Heilung bedürfen. Er erhöht deine Frequenz beziehungsweise Schwingung. Du erfährst dadurch eine vollständige Umwandlung. Du wirst stärker, gesünder und jünger. Du erfreust dich größerer Vitalität, größerer Ausdauer und erhöhst die Möglichkeit eines langen Lebens. Welch ein unermesslicher Schatz!

Die Anleitungen sind maßgeschneidert für deine Seelenreise. Es kann dabei ganz spezifisch um Angelegenheiten gehen, die du verändern musst. Bereiche, in denen Vergebung vonnöten ist, oder auch um Wege, deine Liebe bedingungslos auszudrücken. All dies sind außergewöhnliche Schätze. All dies wird dir vom Göttlichen, den Heiligen oder anderen Seelen geschenkt. Wenn du Seelenkommunikation übst und weiterentwickelst, profitierst nicht nur du davon, sondern die ganze Menschheit, Mutter Erde und vieles darüber hinaus.

Deine Fähigkeiten zur Seelenkommunikation entwickeln sich mit dem Üben immer weiter, so wie ein Schneeball immer mehr Schnee aufnimmt, wenn er einen Berg hinunterrollt. Zu Beginn sind deine Fähigkeiten möglicherweise begrenzt oder auf einer tieferen Schwingungsebene.

Je mehr du übst, desto höher wird deine Frequenz. Die Präzision der empfangenen Botschaften wird immer höher. Die Veränderung deiner Frequenz bringt großen Nutzen mit sich. Die empfangenen Botschaften spiegeln stets den Grad deiner Schwingung wider. Ich möchte dies an einem Beispiel deutlich machen. Wenn man drei Menschen, deren Kanäle zur Seelenkommunikation bereits geöffnet sind, die gleiche Frage stellt, wird jede Antwort ein wenig anders ausfallen. In der Essenz wird es das Gleiche sein, aber jeder drückt es ein wenig anders aus. Je höher die jeweilige individuelle Frequenz ist, desto vollständiger wird die Antwort ausfallen. Wenn es eine einfache Frage ist, die mit Ja oder Nein beantwortet werden kann, fällt auch diese der individuellen Schwingung entsprechend aus.

Das bedeutet jedoch nicht, dass eine Antwort besser oder schlechter wäre als eine andere. Es bedeutet lediglich, dass sie einer anderen Frequenz entspringt. Man könnte es mit drei Gläsern verschiedener Größe vergleichen. Wenn du sie füllst, sind sie jeweils voll. Keines ist voller als das andere. Jedes ist für sich gefüllt. Das gilt auch für die Seelenkommunikation. Jede empfangene Antwort ist vollständig. Jede Antwort ist gut und entspricht dem Menschen, der sie empfangen hat.

Übe, sooft du kannst. Erhöhe deine Frequenz. Empfange immer detailliertere Informationen. Empfange immer mehr Informationen, die deine Seelenreise beschleunigen. Empfange tiefere Lehren, tiefere Weisheit und dadurch tiefere Heilung. Es ist wirklich erstaunlich, festzustellen, dass die Seelenkommunikation solch großen Nutzen mit sich bringt. Sie kostet dich keinen Cent, und der Nutzen ist unbezahlbar. Dieser wunderbare Schatz ist wahrlich kaum zu begreifen.

Ich habe einige der Früchte der Seelenkommunikation benannt, doch menschliche Worte haben ihre natürliche Begrenzung. Es ist dir im Moment noch nicht möglich, in der Tiefe zu verstehen, wie unermesslich der Nutzen ist, den du allein durch das Lesen dieses Buchs haben kannst. Ein Anfang dazu ist das tägliche Üben der Seelenkommunikation. Übe tagsüber immer wieder. Erfahrung ist wie gesagt der beste Lehrer. Deine eigene Erfahrung bringt dir die Transformation. Wenn dir die grundlegenden Veränderungen auf deiner Seelenreise und in jedem Lebensbereich bewusst werden, beginnst du, zu verstehen, wie sehr du von der Seelenkommunikation profitieren kannst.

## Das Zeitalter des Seelenlichts

Das Zeitalter des Seelenlichts, an dessen Anfang wir stehen, begann wie gesagt am 8. August 2003. Es zeichnet sich dadurch aus, dass die Seele die Führung übernimmt. Im Gegensatz dazu hatte in den vorangegangenen fünfzehntausend Jahren der Verstand die Macht. Diese Veränderung begann erst vor wenigen Jahren. Obwohl wir noch am Anfang der neuen Epoche stehen, haben zahlreiche Menschen schon die Relevanz dieser Veränderung erkannt. Viele tendieren bereits dazu, die Bedeutung der Seele immer höher anzusetzen. Sie erkennen, dass die Seele alle Lebensbereiche bestimmt. Dennoch haben auch von jenen Menschen immer noch einige Schwierigkeiten damit, die Seele tatsächlich führen zu lassen, obwohl sie schon seit mehreren Jahren in diese Richtung gehen.
Es ist notwendig, in diesem Zeitalter die Fähigkeit zur

Seelenkommunikation zu entwickeln. Deine spirituellen Kanäle müssen sich immer weiter öffnen. Dadurch wirst du befähigt, immer vollständiger an der Ära des Seelenlichts zu partizipieren. Ein Teil davon besteht darin, deine Dienste anzubieten. Die Seelenkommunikation selbst stellt schon eine sehr hohe Form des Dienstes dar. Bisher hat lediglich eine sehr kleine Anzahl von Menschen ihre Fähigkeiten zur Seelenkommunikation auf eine hohe Ebene gebracht. Viele werden in dieser Ära folgen.

Im Zeitalter des Seelenlichts wird sich eine grundlegende Transformation der Menschheit, der Erde und des Universums vollziehen. Lange Vertrautes wird sich ändern. Organisatorische Strukturen, große Institutionen und sogar Regierungsformen werden vergehen. Viele eingefahrene Wege des Tuns und Handelns werden sich verändern. Im Laufe der Zeit wird jeder und alles erkennen, dass die Seele federführend ist. Dieser Prozess des Erkennens bringt Veränderungen in der Art und Weise des Handelns und Tuns. Dies gilt sowohl für die Ebene der persönlichen Entscheidungen und des individuellen Verhaltens wie auch für Gruppen und ganze Nationen. Es gilt ebenso für Mutter Erde und die Bereiche darüber hinaus. Es ist schwer vorstellbar, was dies wirklich bedeutet. Es übersteigt die Möglichkeiten menschlicher Worte.

Dennoch sollten wir unsere Aufmerksamkeit auf Veränderungen in unserem persönlichen Leben richten. Wir können uns der Veränderungen bewusst werden, die sich in jenen Gruppen abspielen, denen wir angehören. Wir können bei einigen Regierungen die Veränderungen im Verhalten und der Art und Weise wahrnehmen, wie Entscheidungen getroffen werden. All dies deutet darauf hin, was gerade beginnt. Es hilft uns dabei, die Tatsache zu würdigen, dass in diesem Zeitalter die Seele federführend ist und die Entscheidungen trifft. Vielleicht ist dies am einfachsten anhand unserer körperlichen Gesundheit zu beobachten, wenn wir die Kraft der Seelenheilung anwenden. Ein weiterer Bereich, in dem sich Veränderungen sehr deutlich beobachten lassen, sind unsere Einstellungen, Geisteshaltungen, Glaubenssätze und Anhaftungen beziehungsweise Bindungen. Sobald wir in diesen Bereichen persönliche Veränderungen wahrnehmen können, gibt uns das Hinweise auf die Kraft und die Macht der Seele. Es hilft uns, die Möglichkeiten zu erkennen. Es hilft uns, zu erkennen, dass die Möglichkeiten der Seele grenzenlos sind.

Im Zeitalter des Seelenlichts hat eine große Anzahl hoher Heiliger die Verantwortung übernommen, was nicht bedeutet, dass die anderen Heiligen keine Bedeutung mehr hätten. Einige von ihnen trugen auch schon in der vorhergehenden Epoche Verantwortung. Manche haben sich sozusagen zur Ruhe gesetzt, leisten aber noch immer ihren Beitrag. Sie sind nach wie vor wichtig, aber nicht mehr »in der Pflicht«. Man könnte sagen, dass dieses Zeitalter für sie eine Ruhephase darstellt. Ist es nicht einfach himmlisch vom Göttlichen, diesmal eine andere Gruppe von höchsten Heiligen in die Pflicht zu nehmen? Diese höchsten Heiligen nutzen die Seelenkommunikation auf eine unglaublich kraftvolle Art und Weise. Mit ihr geben sie uns Richtung und unterstützen unsere Reise. Sie helfen uns dabei, unsere Kanäle zu entwickeln. Sie sind der Menschheit auf eine einzigartige und höchst kraftvolle Weise gegenwärtig. In einem zukünftigen Buch werde ich darüber ausführlich berichten. Im Moment kann ich nur sagen, dass ihre Gegenwart einzigartig und höchst machtvoll ist. Sie helfen der Menschheit dabei, das Zeitalter des Seelenlichts vollständig zu verankern. Es wird eine Weile dauern, bis diese Vollständigkeit auf der Erde und im Universum gegeben ist.

Im Moment können Mutter Erde und die Menschheit die Morgenröte schon erahnen. Die Dinge werden sich jedoch sehr bald außergewöhnlich beschleunigen. Auf vielen Ebenen findet die Transformation bereits statt. Es wird weder Jahrhunderte noch Jahrzehnte dauern, bis das Zeitalter des Seelenlichts vollständig auch bei uns verankert sein wird. Wir werden die Morgendämmerung relativ schnell durchschreiten. Dies wird nicht in wenigen Wochen oder Monaten geschehen. Wir sollten uns hier besser an der Vergangenheit orientieren. In der Vergangenheit dauerte es Jahrhunderte, bis sich ein Zeitalter vollständig verankert hatte. Die Ära des Seelenlichts wird bedeutend weniger Zeit dafür beanspruchen.

Es besteht eine große Wahrscheinlichkeit, dass du die Vollständigkeit noch erleben wirst. Mit Vollständigkeit ist trotzdem noch nicht das ganze Potenzial gemeint, sondern eher, dass wir die Morgenröte hinter uns gelassen haben werden und den helllichten Tag sehen. Die Morgendämmerung mag Verwirrung, Konflikte und Chaos mit sich bringen. Der Übergang der Menschheit und von Mutter Erde zum helllichten Tag bringt für jeden große Herausforderungen mit sich. Äußere und innere Herausforderungen. So läuft der Prozess ab.

Es ist eine Ehre und ein Privileg, in dieser Zeit leben zu dürfen. Wir haben Gelegenheit, dabei zu helfen, dass das Licht vollständig verankert wird. Wir können uns selbst und anderen dabei helfen, Klarheit zu erlangen und der Verwirrung, den Konflikten und dem Chaos zu entkommen. Ich könnte noch viel zum Zeitalter des Seelenlichts sagen. Im Moment ist es mein Anliegen, euch eine Ahnung von der Bedeutung der gegenwärtigen Zeit zu geben.

Ihr sollt wissen, dass wir uns in einer Phase des Übergangs befinden.

Ihr wisst bereits, dass die Seele in dieser Epoche federführend ist. Bedeutet dies, dass der Verstand nicht mehr wichtig ist? Natürlich nicht. Es bedeutet vielmehr, dass Verstand und Seele harmonisch zusammenarbeiten. Der Verstand gibt die Vorherrschaft ab. Er legt nicht länger den Plan vor. Der Verstand ist noch immer wichtig. Er hilft dabei, den neuen Plan zu formulieren und auszuführen, ist aber nicht mehr der Führer, der den Ton angibt. Diese Kompetenzverlagerung ist von großer Bedeutung.

Es mag für manche von euch schwierig sein, diesen Übergang nachzuvollziehen und die Dinge aus der Perspektive der Seele anzugehen. Daher schlage ich vor, dass du jede Gelegenheit nutzt, dich damit anzufreunden. Dies macht dir den Übergang leichter. Die Dinge werden eindeutig sein. Sie werden einfach zu verstehen sein. Hängst du weiter dem Konzept an, dass der Verstand entscheidet, wirst du Hindernisse und Schwierigkeiten auf deinem Weg ins Zeitalter des Seelenlichts erleben. Warum solltest du dir deinen Pfad also unnötig schwermachen? Es ist sicher nicht sinnvoll, sich auf das logische Denken zu verlassen, wenn das deine Reise erschwert.

»Wie kann ich die Seele zur federführenden Instanz machen?«, mag deine Frage nun lauten. Die Antwort ist einfach: *Seelenkommunikation*. Übe dich bei jeder Gelegenheit darin. Wann immer du Schwierigkeiten mit einer Wahl oder Entscheidung hast, wann immer du vor einer Fragestellung stehst, wann immer du dich verwirrt, aufgebracht oder entmutigt fühlst, nutze die Seelenkommunikation! Was auch immer gerade in deinem Leben vorgehen mag – nutze die Seelenkommunikation! Dieser letzte Satz möge dein Mantra sein. Schreib ihn auf und plaziere ihn überall in deinem Haus, häng dir Zettel in dein Büro. Wo du auch sein magst, *nutze die Seelenkommunikation*. Sie funktioniert immer. Es gibt keine Frage, keine Situation und keine Entscheidung, die nicht mit Hilfe der Seelenkommunikation gelöst werden könnte.

Allerdings gibt es einige Fragen und Situationen, bei denen es nicht angemessen ist, Seelenkommunikation anzuwenden. Darüber habe ich in dem Buch *Soul Study*[11] geschrieben, weswegen ich sie hier nur kurz erwähnen werde. Es ist nicht angemessen, Seelenkommunikation anzuwenden, um Informationen über einen anderen Menschen zu erhalten. Fragen nach deiner eigenen Seelenreise sind selbstverständlich erlaubt. Wenn jemand etwas von dir über seine eigene Seelenreise wissen möchte, ist es natürlich auch in Ordnung, Seelenkommunikation anzuwenden. Stellt er aber eine Frage über eine andere Person, ist dies nicht zulässig. Es ist uns nicht gestattet, uns in die Seelenreise eines anderen einzumischen. Dies wäre ein Bruch des spirituellen Gesetzes, dass wir *ling fa* nennen. Es ist bedeutend schwerwiegender, das spirituelle Gesetz zu brechen als die menschlichen Gesetze. Die Konsequenzen davon können dich während aller Leben auf deiner Seelenreise begleiten. Wende die Seelenkommunikation also nur für Situationen an, die dazu angetan sind, und vermeide unangemessene Fragen.

Vermeide eine Frage zum Ausgang eines politischen Prozesses. Vermeide auch die Einflussnahme auf diesen Prozess, indem du Seelenkommunikation für die eine oder andere Seite anwendest. Das bedeutet nicht, dass du keine Rolle in der Politik spielen kannst oder dass du kein Interesse an Politik haben darfst. Du kannst immer deinen Segen schicken. Du kannst andere immer in Gottes Licht einladen. Du kannst immer bedingungslose Liebe schenken. Du kannst immer bedingungslose Vergebung schenken und empfangen. Du darfst die Seelenkommunikation aber nicht anwenden, um das Resultat eines politischen Ereignisses zu beeinflussen.

Auch bei der Polizeiarbeit solltest du Seelenkommunikation nicht anwenden. Manche bezeichnen sich als »Medium« und tun dies beruflich. Das ist deren Wahl. Meine Unterweisungen, die ich von meinem zutiefst geliebten Lehrer und spirituellen Vater Dr. Zhi Chen Guo empfangen habe, sind eindeutig. *Seelenkommunikation darf für die Polizeiarbeit nicht angewendet werden.* Die Objekte der Nachforschungen sind üblicherweise mit schwerem Karma belastet. Man sollte sich hier nicht einmischen, da dies ein ernster Fehler wäre.

Manche Menschen guten Herzens haben versucht, sich in das Karma anderer einzumischen. Das daraus resultierende Leiden war beträchtlich. Ihre eigene Gesundheit, die Gesundheit ihrer Familienangehörigen und sogar die ihrer Haustiere wurde schwer beeinträchtigt. Ich sage dies als Warnung. Wenn du um diese Dinge weißt, kannst du Fehler vermeiden. Wir alle machen Fehler. Das ist ein Teil des menschlichen Seins. Dennoch ist es nicht notwendig, die Fehler anderer zu wiederholen. Lerne aus ihnen. Schenk meinen Warnungen Aufmerksamkeit. Vermeide den Bruch des spirituellen Gesetzes. Du weißt jetzt um die drei Bereiche, in denen es nicht angemessen ist, Seelenkommunikation anzuwenden.

Ich habe dir nun wichtige Informationen zum Zeitalter des Seelenlichts gegeben, die direkt damit verbunden sind, deine Kanäle zur Seelenkommunikation weiter zu öffnen. Die Information hilft dir dabei, deine Fähigkeiten zur Seelenkommunikation weiterzuentwickeln. Es ist von Bedeutung, zu wissen, dass wir in einer neuen Epoche leben. Die

Tatsache, dass es sich um das Zeitalter des Seelenlichts handelt, macht dir bewusst, warum es so wichtig ist, deine Fähigkeiten zur Seelenkommunikation zu entwickeln. Du weißt nun, warum du deine spirituellen Kanäle mehr und mehr öffnen musst. Mittels der Seelenkommunikation kannst du Unterweisungen zu dieser Epoche erhalten. Du erlangst Klarheit und eliminierst die Verwirrung. Du kannst anderen in der Übergangsphase helfen. Du bekommst ein tieferes Verständnis dafür, was diese Epoche wirklich bedeutet. All dies sind besondere Geschenke. Mit Hilfe dieser Geschenke wird deine Fähigkeit, dich mit der Essenz der Seelenlicht-Epoche zu verbinden, stetig weiter wachsen. Du verstehst mehr und mehr, dass Seelenkommunikation die hauptsächliche Kommunikationsform in der neuen Ära sein wird.

Auch in dieser neuen Ära werden die Logik und der Verstand gute Dienste leisten. Antworten und Lösungen jedoch empfangen wir durch die Seelenkommunikation. Wir verbringen nicht mehr Stunden, Tage oder Wochen logischen Denkens mit der Suche nach einer Lösung, sondern empfangen die Lösung innerhalb weniger Minuten. Das wird der übliche Ablauf in der Seelenzeit sein.

## Universeller Dienst

Inzwischen sollte dir bewusst sein, warum Seelenkommunikation so wichtig ist. Ich habe dir Wege aufgezeigt, diese Fähigkeit zu entwickeln. Es gibt noch eine weitere sehr wichtige Möglichkeit, nämlich deinen bedingungslosen universellen Dienst. Dies ist ein äußerst kraftvoller und effektiver Weg, deine Kanäle zur Seelenkommunikation zu öffnen.

Im Jahr 2003 war es mir eine Ehre, das »Universelle Gesetz des Universellen Dienstes« zu empfangen. Dies geschah während eines Workshops, den ich im Land des *Medicine Buddha* in Soquel/Kalifornien, gab. Plötzlich erschien das Göttliche bei mir. Sofort unterbrach ich meinen Unterricht und verbeugte mich hundertachtmal. Das Göttliche sagte: »Ich bin gekommen, um dir ein universelles Gesetz zu übermitteln.« Ich erwiderte: »Es ist mir eine Ehre, es zu empfangen.«

So sprach das Göttliche: »Dieses Gesetz nennt sich ›das universelle Gesetz des universellen Dienstes‹. Es ist eines der höchsten spirituellen Gesetze im Universum. Es findet sowohl in der spirituellen als auch in der physischen Welt Anwendung.« Dann formulierte das Göttliche folgendes Gesetz:

*Ich bin ein universeller Diener.*
*Du bist ein universeller Diener.*
*Alles und jedes ist ein universeller Diener.*
*Ein universeller Diener leistet universellen Dienst. Dieser*
*schließt universelle Liebe, Vergebung, Heilung, Harmo-*
*nie, Erleuchtung, universellen Frieden und Segen ein.*
*Wenn du einen kleinen Dienst leistest, erhältst du einen*
*kleinen Segen vom Universum und von mir.*
*Wenn du größere Dienste leistest, erhältst du größeren*
*Segen.*
*Wenn du bedingungslosen Dienst leistest, erhältst du*
*grenzenlosen Segen.*

Das Göttliche legte eine kleine Pause ein, bevor es fortfuhr:

*Es gibt eine andere Art von Dienst, die ich als unschön*
*bezeichne. Wenn du unschöne Dienste wie Töten,*
*Verletzen oder das Übervorteilen anderer leistest,*
*musst du Lektionen lernen.*
*Wenn du kleine unschöne Dienste leistest, lernst du*
*kleine Lektionen.*
*Wenn du größere unschöne Dienste leistest, werden die*
*Lektionen ernster sein.*
*Wenn du äußerst unschöne Dienste leistest, wirst du*
*gewaltige Lektionen lernen müssen.*

Das Gesetz des universellen Dienstes transformiert jeden
Aspekt deines Lebens. Je mehr gute Dienste du leistest,
desto mehr wird jeder Aspekt deines Lebens transformiert. Je mehr gute Dienste du leistest, desto mehr verbessert sich deine Fähigkeit zur Seelenkommunikation. Je
mehr gute Dienste du leistest, desto mehr verbessern sich
deine Fähigkeiten im Allgemeinen. Die Geschwindigkeit
kann dabei buchstäblich in Quantensprüngen gemessen
werden. Dies ist ein Beispiel für die Großzügigkeit des
Göttlichen. Leisten wir nur einen kleinen guten Dienst,
wird dieser multipliziert und uns als Tugend, Transformation und größere Fähigkeit zur Seelenkommunikation zurückgegeben. Er wird zehnfach, hundertfach und mehr
»erstattet«. Es ist unmöglich, mehr zu geben, als das Göttliche uns zurückgeben kann.
Ich wiederhole noch einmal, wie wichtig es ist, seine
Dienste anzubieten. Der Zweck des Lebens besteht im
Dienen. Dennoch bedarf es eines grundlegenden Zusatzes. Wahrer Dienst, der beste Dienst, wird ohne Bedingungen geleistet. Tust du etwas, um dafür einen Segen zu erhalten, ist dies nicht bedingungslos. Dein Nutzen daraus
muss begrenzt sein. Dienst du einfach aus freiem Herzen

und freiem Willen heraus, wirst du zehnfach und mehr gesegnet. Bedingungslosen Dienst zu leisten ist von absoluter Notwendigkeit.

Es ist wichtig, zu erkennen, was Dienst bedeutet. Die Qualitäten eines bedingungslosen, universellen Dieners findest du im Gesetz des universellen Dienstes. Mit deinem Dienst trägst du dazu bei, die Situation anderer zu verbessern. Ich weise noch einmal auf die Rolle des Dienstes in Bezug auf die Öffnung und Entwicklung deiner Kanäle zur Seelenkommunikation hin. Die Pflege der Seelenkommunikation stellt einen großen Dienst dar. Deine Fähigkeiten zur Seelenkommunikation verbessern sich mit dem Gebrauch derselben. Bedingungslose Liebe zu schenken stellt einen großen Dienst dar. Auch dies verbessert deine Fähigkeit zur Seelenkommunikation. Alle geleisteten guten Dienste verleihen diesen Fähigkeiten einen großen Schub.

Gute Dienste können auf vielfältige Art und Weise geleistet werden. Es beschränkt sich nicht auf Aktivitäten irgendwelcher Art. Hier im Westen assoziieren wir gute Dienste damit, etwas zu *tun*, einer bestimmten Gruppe anzugehören – oder auch mit ehrenamtlicher Arbeit. All dies ist richtig. Gute Dienste implizieren aber auch das Chanten, Segnen und das Leben auf bedingungslose Art und Weise. Auch dies sind gute Dienste, da sie anderen hilfreich sind. Es ist nicht notwendig, in die Welt zu gehen und sich einer Organisation anzuschließen, um für diese ohne Bezahlung zu arbeiten. Tu einfach das, was du jetzt schon tust, auf bedingungslose Art und Weise, und es wird deine Aktivitäten transformieren. Du erreichst damit eine hohe Ebene des Dienstes.

Warum besteht diese enge Verbindung zwischen dem Offerieren guter Dienste und der Entwicklung deiner Kanäle zur Seelenkommunikation? Durch deine guten Dienste erhöht sich dein Seelenrang. Deine Frequenz steigert sich. Dadurch verbessert sich deine Fähigkeit, Botschaften aus der Seelenwelt zu empfangen. Man könnte sagen, dass gute Dienste und die Entwicklung der spirituellen Fähigkeiten zwei Seiten derselben Medaille sind. Bietest du gute Dienste an, verbessern sich deine Fähigkeiten. Wenn du diese Fähigkeiten anwendest, verstärkt sich dein Wunsch, gute Dienste zu leisten.

Deine Seelenkommunikation ist ein Schatz, den du für dich und andere anwenden kannst. Wenn es angemessen ist, darfst du die Lehren, die du für dich selbst empfängst, auch anderen mitteilen. Du wirst sehr schnell bemerken, dass die empfangenen Lehren Teil deiner täglichen Gespräche werden. Die erlernte Weisheit wird Teil deines Denkens. Deine Ideen und Worte gehen ganz natürlich aus dem hervor, was du aus der Seelenwelt empfängst. Zu deinem großen Entzücken und Erstaunen wird dies ganz spontan geschehen.

Beginne den Prozess der Nutzung deiner Seelenkommunikation ganz bewusst. Du formulierst eine Frage und empfängst eine Antwort. Sprich, du bist dir vollständig darüber bewusst, dass du eine ganz bestimmte Antwort auf eine ganz bestimmte Frage erhältst. Je mehr du die Seelenkommunikation nutzt, desto mehr wird sie Teil deines täglichen Lebens werden. Du wirst feststellen, dass du Möglichkeiten in Betracht ziehst, die dir von der Seelenwelt vorgeschlagen werden. Dazu bedarf es zumeist keiner besonderen Anstrengung, sondern es fließt ganz natürlich in deinen Tag mit ein.

Je mehr du die Seelenkommunikation nutzt, desto schneller kann sich dieser Prozess entfalten. Er ist ein wunderbares Geschenk und für jeden Menschen verfügbar. Deine

Aufgabe besteht lediglich darin, bei jeder Gelegenheit Seelenkommunikation zu praktizieren. Folge den Anleitungen, die ich dir gegeben habe, und denk vor allem immer daran, dankbar zu sein. Erweise der Seelenwelt deine Ehrerbietung für ihre Antworten. Wir sind zutiefst gesegnet und dürfen uns privilegiert fühlen, direkte Antwort von den höchsten Heiligen zu erhalten. Dies war in der Geschichte der Wunsch vieler Menschen. Zu unserer Zeit ist es der Wunsch vieler Tausender, wenn nicht gar Millionen von Menschen. Für dich befindet sich diese Möglichkeit direkt vor deiner Nase. Nimm sie wahr und nutze sie. Mit dem steten Gebrauch der Seelenkommunikation erhältst du Antworten aus immer höheren Ebenen. Je mehr gute Dienste du leistest, desto höher wird deine Frequenz, und desto höher ist die Ebene, aus der du Unterweisungen empfängst. Dies ist ein großer Segen für dich. Es ist ein Segen für alle.

Die empfangene Weisheit ist nicht für dich allein bestimmt. Du erhältst sie für die gesamte Menschheit. Verbreite die erhaltenen Informationen bei jeder Gelegenheit. Verbreite die Weisheit und die Lehren. Je mehr du dies tust, desto mehr wirst du empfangen. Die Geschenke aus der Seelenwelt werden sozusagen in deinem inneren Lager der Intelligenz und der Weisheit abgelegt. Lässt du sie einfach dort liegen, füllt sich das Lager sehr schnell, und du hast bald keinen Platz mehr. Teilen wir jedoch die empfangenen Schätze mit anderen, schaffen wir damit wieder neuen Raum für mehr Weisheit und weitere Geschenke. Davon profitierst nicht nur du, sondern all jene, mit denen du diese Kostbarkeiten teilst.

Ich möchte noch einmal eindrücklich darauf hinweisen, wie wichtig es ist, die empfangenen Informationen weiterzugeben. Dies stellt einen großen Dienst dar. Dabei ist jedoch der richtige Zeitpunkt von großer Bedeutung. Nicht alles, was du empfängst, ist für jeden Menschen bestimmt, dem du begegnest. Hol den jeweiligen Menschen dort ab, wo er sich gerade befindet. Richtschnur muss dabei sein, jede Frage auf sehr fokussierte Weise zu beantworten. Es hilft nicht und stellt auch keinen guten Dienst dar, Weisheit und Unterweisungen einfach über einen anderen Menschen auszuleeren. Dies kann den anderen durcheinanderbringen und ärgerlich machen. Es kann sogar verletzend sein. Der stimmige Zeitpunkt ist der Schlüssel. Achte auf die Bereitschaft deines Gegenübers. Deine Seele und die Seelenwelt helfen dir dabei, die stimmigen Worte zu finden. Wenn du die Botschaft erhältst, dich mitzuteilen, tu dies sofort mit Zutrauen und Mitgefühl. Dies meine ich mit meinem Beispiel von dem inneren Lager. Wenn du eine Botschaft empfängst, die für den anderen angemessen ist, sei weder schüchtern noch nervös und teile dich mit. Wenn du die Weisheit in deinem Lager behältst, kann irgendwann unmöglich neue Weisheit hinzukommen.

Zutrauen und Mitgefühl sind die beiden wichtigsten Qualitäten, wenn du dich mitteilst. Zutrauen allein genügt nicht, da du dann unpassende Informationen weitergeben könntest. Mitgefühl allein genügt nicht, da du dir zu viele Gedanken darüber machen könntest, den anderen zu verletzen, und notwendige Informationen zurückhältst. Zutrauen und Mitgefühl können dich leiten und gleichen sich gegenseitig aus.

Folge meinen Leitlinien, und du wirst erstaunt und entzückt über die Entwicklung deiner Kanäle zur Seelenkommunikation sein. Auch die Reaktionen deiner Umwelt werden dich überraschen. Bedank dich stets beim Göttlichen und bei der Seelenwelt, wenn anderen geholfen wurde. Sprich immer davon, dass es sich um Geschenke des

Göttlichen und der Seelenwelt handelt und dass du ihnen lediglich deine Stimme leihst. Dies ist sehr wichtig. Vergisst du es, kann sich sehr schnell dein Ego melden, und ein großes Ego schränkt sofort deine Seelenkommunikationsfähigkeiten ein. Es verringert deine Frequenz. Du solltest in jedem Fall versuchen, dein Ego aus dem Spiel zu halten.

Wenn du beginnst, dich mitzuteilen, mag es sein, dass du dich mit den Reaktionen deiner Umwelt nicht ganz wohl fühlst. Mach dir dann bewusst, dass Seelenkommunikation einen Dienst darstellt. Du bietest anderen deine Dienste an und kannst einfach sagen: »Es ist mir eine Ehre und ein Privileg, hier auf diese Art und Weise dienen zu dürfen.« Sätze wie dieser machen dir immer wieder klar, wo die wahre Quelle deiner Seelenkommunikation liegt. Zudem bleibt dir die Bedeutung und Notwendigkeit des Dienstes bewusst. Du bewegst dich dadurch immer mehr in Richtung des Lichts, so dass deine Seelenkommunikation immer höhere Ebenen erklimmen kann.

Mit der Entwicklung deiner Kanäle der Seelenkommunikation wird sich die Genauigkeit und Stimmigkeit deiner Aussagen verbessern. Die Frage der Treffsicherheit ist von großer Bedeutung. Zu Beginn ist die Präzision der Botschaften oft begrenzt. Woran kannst du erkennen, ob sie stimmig sind? Eine der besten Möglichkeiten besteht darin, zu fragen: *Fördert diese Botschaft Liebe, Vergebung, Frieden und Harmonie? Ist diese Botschaft ein Segen? Bringt sie Heilung? Trägt sie zur Erleuchtung bei?* Diese Fragen sind sehr hilfreich, um die Präzision einer Botschaft zu bestimmen, aber nicht ausreichend. Ungenaue Botschaften können sich auf täuschend schöne Art und Weise präsentieren. Es mag so scheinen, als seien die genannten Kriterien vollständig erfüllt. Deshalb solltest du eine weitere Frage stellen: *Füttert diese Botschaft mein Ego?*

Die Beantwortung dieser Frage kann heikel und verzwickt sein. Du kannst Botschaften voller Liebe und Wertschätzung aus der Seelenwelt erhalten, die vollkommen präzise sind. Die Seelenwelt liebt uns. Das Göttliche liebt uns. Sie sagen uns, wie sehr wir geliebt und geschätzt werden und wie dankbar sie für unseren Dienst sind. Aber das ist auch alles. Wenn du im weiteren Verlauf der Botschaft gesagt bekommen solltest, wie wunderbar und besonders du bist, dass deine Fähigkeiten um so vieles größer sind als die der anderen und so weiter, dann darfst du getrost davon ausgehen, dass diese Botschaften aus deinem Verstand und, genauer gesagt, aus deinem Ego kommen. Die Seelenwelt würde so etwas nie sagen. Die Wesenheiten sprechen von ihrer Liebe und Dankbarkeit, stellen jedoch keine Vergleiche an. Sie sagen uns niemals, dass wir der oder die Beste sind. Man kann leicht in diese Fallen hineinlaufen. Ich nenne diese Fallen »falsche Botschaften«. Sie entstammen nicht der Seelenwelt und stimmen einfach nicht.

Wann immer du eine solche Botschaft erhalten solltest, kannst du also gewiss sein, dass sie aus dem Verstand kommt. Aber hab keine Angst. Sorg dich nicht und sei nicht nervös. Sobald du die Botschaft erhalten hast, sag dir einfach: »Ich bin ein bedingungsloser universeller Diener. Diese Botschaft trifft weder auf mich noch auf meine Frage zu. Ich leiste weiterhin gute Dienste. Danke, danke, danke.« Diese Antwort verbindet dich für die Zukunft mit stimmigen Botschaften. Sie verbindet dich damit, ein bedingungsloser universeller Diener zu sein.

Lass mich eine weitere wichtige Warnung in Hinblick auf die Stimmigkeit der Seelenkommunikation aussprechen.

Die empfangenen Botschaften müssen in der praktischen Anwendung Sinn machen. Erhältst du eine Botschaft, deren Inhalt in der »wirklichen« Welt keinen Sinn ergibt, stimmt diese Botschaft schlicht nicht. Es ist eine falsche Botschaft. Ich gebe dir ein Beispiel. Wenn du eine gute Arbeitsstelle hast, die dir ein angenehmes, einfaches Leben und den Pilgerweg deiner Seelenreise ermöglicht, so bist du gesegnet. Deine Arbeit ist ein Geschenk des Göttlichen und der Seelenwelt. Solltest du nun als Botschaft empfangen, deine Stelle zu kündigen, ohne einen Vorschlag für eine andere zu erhalten, dann stimmt diese Botschaft nicht. Auch dies ist eine falsche Botschaft. Folge keinesfalls dieser Empfehlung. Sollte eine Empfehlung für eine neue Stelle erfolgt sein, findet zuerst heraus, was es damit auf sich hat, bevor du deine Stelle kündigst. Diese einfachen Richtlinien helfen dir, herauszufinden, ob eine Botschaft stimmig ist oder nicht. Deine Botschaften helfen dir und anderen. Sie sind mit deinem Dienst und mit dem praktischen täglichen Leben verbunden.

Mit der Pflege der Seelenkommunikation wird sich deine Präzision verbessern. Zu Beginn wird sie nicht besonders hoch sein. Das ist vollkommen normal. Die Genauigkeit zu erhöhen ist ein langsamer Prozess. Schritt für Schritt wird sie sich verbessern. Sei geduldig, übe, biete deine Dienste an, und deine Genauigkeit wird sich verbessern. Lass alle Erwartungen los. Setz dir kein Ziel, zum Beispiel neunzig- oder fünfundneunzigprozentiger Genauigkeit. Das Ego tarnt sich ganz subtil auf diese Weise. Führ einfach deine Übungen durch, und deine Präzision wird sich stimmig entwickeln. Auf ganz natürliche Art und Weise. Wenn deine Frequenz sich erhöht, erhöht sich deine Präzision. Und wie ich schon sagte, erhöht sich deine Frequenz am besten durch deine guten Dienste.

Vergleiche niemals deine Fähigkeiten mit den Potenzialen anderer. Dies kann dich entweder entmutigen oder dir das Gefühl der Überlegenheit geben. Hinter beiden verbirgt sich das Ego. Ich wiederhole es noch einmal: Vergleiche dich niemals mit anderen. Was du empfängst, ist genau das, was das Göttliche und die Seelenwelt dir zukommen lassen möchten. Es ist für dich maßgeschneidert. Es ist ein ganz besonderes Geschenk für dich. Sobald du dies erkannt hast, ist es dir unmöglich, zu sagen, dass deine Botschaften weniger gut seien als die Botschaften anderer. Es ist dir auch unmöglich, zu sagen, dass deine Botschaft nicht gut genug sei.

Folg diesen sehr einfachen Anleitungen, Unterweisungen und Vorschlägen. Du wirst erstaunt und überrascht sein, wie schnell sich deine Seelenkommunikationskanäle öffnen und entwickeln.

In diesem Kapitel habe ich vornehmlich über die direkte Seelenkommunikation gesprochen. Im nächsten wird es zusätzlich um Bilder und Intuition gehen. Alles, was ich hier mitgeteilt habe, ist auf jede Form der Seelenkommunikation anwendbar. Im nächsten Kapitel werde ich es noch einmal erläutern. Dadurch erhältst du ein Verständnis dafür, wie du die bisherigen Anleitungen auf jede Form der Seelenkommunikation anwendest.

Zum Abschluss dieses Kapitels ist es mir ein Anliegen, dir einen Segen für deine Seelenreise zu spenden, so dass sie mit göttlichem Licht erfüllt und ihr Weg eindeutig sei. Sprich mir nach: *Liebe Seele, lieber Geist und lieber Körper von Gottes Licht. Ich liebe euch. Bitte schenkt mir einen Segen für meine Seelenreise. Ich fühle mich geehrt*

*und bin voller Wertschätzung. Ich kann euch gar nicht
genug danken. Danke, danke, danke.*
Nun chante etwa zehn bis zwanzig Minuten *Gottes Licht,
Gottes Licht, Gottes Licht, Gottes Licht.* Visualisiere
strahlendes, vibrierendes, goldenes Licht, Seelenlicht in
deinem Botschaftenzentrum. Dein Herz öffnet sich ganz
weit, um Gottes Licht und Gottes Liebe zu empfangen.
Gestatte Gottes Licht, jeden Aspekt deiner Seele, deines
Geistes, deines Körpers, jedes Organs, jedes Systems und
jeder Zelle von Kopf bis Fuß zu erfüllen. Dein gesamter
Körper erstrahlt in Gottes Licht.
Chante täglich, um Gottes Licht und seinen großen Nutzen in deinen Körper zu bringen. Blockaden werden entfernt, und deine spirituelle Reise wird gesegnet. Abschlie-
ßend sagst du: *Hao! Hao! Hao! Danke, danke, danke.*
Der erste Dank gilt dem Göttlichen. Der zweite Dank gilt
allen spirituellen Müttern und Vätern. Der dritte Dank
gilt deiner eigenen Seele.

# 2
## Wie praktiziert man
## Seelenkommunikation?

Es gibt verschiedene Formen der Seelenkommunikation. Sie verbindet dich mit der Seelenwelt und empfängt von dort Botschaften. Da es in der Seelenwelt keine Begrenzungen gibt, gibt es auch keine Einschränkungen für die Art und Weise, wie wir Botschaften von dort empfangen können. Dies ist eine wichtige Erkenntnis. Viele Menschen begrenzen sich selbst oder verhindern sogar die Fähigkeit zum Empfang einer Botschaft durch ihre Geisteshaltungen, Gesinnungen und Glaubenssätze zum Thema »Seelenkommunikation«. Diese Begrenzungen müssen losgelassen werden. Du musst dich der ganzen Fülle der Möglichkeiten öffnen, die dir von der Seelenwelt präsentiert werden. Du musst deinen eigenen Kanal wertschätzen. Wenn du mehr als einen Kanal hast, bist du gesegnet. Wenn du lediglich einen Kanal hast, bist du auch gesegnet. Schätze zutiefst, was dir gegeben wurde.

Deine Möglichkeit der Seelenkommunikation wurde als Geschenk für dich maßgeschneidert. Viele entwickeln mehr als eine Methode, Seelenkommunikation zu empfangen. Dazu gehören das Dritte Auge, die Seelensprache und direkte Seelenkommunikation. Jede Methode unterstützt und verstärkt die andere. Manche entwickeln eine hauptsächliche Methode zum Empfang der Seelenkommunikation. Wie immer sich deine Situation auch darstellen mag, betrachte sie als vollkommen. Deine Methode ist das Geschenk, das die Seelenwelt zu diesem Zeitpunkt für dich bereithält. Vielleicht entwickelst du durch stetes Üben eine zusätzliche Methode, vielleicht aber auch nicht. Das ist unwichtig. Einzig wichtig ist es, deine Gabe zu schätzen und im Dienste zu nutzen.

## Das Dritte Auge

Viele Menschen empfangen ihre Seelenkommunikation durch das Dritte Auge. Als Drittes Auge bezeichnet man das Energiezentrum, das Bilder aus der Seelenwelt empfängt. Es ist kirschgroß und befindet sich im Bereich der Zirbeldrüse. Stell dir eine Linie vom obersten Punkt des einen Ohrs über den Kopf zum obersten Punkt des anderen Ohrs vor. Die zweite vorgestellte Linie beginnt an der Nase und verläuft über den Kopf nach hinten zum ersten Halswirbel. Am Kreuzungspunkt der beiden Linien gehst du in der Vorstellung drei *cun* lotrecht in den Kopf hinein. Dort befindet sich der Bereich des Dritten Auges.

Wie kannst du nun die Fähigkeit zur Nutzung des Dritten Auges entwickeln? Der beste und sicherste Weg führt über die Stärkung des Schneebergbereichs. Anleitungen dazu findest du im ersten Kapitel. Schau dir diese noch einmal an. Führ diese Übungen mindestens zwanzig Minuten pro Tag aus, je länger, desto besser (siehe Seite 41).

Von der Stärkung des Schneebergbereichs profitiert nicht nur das Dritte Auge, sondern deine Gesundheit ganz generell. Die Nutzung des Dritten Auges verbraucht große Energiemengen. Durch die Stärkung deiner grundlegenden Energiezentren – Unteres Dan Tien und Schneebergbereich – vermeidest du Müdigkeit, das Gefühl des Ausgelaugtseins und Krankheit. Mit einer starken Basis kann sich dein Drittes Auge auf stimmige Weise entfalten. Du wirst vielleicht einige Unannehmlichkeiten nicht vermeiden können, aber es wird sicher nicht zu größeren Problemen kommen. Meine dringende Empfehlung geht dahin, mindestens einen Monat lang den Schneebergbereich zu stärken, bevor du dich daranmachst, dein Drittes Auge (weiter) zu öffnen. Mir ist bewusst, dass einige den Prozess der Öffnung des Dritten Auges gern beschleunigen würden. Ihr könntet versucht sein, diese Vorschläge zu übergehen. Das wäre ein großer Fehler.

### Übung 1

Sobald du deine grundlegenden Energiezentren angemessen gestärkt hast, ist die *Nahe-Hand-Ferne-Hand-Technik*[12] sehr hilfreich bei der Öffnung des Dritten Auges. Halt die nahe Hand zehn bis fünfzehn Zentimeter vor deinen Kopf und die ferne Hand vierzig bis fünfzig Zentimeter über deinen Kopf. Beide Handflächen zeigen zum Kopf. Sag *Hallo: Liebe Seele, lieber Geist und lieber Körper meines Dritten Auges. Ich liebe euch. Ihr habt die Kraft und die Macht, mein Drittes Auge [weiter] zu öffnen. Macht eure Sache gut. Danke.*
Visualisiere nun goldenes Licht im Bereich des Dritten Auges. Sieh, wie goldenes Licht aus allen Richtungen

gleichzeitig in dein Drittes Auge einströmt. Das Licht wird heller und heller, stärker und stärker, dichter und dichter. Als Klangkraft kannst du verschiedene Mantras nutzen: *San San Dschu Liu Ba Yao Wu. Licht, Licht, Licht, Licht. Öffne dich vollständig, Drittes Auge, öffne dich vollständig, Drittes Auge, öffne dich vollständig, Drittes Auge, öffne dich vollständig, Drittes Auge. Liebe, öffnen, danke, Liebe, öffnen, danke, Liebe, öffnen, danke, Liebe, öffnen, danke* – um nur einige Beispiele zu nennen.

Führ diese Übungen mindestens zehn Minuten lang durch und wiederhole sie, sooft du kannst. Je mehr du übst, desto besser werden deine Ergebnisse sein.

## Übung 2

Eine weitere Übung zur Öffnung des Dritten Auges sieht so aus. Setz dich im Lotus-, Halblotus- oder Schneidersitz auf den Boden oder nimm einfach mit geradem Rücken auf einem Stuhl Platz, wobei du einen kleinen Abstand von der Rückenlehne hältst. Die Zunge ruht entspannt in der Nähe des Gaumens, ohne diesen zu berühren. Die Handgelenke sowie die Fingerspitzen des kleinen Fingers und des Daumens berühren sich. Die Handflächen und die Spitzen der drei übrigen Finger berühren sich nicht, so dass deine Hände die Form einer Lotusblüte annehmen. Sag *Hallo*: *Liebe Seele, lieber Geist und lieber Körper meines Dritten Auges. Ich liebe euch. Ihr habt die Kraft und die Macht, mein Drittes Auge [weiter] zu öffnen. Macht eure Sache gut. Danke.*

Zur Klangkraft nutzen wir das Mantra *Wong Ma Ni Ba Ma Hong*. Es ist ein besonderes Mantra des bereits erwähnten weiblichen Bodhisattwas des Mitgefühls Kwan Yin alias Ling Hui Sheng Shi.

Sag wieder *Hallo*: *Geliebte Ling Hui Sheng Shi, liebes Mantra Wong Ma Ni Ba Ma Hong. Ich liebe, achte und wertschätze euch. Ich kann euch gar nicht genug danken. Bitte helft meinem Dritten Auge, sich vollständig zu öffnen. Danke, danke, danke.* Schau nun mit nahezu geschlossenen Augen auf deine Fingerspitzen. Chante mindestens zehn Minuten lang das Mantra *Wong Ma Ni Ba Ma Hong*, je länger, desto besser. Mit Hilfe dieser Übung kann sich dein Drittes Auge in ein oder zwei Tagen öffnen. Bei manchen mag es zwei oder drei Monate dauern, bei einigen noch länger. Lass alle Erwartungen los. Beschwer dich nicht. Erinnere dich daran, dass du das für dich Stimmige erhältst. Es ist dein Geschenk von der Seelenwelt.

## Übung 3

Als Nächstes gebe ich dir wieder eine Nahe-Hand-Ferne-Hand-Technik zur Öffnung deines Dritten Auges. Setz dich wie schon beschrieben hin und nimm die Hände in die gleiche Position wie vorher. Halt die nahe Hand zehn bis fünfzehn Zentimeter vor und die ferne vierzig bis fünfzig Zentimeter über deinen Kopf. Beide Handflächen zeigen zum Kopf. Lass deine Hände in dieser Körperkrafthaltung.

Sag *Hallo* wie folgt: *Liebe Seele, lieber Geist und lieber Körper meines Dritten Auges. Ich liebe euch. Ihr habt die Kraft und die Macht, eure Fähigkeiten zum Sehen der Bilder aus der Seelenwelt zu entwickeln. Macht eure Sache gut. Danke, danke, danke.* Das ist die Seelenkraft.

Visualisiere nun, wie strahlendes Licht in den Bereich des Dritten Auges einströmt und es vollständig öffnet. Chante *San San Dschu Liu Ba Yao Wu* oder *Licht*, so schnell du kannst. Oder sprich in der Seelensprache, wenn du diese schon beherrschst. Visualisiere, wie dein Drittes Auge goldenes Licht ausstrahlt, und chante weiter *San San Dschu Liu Ba Yao Wu, San San Dschu Liu Ba Yao Wu, San San Dschu Liu Ba Yao Wu, San San Dschu Liu Ba Yao Wu.* Visualisiere, wie dein Drittes Auge mit goldenem Licht gefüllt ist und wie es reines göttliches Licht ausstrahlt. Gestatte Gottes Licht, zu strahlen, zu vibrieren und dein Drittes Auge vollständig zu entwickeln. Richte deine Aufmerksamkeit ganz auf dein Drittes Auge und verdichte göttliches Licht darin. Chante weitere drei bis fünf Minuten *San San Dschu Liu Ba Yao Wu* oder *Licht*. Führ diese Übung täglich durch, profitiere auf ungeahnte Weise davon und öffne dein Drittes Auge schnell und effektiv.

Visualisiere nun zum Abschluss dieser Übung deinen Unterbauch. Chante *San San Dschu Liu Ba Yao Wu* oder *dschu*, die chinesische Zahl Neun. Halte die Aufmerksamkeit mindestens drei Minuten *im* Unterbauch. Danach sagst du:

*Hao! Hao! Hao!*
*Danke, danke, danke.*

Diese Übung hilft dir dabei, dein Drittes Auge zu öffnen. Wenn es bereits offen ist, hilft sie dir, es vollständig zu öffnen. Es ist von grundlegender Bedeutung, zum Schluss die Aufmerksamkeit auf den Unterbauch zu richten (Unteres Dan Tien), um geerdet und zentriert zu bleiben. Außerdem verhindert es Kopfschmerzen, das Gefühl des Ausgelaugtseins und andere Ungleichgewichte. Denk unbedingt nach jeder Übung für das Dritte Auge an diesen erdenden Schritt.

Ich habe dir nun drei verschiedene Übungen gegeben, die dir bei der Öffnung und Entwicklung deines Dritten Auges helfen. Zusätzliche Übungen findest du in Kapitel drei meines Buches *Seele Geist Körper Medizin*. All diese Übungen können sehr gute Dienste leisten. Wie ich schon zu Beginn des Kapitels sagte, ist es wichtig, den Schneebergbereich zu stärken, bevor man mit den Übungen für das Dritte Auge beginnt. Die tägliche Stärkung des Schneebergbereichs vor den Übungen für das Dritte Auge unterstützt dessen Entwicklung immens.

## Das Dritte Auge und Seelenkommunikation

Das Dritte Auge zu aktivieren ist eine Form der Seelenkommunikation. Sobald du es nutzt, werden Bilder aus der Seelenwelt sichtbar. Diese Bilder können dir äußerst hilfreiche Informationen für deine Seelenreise oder dein tägliches Leben offenbaren. Manchmal kommen diese Bilder langsam, und du weißt sofort, was sie bedeuten. Dann wiederum kommen sie schnell und sehen verzerrt aus. In letzterem Fall bitte einfach die Seelenwelt, ein oder zwei Bilder auszuwählen, die im Moment am wichtigsten sind. Du musst klar sehen können, um mit dem Dritten Auge Seelenkommunikation zu betreiben. Du musst auch im Bewusstsein behalten, dass du mit dem Dritten Auge ausschließlich Bilder sehen kannst. Siehst du also einen Buddha, handelt es sich lediglich um das *Bild* eines Buddhas. Er selbst muss nicht notwendigerweise vor dir erscheinen. Das Gleiche gilt, wenn du Bilder von Jesus oder Maria sehen solltest. Im Übrigen gilt dies für alles, was du mit deinem Dritten Auge siehst. Mach dir stets bewusst, dass du Bilder empfängst. Ich lege so viel Wert darauf, dies gebetsmühlenartig zu sagen, weil Bilder noch interpretiert werden müssen. Du musst die Seele des Bildes fragen, welche Botschaft sie bringt.

Ich kenne den Fall einer jungen Dame, der ein Bild erschien, durch das eine Botschaft übermittelt wurde. Die Empfängerin übersah, dass es sich einfach um ein Bild handelte, und traf daraufhin wichtige Entscheidungen. Dies war ein großer Fehler. Sie hatte zu überprüfen vergessen, ob ihre Interpretation der Botschaft korrekt war. Darin wurde ihr gesagt, wie wichtig und talentiert sie sei und dass es ihr bestimmt sei, Wunderbares zu leisten. Vor solcherlei Mitteilungen habe ich schon an früherer Stelle gewarnt. Wenn du derlei Botschaften verbunden mit einem Bild erhältst, ist es sehr leicht, sie wörtlich zu nehmen. Dies ist einer der Gründe, warum man sich immer wieder vor Augen halten muss, dass es sich um ein Bild handelt, dessen Seele nach seiner Botschaft und seiner Lehre befragt werden muss.

Stell dir folgende Frage, sobald du ein Bild empfängst: *Welche Art von Dienst erweist dieses Bild diesem Menschen? Wie ist es mit seiner Seelenreise verbunden?* Ist die Antwort voller Liebe und Mitgefühl und zudem noch hilfreich, handelt es sich um eine stimmige Botschaft aus der Seelenwelt. Ist sie weder dienlich noch hilfreich, handelt es sich um eine falsche Botschaft. Verwende diese beiden

Fragen als Richtschnur, wenn du das Dritte Auge für spirituelle Durchgaben an andere nutzt. Dadurch wird sich die Stimmigkeit deiner Aussagen verbessern, und deine Fähigkeiten werden sich weiterentwickeln.

Hätte die Betroffene im obigen Beispiel diese Fragen gestellt, wäre die Antwort etwa folgendermaßen ausgefallen. »Dies ist eine Prüfung. Wir wollen herausfinden, ob du die Unterweisungen zum Dritten Auge verinnerlicht hast.« Da aber die Frage nicht gestellt worden war, erfuhr die Person großes Leid. Leid kann nicht vollständig ausgeschaltet werden, da es einfach Teil unseres Lebens ist. Dennoch kann man unnötiges Leid vermeiden, wenn man meinen einfachen Vorschlägen folgt.

Es ist ein besonderer Schatz, Bilder aus und von der Seelenwelt zu empfangen. Achte, ehre und wertschätze jedes Bild. Die Bilder des Dritten Auges können dabei behilflich sein, Unsicherheiten und Blockaden auf deiner Seelenreise aufzulösen. Sie können dir die Richtung zeigen. Sie können dir dabei helfen, höhere Ebenen der Erleuchtung zu erreichen. Durch sie kannst du Antworten bezüglich deines Dienstes, deiner Rolle und deiner Verantwortlichkeiten erhalten.

Meditiere mit dem Bild. Frag stets nach der Botschaft und der Lehre. Du wirst grundlegende Informationen erhalten. Es ist ein wunderbarer Segen, auf eine Frage eine Antwort aus der Seelenwelt zu bekommen. Diese Antwort stellt eine hervorragende Information dar, die du interpretieren und als Wegweiser auf deiner Seelenreise im täglichen Leben nutzen kannst.

Ich möchte dir einige Beispiele geben. Vielleicht hast du Kollegen am Arbeitsplatz, die du als schwierig empfindest. Hier kannst du um Bilder aus früheren, gemeinsamen Leben bitten. Sobald du diese Bilder siehst, verstehst du möglicherweise die momentane Situation. Die Schwierigkeiten zwischen euch ergeben einen Sinn. Die Bilder vermitteln dir bereits gute Anhaltspunkte, was aber noch nicht genug ist. Du musst etwas mit dieser Information anfangen. Ruf beispielsweise die Seele deines Kollegen zu dir. Teil ihr mit, dass es dein tiefster Wunsch ist, zu vergeben, Vergebung zu finden und die Situation zu verbessern. Teil der Seele mit, wie sehr du sie liebst. Das ist äußerst wichtig, denn Liebe lässt alle Blockaden schmelzen. Wenn du deine Beziehungen verbessern willst, ist es notwendig, stärkere bedingungslose Liebe hineinzubringen. Auch wenn es dir schwerfällt, zu sagen, dass du diesen Menschen liebst, musst du es versuchen. Tu dies auf der Seelenebene. Lass deine Seele zur Seele des anderen sprechen. Es ist der tiefste Wunsch unserer Seelen, universellen Dienst zu leisten.

Die Möglichkeit, einen guten Dienst zu leisten, ist immer ein großer Schatz. Besonders dann, wenn dieser Dienst Transformation in das Leben der Beteiligten bringt. Transformation, die der Liebe entspringt. Es ist eine Ehre und ein Privileg, fähig zu sein, diese Art von Dienst zu leisten.

Ich könnte dir noch viele weitere Beispiele für verschiedenste Arten von Beziehungen geben. Vielleicht hast du schwierige familiäre Verhältnisse. Verwende die gleichen Übungen, um Liebe in diese Beziehungen zu bringen. Mach dir stets bewusst, dass Vergebung das Spiegelbild der Liebe ist. Sobald du Liebe schenkst, musst du auch bedingungslose, universelle Vergebung schenken. Deine Seele vergibt der Seele des anderen. Bitte auch selbst um Vergebung. Dies ist von größter Bedeutung, um Beziehungen zu transformieren. Ohne Vergebung kann Transformation nicht stattfinden.

Die bedingungslose, universelle Vergebung birgt ein besonderes Geschenk: tiefen inneren Frieden. Vergeben und Vergebung zu erlangen öffnet alle Türen zu tiefem innerem Frieden. Viele Geisteshaltungen, Vorstellungen und Glaubenssätze, die eine schwere Last dargestellt haben, können losgelassen werden. Dies schenkt dir ein außergewöhnliches Gefühl von Freiheit. Authentische Freiheit, die der Weite von Vergebung und Liebe entspringt. Nichts kann dir auf die gleiche Weise Freiheit verschaffen.

Die Menschen versuchen auf mancherlei Weise, die Qualität von Freiheit in ihr Leben zu ziehen. »Ich wäre so gern frei von Sorgen, von Zweifeln, von Wut …« Freiheit davon und darüber hinaus wartet auf einen jeden von euch. Authentische Freiheit kann auf sehr einfache Weise erreicht werden. »Einfach« bedeutet nicht »leicht«, aber es bedeutet »machbar«. Folge einfach diesen Anleitungen. Die daraus resultierende Transformation in deinem Leben ist die Anstrengung wert. Tiefer innerer Frieden ist ein Schatz, er ist unbezahlbar.

Viele Menschen verbringen Tage, Wochen und Monate größter Anstrengung, um diese Qualität des Friedens zu erreichen. Das Geheimnis besteht in bedingungsloser, universeller Vergebung. Sobald die Bilder deines Dritten Auges dir mitteilen, dass es um Vergebung geht, handle sofort. Nimm den Schatz an, den dir die Seelenwelt schenkt. Wenn du ihn nicht annimmst, wird sich die Seelenwelt sträuben, dir einen weiteren Schatz zu schenken, da du weder Wertschätzung noch Dankbarkeit gezeigt hast. Du hast dich abgewandt. Warum sollte die Seelenwelt einem Menschen Schätze zukommen lassen, der sich von ihr abwendet?

Du kannst deine Bereitschaft für die erhaltenen Schätze dadurch dokumentieren, dass du nur Fragen stellst, auf deren Antworten hin du auch handelst. Solange du nicht bereit bist, mit der Antwort etwas anzufangen, stell keine Fragen. Sobald du eine Information in der Hand hast, musst du sie nutzen. Manchmal wird dir ein Hinweis gegeben, ohne dass du eine Frage gestellt hast. Du magst überraschende Bilder empfangen. Vielleicht fühlst du dich für derartige Mitteilungen noch nicht bereit. Lass mich dir ganz klar sagen: Wenn du eine Information empfängst, bist du bereit für sie, auch wenn du nicht gefragt hast. Die Seelenwelt gibt dir nie mehr, als du verkraften kannst. Die Seelenwelt ist unendlich freundlich und mitfühlend. Sie lädt dir nie eine untragbare Last auf. Wenn du ein Bild empfangen hast, empfängst du dazu auch einen Segen, der dir hilft, zu handeln. Darauf kannst du dich vollkommen verlassen.

Anhand dieser Beispiele magst du erkennen, wie du die Bilder des Dritten Auges im täglichen Leben anwenden kannst. Du kannst sie auch für ganz praktische Aspekte deines Lebens anwenden und zum Beispiel verlorene Gegenstände wiederfinden. Nicht jeder besitzt diese Fähigkeit des Dritten Auges, aber mit ein bisschen Übung kannst du sie recht weit entwickeln. Das kann sehr praktisch sein. Immer wieder gehen Autoschlüssel oder Arbeitsdokumente verloren. Wenn du dein Drittes Auge schnell um ein Bild bittest, siehst du in vielen Fällen sofort die verlorenen oder von einem anderen weggeräumten Gegenstände. Damit kann dein Drittes Auge dein Leben stressfreier machen. Eine kleine Warnung sei aber noch ausgesprochen. Man sollte das Dritte Auge mit diesen Lappalien nicht überstrapazieren. Wenn du zum Beispiel sehr oft Gegenstände verlegst, besteht deine Lektion wohl eher darin, dieses Verhaltensmuster zu ändern. Unser Leben bietet in all seinen Aspekten Gelegenheiten, zu lernen und sich zu verbessern. Es kann jedem einmal passieren, dass man etwas verliert oder verlegt. Das ist Teil des Lebens. Wird es jedoch chronisch, steckt eine Lehre für dich darin, der du Beachtung schenken solltest.

Eine weitere wichtige Möglichkeit zur Nutzung der Fähigkeiten des Dritten Auges ist die Medizin. Mit der Entwicklung deines Dritten Auges wirst du immer mehr in der Lage sein, intuitiv Problemfelder in dir selbst und anderen zu erkennen. Das ist sehr hilfreich, da es der Heilung anderer und deiner selbst dient. Das Dritte Auge hilft dir auch dabei, die Veränderungen im Verlauf des Heilungsprozesses zu beobachten. Manchmal tauchen darüber hinaus andere Bilder mit dem Bild des erkrankten Bereichs auf. Oftmals sind diese Darstellungen mit der Seelenreise der jeweiligen Person verbunden. Du kannst möglicherweise ein Bild aus einem früheren Leben sehen, das die Wurzel der momentanen Krankheit oder Blockade darstellt. Dies macht den Inhalt meines Satzes deutlich: »Heile die Seele zuerst, dann folgen die Heilung des Geistes und des Körpers von selbst.«

Wenn du die Bilder des Dritten Auges für dich verwendest, kannst du bedenkenlos jede zusätzliche Information verwenden, die dir gegeben wird. Betrachte dies als Geschenke von der Seelenwelt. Wenn die Bilder während eines Heilsegens für eine andere Person auftauchen, die nicht danach gefragt hatte, bleib einfach bei der ursprünglichen Frage oder dem ursprünglichen Thema. Gib keine Information weiter, nach der nicht gefragt wurde. Es kann sein, dass du eine große Menge an detaillierter Information erhältst, die schlicht nicht für die andere Person bestimmt ist. Bleib immer empathisch und im Mitgefühl. Dein Ansatz muss immer maßvoll sein. Kommt jemand wegen eines körperlichen Problems zu dir, befasse dich einzig damit. Das ist nicht unehrlich, sondern respektvoll.

Wenn man ungebetene Informationen weitergibt, kann dies verletzend wirken. Die Zusatzinformation kann zur Last werden. Sie wird zu einem Hindernis auf der Seelenreise. Vermeide dies. Sprich mit deinem Klienten über das körperliche Problem und nichts anderes. Sollte der Klient bereit sein, von der Notwendigkeit des universellen Dienstes zu hören, erklär ihm, dass Liebe und Vergebung die goldenen Schlüssel sind. Bei manchen dauert es Wochen oder Monate, bis diese Bereitschaft vorhanden ist, bei anderen ist sie sofort da. Es liegt einzig an dir, den richtigen Zeitpunkt zu erkennen. Du weißt inzwischen, dass das Ergebnis von Liebe und Vergebung tiefer Frieden ist. Dadurch wird der Heilungsprozess beschleunigt.

Wenn du deine Bilder des Dritten Auges auf die beschriebene Art und Weise nutzt, kann eine großartige Transformation geschehen. Auf allen Ebenen deines Seins können sich höchst erstaunliche Veränderungen vollziehen. Dein Seelenstandpunkt wird sich erhöhen. Du kannst deine Geisteshaltungen, Einstellungen und Glaubenssätze loslassen. Deine Emotionen werden in größeres Gleichgewicht gelangen. Deine Gesundheit wird sich verbessern. Alle Ebenen deines Seins werden sich verjüngen. Die Bilder des Dritten Auges helfen dir in all diesen Aspekten.

Natürlich gibt es weitere Bereiche, auf die du die Bilder des Dritten Auges anwenden kannst. Du magst zum Beispiel Fragen bezüglich deiner Arbeit stellen. Oder du wurdest an drei verschiedenen Schulen angenommen und musst dich nun entscheiden. Vielleicht fragst du dich auch, was du in sechs Monaten oder in zwei Jahren tun wirst. Für jede dieser Fragen kannst du um Bilder des Dritten Auges bitten, die dir entsprechende Informationen geben. Bei Fragen, die die Zukunft betreffen, müssen deine Fähigkeiten und die Stimmigkeit deiner Aussagen allerdings schon sehr weit entwickelt sein.

Auch muss dir stets bewusst sein, dass sich die Seelenwelt ständig verändert. Veränderung ist ein universelles Gesetz. Die heute erhaltene Antwort kann sich sehr von der unterscheiden, die dir in drei Monaten gegeben wird. Deine Seelenreise und dein Seelenstandpunkt verändern sich. Du bist in der Lage, immer größere Dienste zu leisten, und erhältst immer größere Tugend. All diese Veränderungen beeinflussen und verändern die Information, die du empfängst. Aus diesem Grunde ist es notwendig, das Empfangene regelmäßig zu überprüfen.

Du wirst sicher noch weitere Bereiche finden, in denen das Dritte Auge hilfreich sein kann. Ich habe einige übliche benannt, in denen die Information nützlich ist. Die Bilder können naturgemäß jeden Teil deines Lebens transformieren. Sie stellen wie gesagt eine Möglichkeit dar, der Menschheit, der Erde und dem Universum deine Dienste anzubieten.

## Seelensprache und ihre Übersetzung

Die Seelensprache stellt eine einzigartige Kommunikation mit der Seelenwelt dar. Sie ist buchstäblich deine innere Stimme, die jede Seele beherrscht. Da sie individuell ist, verändert sie sich. Sei also nicht überrascht, wenn sie heute so und morgen anders klingt. Es mag auch sein, dass sie über einen längeren Zeitraum gleich bleibt. Deine Seelensprache ist einzigartig für deine Seelenreise. Und weil zwei Menschen nicht die exakt gleiche Reise haben können, gibt es auch niemals die exakt gleiche Seelensprache zweimal.

Mit ihr kommunizierst du auf eine unglaublich reine Weise mit der Seelenwelt. Du kannst dich für sie verständlich ausdrücken. Du kannst ihre Botschaften empfangen. Sie ist das Kommunikationswerkzeug der Seelenwelt. Die höchsten Heiligen wenden sie untereinander an, aber auch, um mit uns zu sprechen. Die Anwendung der Seelensprache ist ein außergewöhnliches Privileg und ein großer Segen.

Sobald du die Seelensprache sprichst, funken weder dein Verstand noch deine Emotionen, Geisteshaltungen, Einstellungen oder Glaubenssätze dazwischen. Sie verhindert das Feststecken in einer Sache oder in einem Thema. Du kannst kommunizieren und musst dich nicht darum sorgen, dass sich dein logisches Denken einmischt. Ich kann gar nicht oft genug betonen, dass die Seelensprache eine äußerst reine Form der Kommunikation ist. In ihr drückt deine Seele ihre Wünsche, Fragen und ihren Dienst in diesem Moment aus. Und das ist nur der Anfang, da dem Gebrauch und Nutzen der Seelensprache keine Grenzen gesetzt sind.

Wahrscheinlich fragst du nun: »Was ist das eigentlich konkret, Seelensprache?« Sie unterscheidet sich grundlegend von der Sprache deines logischen Denkens. Sie hört sich vollkommen anders an. Bei manchen mag sie klingen wie das Plappern eines Kindes. Auf jeden Fall ist sie einem zu Beginn alles andere als vertraut. Die meisten Menschen würden sie vermutlich überhaupt nicht als Sprache bezeichnen. Sie kann in der ständigen Wiederholung des gleichen Tons bestehen, besonders dann, wenn du eben erst beginnst, sie zu sprechen. Natürlich kann sie auch große Variationen enthalten. Sie mag vielleicht wie ein Lied klingen, das sich in dir unbekannten Klängen ausdrückt. Die Sprache jeder Seele ist einzigartig.

Um den Kanal deiner Seelensprache zu öffnen, sag zuerst einmal *Hallo* wie gewohnt: *Liebe Seele, lieber Geist und lieber Körper meiner Seelensprache. Ich liebe euch. Ihr habt die Kraft und die Macht, euch auszudrücken. Macht eure Sache gut. Danke, danke, danke.* Dann chantest du *San San Dschu Liu Ba Yao Wu.* Das ist das Mantra der Seelenkommunikation. Genauer gesagt ist es das Mantra, das den Kanal der Seelensprache öffnet.

Wiederhol das Mantra wieder und wieder. Sprich es schneller und schneller. Lass den Wunsch los, jedes Wort artikuliert auszusprechen. Das ist das Geheimnis. Die Klänge sollen ineinander übergehen. Nimm deine Aufmerksamkeit weg von den einzelnen Wörtern. Belässt du sie bei ihnen, hilft auch das schnelle Sprechen nicht. Dein logischer Verstand ist weiter mit im Spiel und blockiert deine Seelensprache. Es ist ganz einfach. Sprich einfach das Mantra. Sprich es schneller und schneller. Lass los von der deutlichen Aussprache der Wörter, und ganz spontan wird sich deine Seelensprache öffnen – ein lustiger, komischer, einzigartiger und wundervoller Klang wird dich belohnen.

Sollte sich deine Seelensprache dadurch nicht öffnen, wiederhole diese Schritte einfach so lange, bis sie es tut. Bitte auch deine Führer, bitte *San San Dschu Liu Ba Yao Wu*, bitte das Göttliche und auch deine eigene Seele, deine Seelensprache zu öffnen. Es wird ihr eine Freude sein, dich zu unterstützen. Sie hat schon dieses ganze Leben und möglicherweise seit vielen Inkarnationen darauf gewartet, sich auszudrücken. Sie freut sich unsagbar darauf, auf diese Weise dienen zu dürfen. Sag einfach *Hallo* und bitte sie um ihre Hilfe.

Hat sich der Kanal deiner Seelenkommunikation erst einmal geöffnet, kannst du ihn auf verschiedene Art und Weise anwenden. Du kannst mit der Seelensprache gute Dienste leisten. Wenn du chantest, magst du deinen Chant zur Seelensprache werden lassen. Dadurch wird sich der Nutzen des Chantens vergrößern. Segen und Licht werden sich vergrößern. Vielleicht sprichst du aber auch nur deshalb Seelensprache, weil du dich voller Freude mit der Seelenwelt verbinden möchtest. Denk immer daran, *Hallo* zu sagen, bevor du sie sprichst. Bitte sie auch immer, anderen zu dienen und zu helfen.

Eine der vielen Segnungen, die mit der Seelensprache verbunden sind, besteht in der Erhöhung deiner Schwingung. Wenn du Seelensprache sprichst, verbindest du dich mit dem Göttlichen und der Seelenwelt auf eine sehr reine Weise. Diese reine Verbindung erhöht deine Frequenz. Sie beschleunigt deine Seelenreise. Sie transformiert jeden Bereich deines Lebens. Du wirst positive Veränderungen auf der körperlichen, emotionalen, mentalen und spirituellen Ebene erfahren. Deine Gesundheit wird sich durch das Chanten verbessern, da sich deine Frequenz verändert.

Sobald du deine Seelensprache geöffnet und damit begonnen hast, sie zu nutzen, ist es wichtig, sie auch übersetzen zu können. Das Göttliche und die gesamte Seelenwelt übermitteln dir wundervolle Botschaften. Es wäre eine Schande, wenn diese unübersetzt blieben. Die übermittelten Schätze würden ungehört verhallen.

Wie übersetzt man Seelensprache? Sag *Hallo: Liebe Seele, lieber Geist und lieber Körper meiner Seelensprache. Ich liebe euch. Ihr habt die Kraft und die Macht, mir eine klare Übersetzung zu schenken. Schickt die Übersetzung in mein Botschaftenzentrum. Lasst sie von dort aufsteigen in mein Gehirn und in meinen Mund. Bitte schenkt mir jetzt die Übersetzung. Danke, danke, danke.*

Deine Fähigkeit zur Übertragung der Seelensprache entwickelt sich höchst effektiv, wenn du sie in kurzen Segmenten von nicht mehr als zwei Minuten aufzeichnest. Hör dir dann die Aufzeichnung an. Was immer du auch empfängst, ist eine Übersetzung der Seelensprache. Vielleicht vernimmst du einen vollständigen Satz, möglicherweise ein Wort. Vielleicht erfährst du eine tiefe Erfahrung des Friedens, der Liebe oder der Vergebung. Eventuell ist es ein Bild. Was immer es auch sei, es handelt sich um einen Schatz. Sei dankbar. Dies ist das Geheimnis zur Öffnung deiner Fähigkeit, Seelensprache zu übersetzen.

Deine Dankbarkeit zeigt, dass du offen für alle Möglichkeiten bist. Du musst gelockert sein, um übersetzen zu können. Dankbarkeit bringt dich in die Entspannung. Der Zustand der Dankbarkeit bedeutet größtmögliche Öffnung. Du richtest dann deine Aufmerksamkeit auf den Empfang des Geschenks der Übersetzung. Sobald du angespannt wirst, weil du denkst, dass du nichts empfangen hast, schließt sich die Tür zur Fähigkeit des Übertragens. Das ist ein großer Fehler. Vermeide ihn auf die soeben beschriebene Weise. Das mag dir zu einfach erscheinen, aber die tiefsten Wahrheiten sind außerordentlich schlicht. Sie mögen manchmal nicht ganz leicht zu verstehen sein, das ist wohl wahr. Dennoch kannst du die Weisheit nutzen, da sie sehr direkt, sehr klar und sehr einfach ist.

Zeichne immer wieder kurze Segmente der Seelensprache auf und hör sie dir an. Hör mit deinem Herzen und deiner Seele hin. Dein Verstand darf sich entspannen. Hör dir die

Seelensprache in Dankbarkeit an. Es ist wunderbar, wenn du einen Satz empfängst. Es ist auch wunderbar, wenn du ein Wort empfängst. Was immer du vernimmst, ist fabelhaft. Wenn die Übersetzung als tiefe Heilung oder als Bild zu dir kommt, mach daraus Wörter und sprich sie laut aus. Es liegt eine große Weisheit darin, die Begriffe laut auszusprechen. Es beschleunigt den Öffnungsprozess deiner Fähigkeit, zu übersetzen.

Wenn du aber denkst: »Ich empfange überhaupt nichts, ich fühle mich vollständig leer«, diese Gedanken loslässt und vollständig leer bleibst, nennen wir dies »die große Leere«. Deine Seelensprache schenkt dir eine Erfahrung der Leere. Du hast die Botschaft der Leere empfangen. Welch ein wundervoller Schatz. Sprich diese Erfahrung laut aus: »Die Botschaft meiner Seelensprache lautet ›Leere‹. Dies ist ein besonderer Schatz. Ich bin sehr dankbar. Danke, danke, danke.«

Nimm nun das nächste kurze Segment auf und wiederhole alle Schritte. Empfängst du weiterhin die Botschaft der Leere, solltest du nach der *Lehre* fragen, die damit verbunden ist – frag danach, was du lernen sollst. Tu das Gleiche, wenn du tiefen Frieden erfährst. Frag nach der Bedeutung. Frag, welche Lehre enthalten und wie sie Teil deiner Seelenreise ist, was du lernen sollst oder was geheilt werden muss, damit du fortwährend in Frieden leben kannst. Du kannst Fragen dieser Art stellen, wenn du kurze Übersetzungen erhältst. Durch diese Fragen werden sich deine Übertragungen naturgemäß erweitern.

Allgemein kann man sagen, dass es einfacher ist, eine Antwort auf eine Frage zu übersetzen. Stell beispielsweise dem Göttlichen, einem deiner Führer oder einem hohen Heiligen folgende allgemeine Frage: *Welchen Rat kannst du mir heute geben?* Oder stell eine spezifische Frage und sprich daraufhin in der Seelensprache. Denk auch immer daran, deine Frage an ein spezielles Wesen zu richten: *Lieber Gott, liebes Universum, liebe Ling Hui Sheng Shi, lieber Jesus, liebe Heilungsengel* ... Dann stell deine Frage wie etwa: *Welche Weisheit lehrst du mich?* Oder: *Wie kann ich meine Heilungsfähigkeiten weiterentwickeln?* Dies sind natürlich nur Beispiele, es gibt keine Begrenzungen. Sprich in der Seelensprache, nachdem du die Frage gestellt hast, zeichne diese auf und üb dich im Übersetzen. Du wirst erstaunt sein, was du empfängst.

Während du diese Zeilen gelesen hast, habe ich dir einen Segen geschickt, der dir hilft, deine Seelensprache und die Fähigkeit zu öffnen, diese zu übersetzen. Sollte sich deine Seelensprache noch nicht geöffnet haben, lies den vorangegangenen Abschnitt einfach wiederholt und empfange dabei immer wieder meinen Segen. Diese Segnungen helfen dir mehr, als du dir vorstellen kannst.

Es gibt verschiedene einfache Übungen zur Öffnung deiner spirituellen Kanäle. Die Übungen helfen unter anderem dem Botschaftenzentrum. Es ist das Energiezentrum, das Botschaften aus der Seelenwelt empfängt und mit ihr kommuniziert. Je höher dieses Energiezentrum entwickelt ist, desto leichter wird es dir fallen, die Seelensprache zu sprechen und zu übersetzen. Es reicht natürlich nicht aus, ein hochentwickeltes Botschaftenzentrum zu haben. Du benötigst für deine Seelenreise zudem eine hohe Frequenz. Je höher dein Seelenstandpunkt ist, desto leichter fällt dir die Seelensprache und ihre Übersetzung. Es geht um das Zusammenspiel aller Faktoren.

Ich zeige dir hilfreiche Übungen. Zudem habe ich ja schon an früherer Stelle über die Bedeutung des Dienstes gesprochen. Wenn du meine Ratschläge annimmst und entsprechend handelst, wird das zwangsläufig deinen Seelenrang erhöhen. Du empfängst große spirituelle Werte, wenn du gute Dienste leistest. Bedenke dabei stets, dass dein Dienst bedingungslos sein muss. Deine Dienste anzubieten mit der Absicht, dafür spirituelle Werte zu erhalten, funktioniert nicht. Diese Art von Dienst ist nicht bedingungslos. Es ist ein kleiner Dienst. Wenn du kleine Dienste leistest, erhältst du auch nur begrenzte spirituelle Werte dafür. Dein Dienst muss bedingungslos, aus freiem Willen und ohne Begrenzungen geleistet werden. Dann wirst du große Werte erhalten.

»Ist es tatsächlich möglich, bedingungslosen Dienst zu leisten?«, könntest du dich nun fragen. Ja, das ist möglich! In Wahrheit ist es sogar leichter, bedingungslosen Dienst zu leisten, als jeden anderen. Wenn du dich ständig damit beschäftigst, welchen Nutzen du von einer Sache haben wirst, wird das zu einer schweren Last für dich. Es wird dir unmöglich, die Freude und das Licht zu erfahren, die mit bedingungslosem Dienst einhergehen. Bedingungsloser Dienst bringt große Leichtigkeit in deine Geisteshaltungen, Gesinnungen und Glaubenssätze. Dein Dienst wird zu einer großen Freude. Beim Chanten verspürst du ein größeres Gefühl von Dankbarkeit und Respekt für die Seelenwelt. All dies erfährst du, wenn du bedingungslos dienst.

Je mehr bedingungslosen Dienst du leistest, desto mehr wächst du. Ein kleines »Investment« bringt dir einen gigantischen Ertrag. Dieser Ertrag drückt sich auf vielfältige Art und Weise aus, zum Beispiel durch Veränderungen in deinem Verhalten, deinen inneren Haltungen und Glaubenssätzen. Auch dein Ego wird sich verändern. Du kannst dich leichter von Anhaftungen und Bindungen lösen. Sei dankbar, sobald du merkst, dass diese Dinge Teil deines täglichen Lebens werden. Diese Veränderungen zeigen, dass du bedingungslos gedient hast. Sie demonstrieren den Grad der Transformation, der durch bedingungslosen Dienst möglich ist. Zudem profitierst du auf vielen weiteren Gebieten davon.

Beispielsweise gewinnt auch deine Fähigkeit zur Seelenkommunikation. Du kannst dich auf immer höheren Ebenen mit dem Göttlichen und den höchsten Heiligen verbinden. Es ist der lebenslange Wunsch vieler Menschen, sich mit Gott oder einem der höchsten Heiligen zu unterhalten. Jetzt kann dieser Wunsch Erfüllung finden. Eine Möglichkeit ist die Seelensprache und ihre Übersetzung. Auch die Seelenwelt wünscht sich, mit uns zu sprechen. Die höchsten Heiligen und das Göttliche wollen mit uns kommunizieren. Das mag überraschend für dich sein, ist aber wahr. Sie schenken der Menschheit und allen Seelen ihre große Weisheit, ihr Wissen, ihre Unterweisungen, ihre Übungen, ihren Heilungssegen und vieles mehr.

All diese Geschenke werden uns vom Göttlichen mittels der Seelenkommunikation übergeben. Wenn du Seelensprache sprichst und übersetzt und dadurch Wissen und Weisheit empfängst, empfängst du ein zeitlich exakt passendes Geschenk vom Göttlichen und den höchsten Heiligen. Dies ist eine außergewöhnliche Erkenntnis. Es ist ein großes Privileg, einer derjenigen zu sein, die diese Lehren, Weisheiten, Heilungsmethoden und vieles darüber hinaus empfangen. Der Umfang dessen, was du bekommen kannst, ist ohne Grenzen. Das Göttliche und die höchsten Heiligen verfügen über ein endloses Potenzial, das sie uns mitteilen möchten.

Wir können gar nicht alles wissen, was es zu wissen gibt. Das ist unmöglich, da die Quelle unendlich ist. Doch können wir uns mit weitaus mehr verbinden, als uns bisher gegenwärtig war. Die Seelensprache und ihre Übersetzung sind eine wundervolle Art und Weise, sich zu verbinden.

Dieses Werkzeug ist auch aufgrund seiner Reinheit so wunderbar. Eine Verzerrung der Botschaft ist nur in begrenztem Umfang möglich. Du empfängst einen großen Schatz für dich, die Menschheit, die Erde, das Universum ...

Lass dich nicht entmutigen, wenn du mit der Übersetzung der Seelensprache beginnst. »Ich bekomme überhaupt nichts Neues. Das ist die gleiche Information, die ich seit Jahren kenne. Diese Information wurde schon von anderen weitergegeben und verstanden.« Das mag sein. Vieles von dem, was du empfängst, könnte in diese Kategorie passen. Das ist völlig in Ordnung. Dennoch ist die Information neu. Es gibt nämlich Lehren, Weisheit und Heilsegnungen, die dem Göttlichen besonders wichtig für die Menschheit sind. Deshalb werden diese Botschaften immer wieder durchgegeben. Sie mögen sogar wörtlich gleich sein. Sie mögen das gleiche Konzept bedingungsloser Liebe und bedingungsloser Vergebung ausdrücken, und sie sind doch etwas Neues. Die Intensität der Botschaften ist neu. Die Häufigkeit, mit der sie gegeben werden, ist neu. Die Bedeutung und Notwendigkeit, diese Botschaften zu leben, ist neu. Diese Art von Neuem in jeder Botschaft musst du verstehen. Du bist ihr Überbringer.

Du solltest niemals sagen: »Das ist die gleiche Lehre wie vorher. Das ist dasselbe, das Ingeburg schon bekommen hat. Das ist die gleiche Unterweisung, die ich oft in Büchern gelesen habe.« Sag stattdessen: »Diese Botschaft ist der Seelenwelt wichtig. Sie hat eine bestimmte Dringlichkeit. Ich muss alles dafür tun, diese Botschaft zu leben und zu lehren. Es ist mir eine Ehre, einer derjenigen zu sein, die vom Göttlichen, der Seelenwelt und den Universen ausgewählt wurden, diese Botschaft an die Menschheit, Mutter Erde und darüber hinaus weiterzugeben. Es ist eine Ehre und ein Privileg, diese Botschaften zu empfangen. Es besteht eine Dringlichkeit, diese Botschaften weiterzuleiten.«

Der effektivste Weg, diese Botschaften weiterzuleiten, ist für die meisten das tägliche Leben. Deine Taten und Handlungen werden zum Lehrer. Deine inneren Einstellungen, Geisteshaltungen und Glaubenssätze werden zum Lehrer. Wenn du dein ganzes Wesen auf bedingungslose Liebe, Vergebung, Heilung, Harmonie, Erleuchtung, bedingungslosen Frieden und Segen ausrichtest, wirst du zu einem außergewöhnlich starken Lehrer. Du entwickelst eine besondere Präsenz für die Menschheit und alle Seelen.

Es ist ein außergewöhnliches Geschenk, dass all dies durch Seelensprache und ihre Übersetzung möglich ist. Es wird durchführbar, sobald du die empfangenen Botschaften lebst. Es tut nicht gut, eine wunderbare Botschaft zu erhalten und sie zu ignorieren. Wer würde die Nachricht abtun, dass soeben fünfzigtausend Euro auf sein Bankkonto eingezahlt wurden? Selbst wenn du es nicht glauben könntest, würdest du nachschauen. Du würdest die Botschaft beachten. Wenn sie der Wahrheit entspricht, wird sich das in deinem Leben ausdrücken. Natürlich hinkt der Vergleich etwas, aber er hilft dabei, allen durch Seelensprache empfangenen Botschaften die gebotene Aufmerksamkeit zu schenken.

Es ist nicht nur wichtig, der Botschaft Aufmerksamkeit zu schenken, sondern sie auch im Leben anzuwenden. Das kann auf viele verschiedene Arten und Weisen geschehen. Es ist zum Beispiel sehr einfach, die zahlreichen kleinen Veränderungen im täglichen Leben offensichtlich zu machen. Wenn du dies tust, werden die Menschen in deinem

Umfeld den Unterschied bemerken. Das Zusammenspiel mit unseren Freunden und Bekannten gibt uns eine wundervolle Möglichkeit, die Veränderungen zu verstehen, die sich auf der Seelenreise vollziehen. Wir können dadurch die Bedeutung und Wichtigkeit der Seelensprache und ihrer Übersetzung auf einer völlig anderen Ebene wertschätzen. Dies gilt auch für jede andere Form der Seelenkommunikation.

## Geheime Übungen zur Entwicklung des Botschaftenzentrums

Ich gebe dir jetzt zwei Übungen zur Entwicklung des Botschaftenzentrums. Die erste kannst du im Sitzen oder Stehen ausführen, wobei meine Beschreibung sich auf die sitzende Haltung bezieht.

### Übung 1

*Körperkraft:* Leg die linke Hand über dein Botschaftenzentrum. Nimm die rechte Hand in Gebetshaltung vor den Halsbereich. Nimm im Lotus-, im halben Lotus- oder im Schneidersitz Platz. Wenn du auf einem Stuhl sitzt, lass einen kleinen Abstand zwischen Rücken und Lehne. Die Zunge ruht entspannt in der Nähe des Gaumens, ohne ihn zu berühren.
*Geistkraft:* Stell dir dein Botschaftenzentrum mit goldenem Licht gefüllt vor. Goldenes Licht strömt aus allen Richtungen gleichzeitig in dein Botschaftenzentrum ein.

Die Farbe des Lichts spielt dabei keine Rolle. Es mag auch regenbogenfarben, purpurn oder kristallen sein.

Nutze nun die *Seelenkraft* und sag *Hallo*: *Liebe Seele, lieber Geist und lieber Körper meines Botschaftenzentrums. Ich liebe euch. Ihr habt die Kraft und die Macht, euch vollständig zu öffnen. Macht eure Sache gut. Empfangt die Botschaften vom Göttlichen, den höchsten Heiligen und allen Universen. Danke, danke, danke.*

Visualisiere dein lichtgefülltes, strahlendes Botschaftenzentrum. Stell dir nun vor, wie es sich Stück für Stück erweitert. Zuerst zur Größe des Raums, dann zur Größe deines Hauses, deiner Ortschaft, deines Landes, zur Größe von Mutter Erde, des Sonnensystems und schließlich zur Größe des Universums.

Währenddessen chantest du: *San San Dschu Liu Ba Yao Wu*. Nach ein oder zwei Minuten kehrst du den Prozess um und verkleinerst dein Botschaftenzentrum, bis es schließlich wieder in deine Brust hineinpasst.

Beschließ diese Übung, indem du mindestens drei Minuten lang deine Aufmerksamkeit auf das Untere Dan Tien richtest. Dies ist sehr wichtig und erdet dich. Wenn du diesen Schritt auslässt, fühlst du dich möglicherweise nicht im Gleichgewicht oder sogar unwohl, da du nicht vollständig geerdet und zentriert bist. Zum Schluss zeig deine Dankbarkeit: *Danke, danke, danke.*

Führ diese Übung mindestens einmal pro Tag durch. Das kostet dich nur etwa drei bis fünf Minuten, da die einzelnen Schritte sich sehr schnell durchführen lassen. Nimm auf jedem einzelnen Schritt des Rückwegs die jeweiligen Segnungen für dein Botschaftenzentrum mit. Diese Übung hilft dir dabei, Segnungen und Licht des Universums zu integrieren – der Planeten, Sterne, des Sonnensystems und anderer Sonnensysteme.

Dies ist eine sehr kraftvolle und wichtige Übung. Sie ermöglicht dir, dein Botschaftenzentrum weiter und weiter zu öffnen. Natürlich gibt es keine Garantie, erwarte also nicht innerhalb weniger Tage ein vollständig geöffnetes Botschaftenzentrum. Führ einfach diese hilfreiche Übung durch.

## Übung 2

Hier nun die zweite Übung zur Öffnung des Botschaftenzentrums. Auch dabei kannst du sitzen oder stehen.

*Körperkraft:* Nimm im Lotus-, im halben Lotus- oder im Schneidersitz Platz. Wenn du auf einem Stuhl sitzt, lass einen kleinen Abstand zwischen Rücken und Lehne. Die Zunge ruht entspannt in der Nähe des Gaumens, ohne ihn zu berühren. Halt eine Hand etwa zwanzig und die andere vierzig bis fünfzig Zentimeter vor das Botschaftenzentrum. Beide Handflächen zeigen dorthin. Dies ist dir nun schon bekannt als Nahe-Hand-Ferne-Hand-Technik.

*Geistkraft:* Stell dir vor, wie aus allen Richtungen gleichzeitig goldenes Licht in dein Botschaftenzentrum einströmt. Du kannst auch gern eine andere Farbe visualisieren. Zum Beispiel weißes, regenbogenfarbenes, purpurnes oder kristallenes Licht.

*Klangkraft:* Nutze entweder die Mantras *San San Dschu Liu Ba Yao Wu* oder *Gottes Licht.* Du kannst auch deine Bitte als Mantra nutzen: *Öffne dich weiter, öffne dich weiter, öffne dich weiter, öffne dich weiter.* Wenn du dies tust, sprich das Mantra zwar als Befehl, doch mit Respekt und Liebe, genau so, wie du *Hallo* sagst.

Sag wieder *Hallo* zur Nutzung der Seelenkraft: *Liebe Seele, lieber Geist und lieber Körper meines Botschaftenzen-*

*trums. Ich liebe, ehre und wertschätze euch. Ihr habt die Kraft und die Macht, euch vollständig zu öffnen. Macht eure Sache gut. Danke, danke, danke.*

Mit dem *Hallo*-Sagen drückst du sowohl deine Liebe als auch deine Dankbarkeit aus. Der »Befehlston« ist dabei in Ordnung, da er in Liebe und Dankbarkeit gründet. Es ist wichtig, zu »befehlen«, da die Seele deines Botschaftenzentrums dir anderenfalls keine Aufmerksamkeit schenkt. Wenn du unsicher oder unklar bist, wenn du nicht wirklich daran glaubst, dass eine Verbesserung möglich ist, kommt diese Nachricht beim Botschaftenzentrum an, und dessen Seele hört dir nicht zu. Manchmal mag es so sein, dass dein Botschaftenzentrum im Moment nicht bereit ist, dir zuzuhören. Auch deshalb ist der Befehlston wichtig. Wenn du dir nicht sicher bist, ist es sich auch nicht sicher.

Es beschleunigt den Prozess der Entwicklung und Öffnung deines Botschaftenzentrums, wenn du der »Befehlshaber« bist. Es beschleunigt auch die Verbesserung deiner Übersetzung der Seelensprache. Diese Übungen sind sehr einfach und sehr hilfreich. Ich habe dir bereits zur ersten Übung einen angemessenen Abschluss erläutert. Beschließ die zweite auf die gleiche Weise, indem du deine Aufmerksamkeit auf das Untere Dan Tien richtest. Tu dies nach jeder Übung für das Botschaftenzentrum oder für das Dritte Auge. Es spielt keine Rolle, von wem du die entsprechende Übung hast. Es ist immer von grundlegender Bedeutung, zum Schluss die Energie ins Untere Dan Tien zu bringen. Dadurch erdest und zentrierst du dich. Es stärkt dein Unteres Dan Tien und dein gesamtes Sein.

Das Aufzeichnen deiner Seelensprache zur nachfolgenden Übersetzung sowie diese beiden Übungen werden dir eine große Hilfe sein. Selbstverständlich haben auch sie eine Seele, deren Wunsch es ist, zu dienen. Sie freuen sich, wenn du sie nutzt, und helfen dir gern. Sie helfen jedem gern, dessen Wunsch es ist, seine Fähigkeit zur Seelensprache und ihre Übersetzung zu entwickeln. Bitte einfach um ihre Unterstützung. Sie helfen dir auch, geerdet und zentriert zu bleiben. Zudem sorgen sie dafür, dass dir beständig Energie und Licht ins Untere Dan Tien fließen. Das stärkt deine Ausdauer, Energie und Vitalität.

Je mehr sich dein Botschaftenzentrum öffnet, desto genauer und stimmiger werden deine Übersetzungen. Dies ist natürlich sehr wichtig. Es ist eine große Unterstützung auf deiner Seelenreise. Ein offeneres Botschaftenzentrum verbindet dich mit Auskünften höherer Frequenz. Die Kommunikation ist dann von großer Reinheit.


## Andere Anwendungsmöglichkeiten der Seelensprache


Ich möchte dir weitere Beispiele zur Anwendung von Seelensprache geben. Du kannst sie für jeden Bereich deines Lebens einsetzen. Sie kann dabei helfen, gesundheitliche Probleme zu identifizieren und zu verstehen. Du kannst nach der Ursache eines bestimmten Problems fragen, beispielsweise einer chronisch schmerzenden Schulter. Deine Übersetzung kann das Thema »Vergebung« ans Tageslicht bringen. Stell folgende Fragen: »Wem soll ich vergeben? Wen soll ich bitten, mir zu vergeben?« Dann ist es auch wichtig, der Information gemäß zu handeln. Sollte es bei deiner chronisch schmerzenden Schulter um Vergebung gehen, kannst du die universelle Meditation zur Vergebung anwenden.[13]

Die Wurzel vieler Krankheiten liegt in der Notwendigkeit zur Vergebung. Solange du an deinem Schmerz festhältst, verlangsamt sich die Schwingung deiner Zellen. Die mit diesem Teil des Körpers verbundene Frequenz hat eine Auswirkung auf deine physische Gesundheit. Kontraktion und Anspannung sind mit Schmerz verbunden. Ruf dir die Situationen in Erinnerung, in denen du verletzt wurdest. Vielleicht erinnerst du dich an ein Gefühl der Einengung oder Anspannung im Bereich des Herzens, des Magens, des Nackens oder der Schultern. Wenn du diese Spannung nicht loslässt, kann sie chronisch und zu einem Gesundheitsproblem werden. Sobald du um Vergebung bittest und auch selbst vergibst, wird die Anspannung transformiert. Der Bereich kann sich entspannen. Das Licht, die Energie kann fließen. Dadurch kann der gesamte Bereich heilen.

Was für eine schmerzende Schulter gilt, gilt auch für schwere Krankheiten. Dies ist eine wertvolle Weisheit. Folg meiner Lehre, und du wirst auf allen Ebenen deines Seins Transformation erfahren. Wie ich schon sagte, bringt Vergebung den Frieden. Sobald du vergibst oder dir vergeben wird, profitierst du auf allen Ebenen – physisch, emotional, mental und spirituell. Deine Gesundheit verbessert sich. Die mit dem Schmerz verbundenen Emotionen, Geisteshaltungen, Gesinnungen und Glaubenssätze können losgelassen werden.

Viele Menschen ziehen sich zurück und schützen sich nach schmerzhaften Erfahrungen bestmöglich, um nicht weiter verletzt zu werden. Dadurch wird das Geben von bedingungsloser, universeller Liebe unmöglich. Sobald du Vergebung schenkst oder zulässt und alles loslässt, was mit der schmerzhaften Erfahrung in Verbindung steht, kann sich jeder Aspekt deines Lebens entspannen, und du kannst bedingungsloser werden. Dies ist ein großer Schatz. Du räumst Hindernisse aus dem Weg, die das Licht auf deiner Seelenreise blockiert haben. Dein Seelenstandpunkt erhöht sich. Du hast eine großartigere Verbindung mit dem göttlichen Licht. All dies geschieht aus dem Schenken und Annehmen von Vergebung.

Es geht dabei nicht um deine, es geht um *göttliche* Vergebung. Viele Menschen haben Probleme mit dem Thema, da sie glauben, dass Vergebung aus ihnen selbst kommen muss. Sobald du erkennst, dass Vergebung ein Geschenk des Göttlichen ist, ändert sich die Lage vollständig. Auf ganz besondere Weise wirst du zu einem bedingungslosen, universellen Diener. Nämlich durch die Ehre und das Privileg, deinen Mitmenschen göttliche Vergebung schenken zu dürfen. Du handelst für das Göttliche. Du drückst eine der hochgeschätzten Qualitäten des Göttlichen aus. Du manifestiert eine Qualität, die sich das Göttliche auf Mutter Erde wünscht und an der es fast überall mangelt. Es besteht eine unglaublich große Notwendigkeit, göttliche Vergebung zu schenken. Der Überbringer dieser Qualität zu sein transformiert dich auf kraftvollste Art und Weise. Du wirst transformiert, und diese Transformation erstreckt sich über dich hinaus zur gesamten Menschheit, zu Mutter Erde und darüber hinaus. Jedes Mal, wenn du Vergebung schenkst oder annimmst, räumst du Hindernisse beiseite, die der Gegenwart des göttlichen Lichts im Wege stehen. Du hast ganz direkt Anteil an der Transformation der Menschheit und der Erde. Es ist eine große Ehre und ein Privileg, zu erkennen, dass du diese Möglichkeit hast.

Es ist der Wunsch vieler, Frieden zu manifestieren, um Mutter Erde zu heilen und den Menschen zu helfen, die in Schwierigkeiten sind. All das ist möglich, sobald du göttliche Vergebung schenkst oder annimmst. Dies soll dir eine Ahnung davon geben, wie kraftvoll es ist, mit bedingungsloser universeller Vergebung zu arbeiten.

Das Gesagte gilt sowohl für das Schenken von als auch für das Bitten um Vergebung. Erstaunlicherweise finden es die meisten Menschen problematischer, ein Angebot zur Vergebung anzunehmen. Ihre Egos sind noch vielem verhaftet. Diese Anhaftungen und Bindungen machen es schwierig, um Verzeihung zu bitten. Das ist nicht leicht zu verstehen. Mit der Vergebung schenkt uns das Göttliche einen außergewöhnlichen Schatz. Warum sollte man sich diesem Schatz verschließen? Wenn dir jemand freiwillig eine Million oder auch nur hundert Euro schenkte, wäre es wahrscheinlich kein Problem, das Geld voller Freude und Dankbarkeit anzunehmen. In der physischen Welt wird Wert in Geld bemessen. In der Seelenwelt hat das Verzeihen einen viel höheren Wert als Geld auf der Erde. Mit der Bitte um Vergebung sowie der Annahme des Gebots sind große Mengen spiritueller Werte verbunden. Dir wird buchstäblich ein Schatz angeboten. Die einzige angemessene Antwort darauf ist ein »Danke!«.

Hat dein Ego dennoch Schwierigkeiten, Fehler einzugestehen, ist auch dies ein großer Schatz. Nutze die Seelensprache, um dein Ego zu fragen, was es benötigt, um dankbar für Vergebung zu sein. Frag dein Ego, was es zur Transformation benötigt. Welche Geisteshaltungen oder Einstellungen müssen losgelassen werden? Welche Anhaftungen und Bindungen? Die Seelenwelt freut sich über diese Fragen. Die Antworten werden sehr klar, sehr direkt und von hoher Qualität sein. Es ist der Wunsch der Seelenwelt, dass du auf deiner Reise fortschreitest. Die Seelenwelt möchte, dass du alle universellen Qualitäten lebst. Sie will, dass du die wunderbare göttliche Großzügigkeit annimmst, die uns durch die bedingungslose Versöhnung gezeigt wird.

Fällt es dir weiter schwer, ein Vergebungsangebot anzunehmen, verzögerst du dadurch deine Seelenreise. Manche Menschen können ein solches Angebot deshalb nicht annehmen, weil sie dann einen Fehler eingestehen müssten. Das ist schade. Bildlich gesprochen, kehren sie damit dem Göttlichen den Rücken. Wie sollte es möglich sein, auf deiner Seelenreise fortzuschreiten oder diese gar zu beschleunigen, wenn du dem Göttlichen den Rücken kehrst? Das ist eine schwerwiegende Sache. Die Seelenreise ist eine ernsthafte Reise.

Verfall nun aber nicht in Panik, wenn du dich an Situationen erinnerst, in denen es schwierig war, Vergebung anzunehmen. Mach dir keine Sorgen. Es liegt in der Vergangenheit. Bitte die Seelenwelt und das Göttliche, dir zu verzeihen. Bring dein Bedauern zum Ausdruck und beschreite einen neuen, anderen Pfad. Nimm diese Weisheit und meine Unterweisungen und setz sie praktisch um. Darauf herumzureiten, was du früher getan hast, ist ein weiterer Fehler. Es hilft dir nicht, voranzuschreiten. Es handelt sich um eine Anhaftung. Lass sie los und schreite fort.

Du kannst meine Vorschläge auch auf andere Situationen anwenden. Eine weitere Anregung in Hinblick auf das Annehmen von Vergebung besteht darin, direkt mit der *Seele der Situation* zu sprechen. Nutze die Seelensprache, um die Situation zu fragen, warum ihr die Annahme von Vergebung so schwerfällt. Was sollst du loslassen? Was sollst du lernen? Auf diese sehr direkten Fragen wirst du sehr direkte Antworten bekommen. Zu Beginn deiner Übersetzungstätigkeit erhältst du vielleicht nur ein oder zwei Wörter. Das ist in Ordnung. Nutze diese Information und setz sie praktisch um.

Im nächsten Beispiel zeige ich dir, wie man nach der Wurzel eines körperlichen Problems fragt. Möchtest du beispielsweise die Wurzel eines Knieproblems herausfinden, kannst du zur Antwort bekommen, es sei der Magen. Das mag so sein. Knieprobleme sind oft mit dem Magen oder dem Verdauungssystem verbunden. Hier besteht eine direkte Verbindung, und du hast die gewünschte Information erhalten.

Nun kannst du fragen, was dein Magen zur Heilung benötigt, um deinen Knien zu helfen. Die Antwort mag vielfältig ausfallen. Vielleicht ist es notwendig, deine Ernährung umzustellen. Es liegt möglicherweise an der Menge oder Art des Essens, vielleicht aber auch an den Tageszeiten, zu denen du speist. Vielleicht sagt man dir auch, dass du die Energie deines Magens stärken sollst oder dass es gilt, deine Sorgen loszulassen. Dies sind natürlich nur einige Möglichkeiten.

An dieser Stelle eine kleine Warnung zum Loslassen von Emotionen. Manche Menschen sagen: »Ich mache mir keine Sorgen. Sobald etwas auftaucht, was mich beunruhigt, mache ich mir einfach keine Sorgen.« Wer das ausprobiert hat, weiß, dass es nicht funktioniert. Wandle stattdessen deine Sorgen in Vertrauen um. Sag deiner Besorgtheit, dass du sie liebst. Sie hat dir in der Vergangenheit gute Botschaften überbracht, aber das ist nun nicht mehr notwendig. Lad sie ein, zu Licht, Vertrauen, Entspannung oder Ruhe transformiert zu werden.

Diese Einladung ist äußerst kraftvoll. Du schickst die Sorgen nicht fort, sondern behandelst sie voller Respekt. Du erkennst an, dass sie eine Seele haben, und lädst diese ein, zu etwas Größerem zu werden, etwas Kraftvollerem, etwas, durch das Energie und Licht fließen, etwas, das zu deiner körperlichen Gesundheit beiträgt und das jedem Aspekt deines Seins dienlich ist.

Zu Beginn mögen deine Übersetzungen nicht aus vollständigen Sätzen, geschweige denn ganzen Abschnitten bestehen. Dennoch erhältst du mit Sicherheit Botschaften. Bitte um weitere Informationen. Ich komme noch einmal zurück auf das Beispiel mit den Knieproblemen und dem Magen. In der Antwort ging es ja um die Ernährung. Dieses Thema enthält natürlich viele Möglichkeiten, weitere Fragen zu stellen, zum Beispiel: *Würde es mir helfen, meine Essgewohnheiten zu ändern?* Empfange die Antwort und übersetze sie. Je nachdem, wie die Antwort ausfällt, kannst du entsprechende weitere Fragen stellen.

Schritt für Schritt wirst du immer mehr Informationen erhalten. Nutze die beschriebenen Übungen. Sprich täglich Seelensprache und übersetze sie. Die Antworten werden dich erfreuen. Es sind wundervolle Schätze aus der Seelenwelt.

Ich habe dir ein paar Beispiele gegeben, die sich mit der körperlichen Gesundheit befassen. Zudem einige Exempel, in denen es um deine Seelenreise geht. Du kannst jede Frage stellen. Es gibt keine Grenzen. Erinnere dich nur immer daran, dass es Fragen zu dir selbst sein müssen, zu deiner Seelenreise oder anderen Aspekten deines Lebens. Du darfst gern anderen helfen, die dich bitten, für sie in der Seelensprache zu sprechen und diese zu übersetzen. Dies ist ein wundervoller Dienst. Wurdest du aber nicht darum gebeten, ist es strengstens zu vermeiden, Fragen zu anderen Menschen und deren Situation zu stellen.

Ist es dein Wunsch, Heilsegnungen mit der Seelensprache

zu übermitteln, so kannst du um Folgendes bitten: *Liebe Seele, lieber Geist und lieber Körper meiner Seelensprache. Ich liebe euch. Bitte übermittelt die wichtigste Heilsegnung für ... Danke, danke, danke.* Die Seelensprache ist wie gesagt ein sehr reiner Kanal der Kommunikation. Sie ist mit allen Ebenen der Seelenwelt verbunden. Die Seelensprache weiß immer, welche Heilsegnung angemessen ist. Mit intensiver Übung werden sich deine Seelensprache und ihre Übersetzung immer weiter verbessern. Du bringst damit mannigfaltigen Segen in dein Leben. Entwickle diese Fähigkeit, und das Universum steht dir offen. Du bist zutiefst gesegnet.

## Direkte Seelenkommunikation – direkter Flow

Eine andere Form der Seelenkommunikation ist das, was wir »direkte Seelenkommunikation« oder »direkten Flow« nennen. Durch die unmittelbare Seelenkommunikation empfängst du direkte Botschaften vom Göttlichen, den höchsten Heiligen und aus der Seelenwelt. Die Botschaften kommen in Form von Sätzen oder Redewendungen, die du sofort verstehst. In vielen Fällen hörst du die Worte, die dir als Botschaft gegeben werden. Manchmal öffnest du auch einfach nur deinen Mund, und die Worte *fließen* buchstäblich heraus (*to flow* heißt im Deutschen »fließen«). Das Göttliche, die höchsten Heiligen und die Seelenwelt dürfen sich sozusagen deinen Mund ausleihen. Du machst dir keine Gedanken darüber. Du denkst überhaupt nicht. Du öffnest einfach deinen Mund und sprichst die Information aus, die »durchkommt«. Es ist eine wortwörtliche Botschaft aus der Seelenwelt, der du lediglich deine Stimme leihst.

Wie geschieht das? Sag *Hallo: Liebe Seele, lieber Geist und lieber Körper meines Botschaftenzentrums. Ich liebe euch. Bitte öffnet euch vollständig, um die Botschaft zu empfangen. Macht eure Sache gut. Danke, danke, danke.* Bitte dann eine beliebige Wesenheit aus der Seelenwelt um eine Botschaft zu einem Thema deiner Wahl. *Lieber Shi Dscha Mo Ni Fuo*[14], *ich liebe dich. Bitte sende deine Antwort an mein Botschaftenzentrum. Sende sie gleichzeitig auch an meinem Kopf. Nutze meinen Mund und nicht mein Denken, um die Antwort auszusprechen. Danke, danke, danke.* Die Botschaft muss auch an deinen Kopf geschickt werden, damit dein Sprachzentrum sie umsetzen kann. Dennoch kommt die Antwort nicht aus deinem Denken, sondern wurde von Shi Dscha Mo Ni Fuo an dein Botschaftenzentrum geschickt.

Shi Dscha Mo Ni Fuo ist ein universeller Diener. Er bietet dir seine Dienste durch die direkte Seelenkommunikation an. Das ist eine Möglichkeit, mit ihm, allen Buddhas, Heiligen und geistigen Wesenheiten zu kommunizieren. Du kannst Shi Dscha Mo Ni Fuo um seine Führung und seine Unterweisungen bitten. Formuliere zum Beispiel mit großer Ernsthaftigkeit folgenden Satz: *Liebe Seele, lieber Geist und lieber Körper von Shi Dscha Mo Ni Fuo. Ich liebe euch. Ich bitte euch um Führung auf meiner spirituellen Reise. Danke, danke, danke.* Das kannst du auch täglich als kleines Ritual tun, indem du sagst: *Liebe Seele, lieber Geist und lieber Körper von Shi Dscha Mo Ni Fuo. Ich liebe euch. Ich bitte euch heute um eure Führung. Danke, danke, danke.* Das sind zwei einfache und äußerst praktische Möglichkeiten, direkte Seelenkommunikation anzuwenden, um Botschaften von Shi Dscha Mo Ni Fuo zu empfangen. Auf die gleiche Art und Weise kannst du wie gesagt mit allen Buddhas, Heiligen, spirituellen Wesen und Heilungsengeln in der Seelenwelt kommunizieren.

Vielleicht möchtest du auch erfahren, wie es deiner Großmutter geht. Es spielt dabei keine Rolle, ob sie noch lebt oder bereits den Übergang in die Seelenwelt vollzogen hat. Es spielt keine Rolle, weil wir hier über Seelenkommunikation reden. Sprich einfach folgenden Satz: *Liebe Großmutter! Ich liebe dich. Wie geht es dir? Was möchtest du mir mitteilen? Bitte sende deine Botschaft an mein Botschaftenzentrum. Sende sie gleichzeitig auch an meinen Kopf. Nutze meinen Mund und nicht mein Denken, um die Antwort auszusprechen. Danke, danke, danke.*

Es ist sehr wichtig, die Botschaft auszusprechen. Vor allem für jene, die gerade mit direkter Seelenkommunikation beginnen. Vielleicht hörst du sofort eine Antwort. Sprich sie in jedem Fall laut aus. Da wir üblicherweise daran gewöhnt sind, die Dinge im Stillen zu durchdenken, ist es äußerst leicht, in diesen Ansatz zu verfallen und dies dann für einen direkten Flow zu halten. Du wirst erstaunt feststellen, dass die Botschaft anders lautet, sobald du sie laut aussprichst und nicht denkst. Manchmal wird sie sich sogar vollständig von der gedachten Variante unterscheiden. Wenn du bereit bist, der Seelenwelt deinen Mund zu leihen, heißt das, dass du bereit bist, die Botschaft laut auszusprechen. Vielen ist dies zuerst unangenehm. Aber warum? Es ist eine Ehre und ein Privileg, direkte Botschaften zu empfangen. Es sollte dir also nicht unangenehm sein. Dennoch weiß ich, dass es bei manchen so ist. Auch hier ist es einfach dein Ego, das sich einmischt.

Vielleicht war es dir bisher unangenehm, über Spiritualität zu sprechen. Möglicherweise denkst du auch, dass nur ganz besondere Menschen direkte Botschaften empfangen können. Oder du glaubst, dass du keiner dieser besonderen Menschen bist. Vielleicht ist es dir unangenehm, ein besonderer Mensch zu sein. Eventuell hast du eine Ahnung von der Verantwortung, die mit dieser Gabe einhergeht. Es gibt noch viele weitere Möglichkeiten. Lass sie allesamt los. Bedank dich bei ihnen. Lad Sie ein, sich in Licht umzuwandeln. Lad Sie ein, deine Verbindung mit der Seelenwelt zu verbessern. Lad sie ein, dein Verständnis dazu zu verbessern, welch großes Privileg ein direkter Flow ist.

Die empfangenen Informationen können aus jedem Bereich stammen und sind wahrlich ohne Begrenzung. Alles, was ich über Seelensprache und ihre Übersetzung geschrieben habe, trifft auch auf den direkten Flow zu. Du kannst Fragen zu deiner Seelenreise stellen, zu deiner körperlichen Gesundheit oder zu Anhaftungen und Bindungen, die du loslassen solltest. Du kannst über den direkten Flow Informationen für jeden Bereich deines Lebens erhalten.

Allerdings sei zur Warnung Folgendes gesagt. Der direkte Flow ersetzt weder dein Denken noch den Entscheidungsprozess. Wenn du beispielsweise Räucherstäbchen kaufen möchtest, nutze dein logisches Denken und deine Fähigkeit zur Entscheidungsfindung, um deine Wahl zu treffen. Es ist nicht notwendig, dazu einen direkten Flow zu machen. Würdest du Gott oder die höchsten Heiligen tatsächlich fragen, welche Räucherstäbchen du kaufen sollst? Nein. Triff diese Entscheidung selbst.

Wenn dir ein Flow zu diesem Thema wirklich wichtig ist, wäre es angemessen, mit der Seele der Räucherstäbchen zu sprechen. Du kannst fragen, welche Räucherstäbchen dir am besten dienen würden oder welche deiner Wohnung am besten zu Gesicht stünden. Die Antwort könnte lauten: »Alle!« Und damit bist du wieder am Anfang. Du darfst also wieder nachdenken und begibst dich in einen »normalen« Entscheidungsfindungsprozess.

Der direkte Flow ist ein wunderbarer Schatz. Wenn du über ihn mit dem Göttlichen kommunizierst, erhältst du buchstäblich direkte Unterweisungen vom Göttlichen selbst. Das ist höchst erstaunlich. Du bekommst auf deiner Seelenreise Privatunterricht von ihm. Was du erhältst, ist tiefgreifende Weisheit, aus der profunde Transformation resultiert. Dein Seelenrang erhöht sich bedeutend. Diese unbezahlbare Möglichkeit hast du nun jeden Tag. Daher kann ich dir nur wärmstens empfehlen, täglich einen bestimmten Zeitraum für die direkte Seelenkommunikation zu reservieren. Es gibt keinen größeren Schatz. Es gibt keine tiefgreifenderen und kraftvolleren Unterweisungen. Es ist ein Ausdruck der unglaublichen Großzügigkeit des Göttlichen, dass es uns die Möglichkeit einräumt, notwendige Unterweisungen für unsere individuelle Seelenreise zu bekommen. Die Größe dieses Geschenks ist kaum zu ermessen. Und du kannst dies jeden Tag tun, sogar mehrmals täglich. Dennoch empfehle ich wie gesagt, dies auf einen bestimmten Zeitpunkt zu beschränken. Damit drückst du deinen Respekt, deine Liebe und deine Dankbarkeit aus. Du zeigst damit, dass du die Heiligkeit dieses unbeschreiblichen Schatzes erkennst. Diese Botschaft sendest du nicht aus, wenn du hie und da im Laufe des Tages ein bisschen Seelenkommunikation einstreust. Du zeigst damit nicht den gleichen Respekt. Allerdings mag es Zeiten geben, zu denen du dies zusätzlich tun kannst. Das ist völlig in Ordnung.

Wenn du dich täglich in Seelenkommunikation übst, passt sich deine Frequenz mehr und mehr der göttlichen Frequenz an. Im Lauf der Zeit wird der Zustand der direkten Kommunikation alltäglich sein. Es wird dir bewusst, dass du ständig Flows erhältst, selbst wenn du keine direkte Frage gestellt hast. So lebst du den ganzen Tag in Verbindung mit der göttlichen Frequenz. Dies ist das Ziel der meisten Menschen, die sich ernsthaft auf die Seelenreise begeben. Es ist ein unbeschreiblicher Schatz, in Verbindung mit der göttlichen Präsenz zu leben. Dieser Zustand kann mit Worten nicht ausgedrückt werden. Für deine Seele bedeutet dies große Freude und Dankbarkeit. Auch das Göttliche ist dafür dankbar. Erinnere dich stets daran, dass das Göttliche ein bedingungsloser, universeller Diener ist. Daher ist es dem Göttlichen eine große Freude, dir auf diese Weise dienen zu können. Durch tägliche Übung kannst du deine Seelenreise auf unvorstellbare Weise beschleunigen. Es gibt nicht vieles, was für eine derart schnelle und tiefe Transformation sorgen kann.

Du kannst ebenso täglich mit den höchsten Heiligen kommunizieren. Vielleicht hast du auch besondere Geistführer, Heilige, Engel oder andere heilige Wesenheiten, die dir wichtig sind. Verfahre mit ihnen in der gleichen Weise. Kommuniziere mit ihnen zu einer bestimmten Tageszeit. Vielleicht verwendest du auf diese Kommunikation insgesamt nur etwa fünfzehn Minuten. Diese fünfzehn Minuten sind aber die wichtigsten deines Tages. Es ist natürlich auch eine Ehre und ein Privileg, Privatunterricht von den höchsten Heiligen zu bekommen. Viele Anhänger einer bestimmten religiösen Richtung haben Gedanken wie »Wäre es nicht wunderbar gewesen, zu Zeiten Buddhas, Jesu oder Mohammeds gelebt zu haben«. Ein schöner und naheliegender Gedanke. In diesem Moment ist es dir möglich, jedem von ihnen und vielen anderen Heiligen eine Frage zu stellen und eine direkte Antwort zu empfangen. Du kannst täglich mit ihnen sprechen und dich über deine Seelenreise unterhalten. Alle Antworten sind wundervolle Schätze der Weisheit, Heilung, Verjüngung und Transformation. Sie sind ein großer Segen.

Viele fragen sich möglicherweise immer noch, wie man das genau tut. Schauen wir uns das Ganze noch einmal an. Setz dich im Lotus-, halben Lotus- oder im Schneidersitz auf ein Kissen oder auf einen Stuhl. Im letzteren Fall stehen die Füße flach auf dem Boden, und dein Rücken befindet sich etwas entfernt von der Lehne. Solltest du lieber stehen, nimm deine Füße etwa schulterbreit auseinander. Deine Zunge liegt dicht am Gaumen, ohne ihn zu berühren. Nimm deine linke Hand auf dein Botschaftenzentrum und die rechte in Gebetshaltung vor den Halsbereich. Stell dir dein Botschaftenzentrum mit goldenem, regenbogenfarbenem, purpurnem oder kristallenem Licht gefüllt vor. Visualisiere denjenigen, dem du eine Frage stellen möchtest. Sag *Hallo: Liebe/Lieber …! Ich liebe, ehre und wertschätze dich. Schenk mir bitte die Führung, die ich heute benötige. Meine Frage ist folgende … Ich bin sehr dankbar. Danke, danke, danke.* Chante nun dreimal *San San Dschu Liu Ba Jao Wu* und geh dann über zur Seelensprache. Beende die Seelensprache, sobald sich dein Bewusstsein verändert, und beginn den Flow, der deine Frage beantwortet. Zeichne ihn auf. Das ist der Ablauf. Es ist ganz einfach.

Bleib vollkommen entspannt. Bleib mit deiner Aufmerksamkeit bei demjenigen in der Seelenwelt, an den du deine Frage gerichtet hast. Sprich aus, was immer auch auftauchen mag. Das erste Wort ist oftmals »der«, »die« oder »das«. Das klingt nicht gerade nach einer qualitativ hochwertigen spirituellen Unterweisung! Vertrau dennoch und sprich dieses Wort laut aus. Es gleicht dem Aufdrehen eines Wasserhahns. Es ermöglicht das Fließen, in unserem Falle den Flow. Wenn du bereit bist, das erste Wort auszusprechen, drehst du damit den Wasserhahn auf, und weitere Worte werden folgen.

Vielleicht erhältst du einen Satz. Oder möglicherweise zwei oder drei Sätze. In jedem Fall ist es ein Geschenk des Göttlichen, der Seelenwelt oder von demjenigen, dem du eine Frage gestellt hattest. Drück stets deine Dankbarkeit aus. Vergleich dich nicht mit anderen. Vergleiche sind eine andere Form des Klagens beziehungsweise eine andere Form der Beschwerde. Sich zu beschweren ist eine effektive Art und Weise, jeden Fortschritt auf der Seelenreise zu vermeiden. Du verhinderst damit ebenso sicher die Verbesserung deines Flows. Klag nicht und ersetz deinen Drang, dich zu vergleichen, durch völlige Dankbarkeit.

Was auch immer du im Flow empfängst, ist maßgeschneidert für dich. Wenn du ein Wort erhältst, ist dies ein großer Schatz. Denk nur an die Millionen und Milliarden von Menschen, die niemals ein direktes Wort vom Göttlichen empfangen haben. Ein Wort ist eine Ehre und ein Privileg. Es muss mit Dankbarkeit empfangen werden. Üb dich in Dankbarkeit, üb dich im Flow, und deine Fähigkeiten werden sich verbessern. Dies ist von großer Bedeutung. Es ist ein Zeichen von Dankbarkeit, immer weiter zu üben. Wenn du zu üben aufhörst und aufgibst, drückt dein Handeln Unzufriedenheit aus. Es ist eine Form der Beschwerde. Üb pflichtbewusst und voller Hingabe. Deine Ergebnisse werden dich in Staunen und Entzücken versetzen. Für manche mag es etwas länger dauern, bis die direkte Kommunikation flüssig vonstattengeht. Das ist in Ordnung. Sei weiterhin dankbar und fahr mit dem Üben fort.

# »Goldene Diener«

Was ich schon früher zur Stimmigkeit von Seelensprache und ihrer Übersetzung gesagt habe, gilt auch für die direkten Flows. Es ist sehr wichtig, zu verstehen, dass deine direkten Flows zu Beginn in ihrer Genauigkeit und Stimmigkeit begrenzt sein werden. Dies verbessert sich nach und nach, je mehr gute Dienste du leistest. Das Geheimnis der Genauigkeit und Stimmigkeit besteht darin, ein bedingungsloser universeller Diener zu sein. Dein Leben sollte das eines »Goldenen Dieners« sein. Jeder Buchstabe des Worts »Gold« hat eine besondere Bedeutung. G steht für das englische Wort *gratitude*, zu Deutsch »Dankbarkeit«. O steht für *obedience* und bedeutet »Gehorsam«. L steht für *loyalty*, also »Loyalität«. D steht für *devotion*, was sich mit »Ergebenheit« oder »Hingabe« übersetzen lässt. All diese Qualitäten schenkt dir das Göttliche.

Vollständige Dankbarkeit schaltet alle Bedenken aus. Die Qualität der Freude in deinem Leben zeigt dir, ob du tatsächlich vollständig und zutiefst dankbar bist. Wenn du deine Dankbarkeit voller Freude ausdrückst, bist du im Zustand vollständiger Dankbarkeit. Wenn dich die Fähigkeiten anderer in Entzücken versetzen, ist deine Dankbarkeit vollständig. Diese Qualitäten der Freude und des Lichts zeigen dir, dass du dich im Zustand tiefster Dankbarkeit befindest. Mach dir aber keine Sorgen, wenn deine Freude noch begrenzt ist. Schreite einfach fort auf deinem Weg und versuche, alles, was dir begegnet, in Freude zu empfangen.

All dies gilt nicht nur für die Dankbarkeit, sondern auch für Gehorsam, Loyalität und Hingabe. Das Göttliche hat uns schon öfter vor große Herausforderungen gestellt.

Diese Herausforderungen in Freude und Dankbarkeit anzunehmen zeigt den Grad deines Gehorsams an. Dabei sind der Vollständigkeit keine Grenzen gesetzt, wenn wir dem Göttlichen diese vier Geschenke anbieten. Diese Vollständigkeit mehr und mehr zu leben ist Teil deiner gesamten Seelenreise.

Es ist wichtig, die Bedeutung des Gehorsams zu verstehen. Im Westen haben viele Menschen Probleme mit diesem Wort, da Freiheit hoch geschätzt wird. Viele Menschen glauben, dass Freiheit und Gehorsam sich ausschließen. Das ist nicht wahr. Wahrer Gehorsam ist das Tor zur Freiheit. Dies wird im Westen üblicherweise nicht verstanden. Gehorsam zu sein bedeutet, ein zuhörendes Herz zu haben und den Botschaften, Wünschen und Anleitungen des Göttlichen mit deinem Herzen Aufmerksamkeit zu schenken. Das ist etwas vollkommen anderes, als mit dem Verstand zuzuhören. Zuzeiten stellt das Göttliche dich vor Aufgaben, die nicht unbedingt mit dem logischen Denken und den praktischen Realitäten deines Lebens vereinbar sind.

Empfängst du ein solches Ansinnen vom Göttlichen, bitte zuerst deinen Lehrer um Bestätigung der Botschaft. Ich möchte dies noch einmal klar herausstellen. Nicht jede Botschaft ist eine wahre Botschaft. Jede Bitte, Anleitung oder Führung des Göttlichen muss mit deinem praktischen Leben vereinbar sein. Ist dies nicht der Fall, musst du dich mit deinem Lehrer besprechen. Es ist sehr selten, dass das Göttliche eine Anforderung stellt, die nicht mit dem praktischen Leben vereinbar ist.

Diese Mahnung sei deine Richtschnur. Wenn du eine Botschaft empfängst, die nicht mit dem praktischen Leben vereinbar ist, musst du herausfinden, ob es eine wahre Botschaft ist. Zuweilen sind diese Botschaften eine Prüfung. Es macht manche Menschen stolz, Botschaften zu empfangen, die nicht mit dem praktischen Leben vereinbar sind. Sie können in die Ego-Falle tappen und sich als etwas ganz Besonderes fühlen. Sobald dieser Gedanke auftaucht, bist du mit Sicherheit auf dem Pfad des Egos. Du hast dich verlaufen. Du musst deine Seelenreise neu ausrichten.

Diese Leitlinien sind sehr klar und sehr einfach, und du kannst ihnen leicht folgen. Schwierigkeiten entstehen durch den Widerstand deines Egos. Wenn du eine entsprechende Botschaft empfangen hast und dein Lehrer dir sagt, dass es sich um eine falsche handelt, lass sie einfach los. Sei dankbar für diese Unterweisung. Manchmal ist es schwierig, eine solche Botschaft loszulassen. Das ist die Herausforderung.

Es gibt eine hauptsächliche Herausforderung auf der Seelenreise. Diese nennt sich »Ego«. Eine Botschaft vom Göttlichen oder einem hohen Heiligen, die dir sagt, dass du etwas ganz Besonderes wärest, ist wie gesagt ein hervorragendes und übliches Beispiel dieser Herausforderung. Sobald du eine solche Botschaft als wahr betrachtest und entsprechend handelst, baust du dir selbst zahlreiche Hindernisse auf. Viele fehlgeleitete Menschen haben infolgedessen schon ihre Häuser verkauft, all ihren Besitz verschenkt und sind obdachlos geworden. Dadurch sind sie so mit dem Überleben beschäftigt, dass sie nicht länger dienen können. Dieses Beispiel klingt extrem oder gar unmöglich, ist aber aus dem Leben gegriffen. Es ist schon so vorgekommen.

Das Göttliche möchte nicht nur unseren vollständigen Gehorsam, sondern es möchte auch, dass wir in der Lage sind, uns in seinen Dienst zu stellen. Das Göttliche will, dass wir im täglichen Leben und in der physischen Welt funktionieren. Wenn deine Botschaft dein tägliches Leben komplizierter macht, ist dies ein Warnsignal dafür, dass die Botschaft nicht stimmig ist. Es gibt einen Unterschied zwischen völligem Gehorsam und dem blinden Folgen einer Botschaft, die es unmöglich macht, am täglichen Leben teilzuhaben. Völliger Gehorsam bedeutet nicht blinder Gehorsam. Wenn du dich dem Göttlichen in völligem Gehorsam verschreibst, werden Herausforderungen in deinem Leben auftauchen. Füge diesen keine unnötigen Herausforderungen hinzu, indem du falschen Botschaften folgst.

Wenn du deine täglichen Aktivitäten im Zustand des völligen Gehorsams für das Göttliche verrichtest, gibt dir dies ohnehin zahlreiche Gelegenheiten, dich mit den Herausforderungen des Lebens zu befassen. Die meisten Menschen setzen ihre eigenen Prioritäten an die erste Stelle. Liebe und Vergebung werden üblicherweise nicht bedingungslos geschenkt. Dies wird durch ein Leben in völligem Gehorsam transformiert. Es geht nicht länger um deine eigene Bequemlichkeit, sondern darum, bedingungslose universelle Liebe zu schenken und bedingungslosen universellen Dienst zu leisten. Diese Veränderung in deinen Prioritäten bringt große Transformation mit sich. Es ist sehr leicht, diese Sätze zu lesen. Es ist weniger leicht, die enthaltene Botschaft zu leben.

Völliger Gehorsam bedeutet nicht, dass du dein Leben komplett umkrempeln musst. Es heißt nur, in jedem Moment dem Göttlichen zuzuhören und darauf mit bedingungsloser universeller Liebe und bedingungsloser universeller Vergebung zu reagieren. Das Göttliche bittet uns nicht um Unmögliches. Das ist nicht der Sinn des völligen Gehorsams. Das Göttliche weiß sehr wohl um die Notwendigkeit des Gleichgewichts. Deswegen existiert ja auch das universelle Gesetz des Yin und Yang. Das Gleichgewicht im Yin-Yang-Symbol ist auf Anhieb erkennbar. Eines fließt in das andere. Die beiden reichen sich die Hände. Und eines ist im anderen enthalten. Dies gilt auch für das Leben in völligem Gehorsam. Ein Aspekt deines Lebens fließt in den anderen. Ein Aspekt reicht dem anderen die Hände. Ein Aspekt ist im anderen enthalten. In völligem Gehorsam zu leben bedeutet, dieses Gleichgewicht zu leben. Du bist die Gegenwart des universellen Gesetzes von Yin und Yang.

Wahrhaftiges Gleichgewicht im Leben herzustellen ist eine große Herausforderung. Zumal in unserer modernen Welt, da wir in einer unglaublich schnelllebigen Zeit leben. Behalt stets im Blick, dass Gehorsam bedeutet, ein zuhörendes Herz zu haben. Das Zuhören mit deinem Herzen und nicht mit dem Verstand oder dem Ego bringt dich ins Gleichgewicht. Wenn du mit dem Herzen lauschst, passen deine Entscheidungen zu den Notwendigkeiten in der physischen Welt. Du reagierst aus dem Zustand der bedingungslosen universellen Liebe und des bedingungslosen universellen Dienstes.

Um diese Fähigkeit zu entwickeln, kannst du einfach die Seele deines Herzens bitten, dich entsprechend anzuleiten. Du kannst sie ebenfalls bitten, diese Fähigkeit zu entwickeln. Wenn du dann auch noch auf dein Herz hörst, bleibst du auf deiner Seelenreise auf dem rechten Weg ins Licht. Der Kampf mit Herausforderungen bleibt dir erspart. Du erkennst eine Herausforderung und sagst: *Danke. Du bist ein Geschenk göttlicher Liebe. Ich bin dankbar für deine Gegenwart und die Lehre, die du mir bringst. Bitte begleite mich auf meiner Reise ins göttliche Licht, begleite mich dabei, selbst zu göttlichem Licht zu werden.* Mit diesem Ansatz transformierst du die Herausforderung. Sie wird dein standhafter Begleiter, der dir in zahllosen Situationen helfen kann. Es ist der Wunsch dieser Herausforderungen, zu dienen. Auch sie wollen sich zu bedingungslosen universellen Dienern entwickeln. Auch ihr Wunsch ist es, »Goldene Diener« zu sein und mit dem Herzen zuzuhören. Wenn du auf die beschriebene Weise auf Herausforderungen reagiert, gibst du ihnen die unschätzbare Möglichkeit, sich zu transformieren. Ihr Dank und ihre Unterstützung sind dir gewiss. Die zu Licht transformierten Herausforderungen werden dir gar nicht genug danken können.

Aus Lebenserfahrung weißt du, dass Herausforderungen groß und beharrlich sein können. Zudem sind sie von großer Entschlossenheit. Wenn du sie einlädst, sich zu transformieren, werden sie zu Freunden und bringen all diese Qualitäten mit. Sie unterstützen dich mit all ihrer Stärke, ihrer Entschlossenheit, ihrer Beharrlichkeit und ihrem Durchhaltevermögen. Auf diese Weise kannst du auf deiner Seelenreise vorankommen. Die Herausforderungen und ihre besonderen Qualitäten helfen dir, deine Seelenreise auf erstaunliche Weise zu beschleunigen. Sie können Tiefe und Intensität in deine Hingabe an den völligen Gehorsam bringen. Sie unterstützen dich ebenso durch ihre eigenen Bemühungen, in völligem Gehorsam zu leben.

Ein zuhörendes Herz hilft dir auch dabei, vollkommen loyal zu sein. Du weißt im Herzen und in der Seele um die wunderbaren Gaben und Gelegenheiten, die dir das Göttliche beständig schenkt. Du weißt, welch große Ehre und welch großes Privileg es ist, an der göttlichen Mission teilzuhaben. Wie könntest du nicht loyal sein, wenn du in deinem Herzen um all diese Dinge weißt?

Die völlige Loyalität dem Göttlichen gegenüber ist sehr wichtig. Diese Qualität wird oft übersehen oder nicht bewusst betrachtet. Loyal zu sein bedeutet einfach, sich dem Göttlichen zu verpflichten und dazu zu stehen. Es fällt nur wenigen Menschen schwer, diese Loyalität zu leben. Sobald du auf der Seelenreise bist, stellt sich Loyalität fast automatisch ein. Dennoch wird oft ein Aspekt der Loyalität übersehen, nämlich das konsequente und beharrliche Bemühen, das einen sehr wichtigen Ausdruck von Loyalität darstellt. Loyal zu sein bedeutet, dass man sich auf dich verlassen kann. Das gilt auch auf der spirituellen Reise. Loyal zu sein bedeutet, dass das Göttliche sich auf dich verlassen kann. Du bist für das Göttliche da. Ob die Aufgabe angenehm oder unangenehm ist, spielt keine Rolle. Öffentliche Beachtung spielt keine Rolle. Es ist auch unwichtig, ob du die Aufgabe für deinen Fähigkeiten und Talenten angemessen hältst. All diese Überlegungen sind unwichtig. Es ist nur wichtig, dass das Göttliche sich auf dich verlassen kann, egal, wie die Aufgabe auch aussehen mag.

Das mag sehr offensichtlich klingen. Vielleicht denkst du, dass das Göttliche sich selbstverständlich immer auf dich verlassen kann. Dennoch rate ich dir, deine Verpflichtung dem Göttlichen gegenüber noch einmal zu überprüfen. Schau dir noch einmal an, ob du Aufgaben, die dir von deinem Lehrer oder deinen geistigen Führern gestellt worden sind, zuverlässig ausgeführt hast. Schau dir noch einmal an, was dir in deinem Leben wirklich wichtig ist. Sei dabei behutsam und nachsichtig mit dir selbst. Nimm es als Lernerfahrung. Sieh es im Sinne einer Lernerfahrung, nicht im Sinne eines Urteils.

Solltest du dabei herausfinden, dass du in vielen Situationen deine Aufgabe nicht zuverlässig ausgeführt hast, dass du nicht konsequent in deiner Verpflichtung dem Göttlichen gegenüber warst, dann lern daraus und setz dies um.

Frag dich, was du aus dem Mangel an Konsequenz lernen kannst. Frag auch deine geistigen Führer und das Göttliche. Frag die Seele deiner Verpflichtung dem Göttlichen gegenüber, warum es schwierig für dich ist, konsequent zu sein. Nutze dazu die Seelensprache und die entsprechende Übersetzung. Nutze den direkten Flow. Nutze auch die Fähigkeiten deines Dritten Auges. Nutze eine, zwei oder auch alle Formen der Seelenkommunikation. Du erhältst wertvolle Informationen und Unterweisungen.

Handle nach den empfangenen Botschaften. Versuch nicht, alles gleichzeitig zu ändern. Nimm einen Bereich heraus, der dir in hohem Maße erfolgversprechend erscheint. Wähl nicht gleich den schwierigsten Bereich aus und versprich ausgerechnet dazu vollständige Loyalität. Das ist kein realistischer Ansatz. Greif etwas heraus, von dem du weißt, dass du es schaffen kannst, und sei hier konsequent. Bist du nun Tag für Tag, Woche für Woche und mindestens drei Monate lang erfolgreich, hast du das Muster verändert. Du darfst dich darüber freuen, dass du in diesem Aspekt konsequent geblieben bist. Du darfst dem Göttlichen, deinen geistigen Führern und deinen Lehrern für ihre Unterstützung danken, dir diesen Aspekt der Loyalität im täglichen Leben gezeigt zu haben.

Jetzt kannst du dir einen weiteren Bereich vornehmen. Schritt für Schritt bewegst du dich dabei von den leichteren zu den schwierigsten Aufgaben. Dies ist vergleichbar mit dem Erlernen eines Instruments. Man beginnt mit leichten Stücken, lernt mehr und mehr und ist schließlich in der Lage, auch schwierigste zu meistern. Ebenso verhält es sich mit deiner Verpflichtung dem Göttlichen gegenüber. Beginn mit leichten Aufgaben und taste dich immer weiter voran.

Im Zuge dieses Prozesses kannst du auch Loyalität manifestieren. Es zeigt nämlich deinen Willen, einen Weg zu gehen, der möglicherweise nicht so ruhmreich ist, wie du es gern hättest. Vielleicht findest du es langweilig, mit so etwas Einfachem zu beginnen. Dennoch stellt es einen Weg dar, zu vollkommener Loyalität zu gelangen. Es sind die Schritte, die deine Verpflichtung dem Göttlichen gegenüber konsequent machen. Und diese Verpflichtung ist eine wichtige Tür zu vollständiger Loyalität. Sie ist nicht der einzige Weg, aber sie ist ein Weg, den jeder Mensch jeden Tag gehen kann. Es zeugt von Weisheit, einen Weg zu wählen, der gangbar und erreichbar ist. Folge dem von mir vorgeschlagenen Weg, folge meinen Unterweisungen, und die Konsequenz deiner Verpflichtung dem Göttlichen gegenüber wird sich steigern. Du bewegst dich in Richtung völliger Loyalität.

Die nächste grundlegende Qualität ist die Hingabe. Sie kann auf vielerlei Art und Weise beschrieben werden. Ich würde sie als eine Haltung der Wertschätzung, des Respekts und der Ehrerbietung bezeichnen. Den Menschen im Westen fällt es manchmal schwer, sich in die vollständige Hingabe zu begeben. Respekt und Ehrerbietung spielen in unserer Gesellschaft keine wichtige Rolle. Auf der spirituellen Reise jedoch sind sie von grundlegender Bedeutung. Ohne diese Qualitäten gibt es keinen Fortschritt. Es gilt, sie dem Göttlichen bei jeder Gelegenheit zu zeigen.

Wertschätzung ist eine weitere wichtige Qualität. Sie ist eng mit Dankbarkeit verbunden, wobei ein kleiner Unterschied besteht. Deshalb habe ich sie als einen Aspekt der Hingabe mit einbezogen. Wertschätzung, Respekt und Ehrerbietung tauchen immer wieder einmal auf und geben dir damit Gelegenheit, sie im Laufe des Tages wiederholt auszudrücken.

Wir sind »Goldene Diener« für das Göttliche. Es ist wichtig, sich dessen bewusst zu sein. Wir können unseren Dank gar nicht oft genug ausdrücken. Wir können auch unsere Hingabe nicht oft genug zum Ausdruck bringen. Einigen fällt es leicht, ihre Dankbarkeit und ihren Gehorsam zu zeigen, besonders wenn du Erfahrungen hattest, die dich dafür sensibilisieren. Für Loyalität und Hingabe gilt dies manchmal nicht. Mit diesen Unterweisungen zu Loyalität und Hingabe wird sich dein Bewusstsein dafür erhöhen. Dadurch wird es dir möglich werden, diese Qualitäten immer vollständiger zu leben.

Du kannst deine Wertschätzung, deinen Respekt und deine Ehrerbietung für das Göttliche auf verschiedene Weise ausdrücken. Manche Menschen gehen dabei sehr traditionell vor. Andere denken sich völlig neue Wege aus. Wieder andere verbinden das Traditionelle mit neu ausgedachten, eigenen Möglichkeiten. Einige nutzen die von ihren Lehrern weitergegebenen Rituale. Was immer du auch tust, das Wichtigste bleibt, deine Hingabe jeden Tag auszudrücken. Beginn deinen Tag als »Goldener Diener«, leb deinen Tag als »Goldener Diener« und beschließ ihn als »Goldener Diener«. Deine Seelenreise erfährt dadurch eine großartige Beschleunigung, und die Qualität des Lichtes auf deiner Reise erhöht sich. Ebenso erhöhen sich deine Frequenz und dein Seelenrang.

Es ist wichtig, deine völlige Hingabe an das Göttliche vor jedem Essen zu zeigen, indem du deinen Respekt, deine Ehrerbietung und deine Wertschätzung ausdrückst. Dies ist eine wundervolle Übung, denn die meisten Menschen essen mindestens dreimal pro Tag, und viele essen auch noch zwischendurch eine Kleinigkeit. Das gibt dir jedes Mal eine vortreffliche Gelegenheit, deine Hingabe auszudrücken. Je öfter du deine Hingabe zum Ausdruck bringst, desto öfter segnet dich das Göttliche, und desto leichter wird es, ein »Goldener Diener« zu sein.

Es fällt dir sicher leicht, deine eigenen Möglichkeiten zu finden, um im Lauf des Tages deiner Hingabe und den anderen Aspekten eines »Goldenen Dieners« Ausdruck zu verleihen. All diese Gelegenheiten sind wundervolle Schätze. Sie unterstützen dich dabei, ein »Goldener Diener« zu sein. Auf diese Weise zu leben ist der Schlüssel zur spirituellen Reise. Es ist ungeheuer wichtig, deine Fähigkeiten zum direkten Flow und allen Formen der Seelenkommunikation zu entwickeln. Im direkten Flow empfängst du maßgeschneiderte Unterweisungen über die Bedeutung und den Nutzen davon, ein »Goldener Diener« zu sein. Du empfängst Anleitungen dazu, die wichtigsten Qualitäten weiterzuentwickeln und auf eine höhere Ebene zu bringen. Und während dies geschieht, wirst du zu einem immer besseren »Goldenen Diener«. Dies ist sehr hilfreich und ergänzt sich gegenseitig. Die Flows verhelfen dir zu einem immer tieferen Verständnis davon, was es bedeutet, ein »Goldener Diener« zu sein. Und wenn du als solcher lebst, werden deine Flows immer stimmiger und schwingen auf einer höheren Frequenz. Es ist ein wundervoller Kreislauf, der sich zu einer Spirale ausweitet und mehr und mehr von göttlichem Licht erfüllt ist.

Deine Fähigkeit zum direkten Flow kannst du in vielen anderen Bereichen anwenden. Das eben genannte Beispiel gibt dir eine Ahnung von den Gelegenheiten. Wie bereits gesagt wurde, sind die Möglichkeiten fast grenzenlos. Je mehr du dich im Flow übst, desto mehr Möglichkeiten wirst du entdecken. Jeder Flow ist eine wundervolle Gelegenheit, direkte Unterweisungen vom Göttlichen und den höchsten Heiligen zu empfangen. Jeder einzelne ist ein besonderes Geschenk und ein besonderer Segen. Jeder einzelne ist eine große Ehre und ein großes Privileg für dich.

## Direktes Wissen

Eine weitere Form der Seelenkommunikation bezeichne ich als »direktes Wissen«. Dieser Begriff wird auch in anderen spirituellen Traditionen verwendet. Wie die übrigen Formen der Seelenkommunikation ist auch das direkte Wissen mit dem Botschaftenzentrum verbunden. Je weiter es geöffnet und je höher dein Seelenstandpunkt ist, desto mehr kannst du diese Fähigkeit entwickeln. Beim direkten Wissen ist es nicht notwendig, eine Frage zu stellen. Du musst auch nicht auf eine Antwort warten. Du *weißt*, *kennst* oder *erkennst* die Antwort, Unterweisung, Information oder Weisheit ohne Zeitverzögerung.

Vielleicht hilft es dir, zu verstehen, worum es hier geht, wenn du an deine Schulzeit zurückdenkst. Es mag dabei um Mathematik, Grammatik, Geschichte oder jedes andere Fach gegangen sein. Während des Unterrichts warst du möglicherweise etwas verwirrt und hattest noch nicht den großen Überblick. Du hast dich darum bemüht, den Kern der Sache zu verstehen. Dann, plötzlich, während der Lehrer weitersprach, fiel es dir wie Schuppen von den Augen. Plötzlich wusstest du, was er meinte. Dieser Vergleich hilft dir vielleicht dabei, zu verstehen, was direktes Wissen bedeutet.

Sobald du diese Form der Seelenkommunikation beherrschst, verstehst du ohne Zeitverzögerung und mit großer Klarheit die Botschaft, die Unterweisung und die

Weisheit des Göttlichen, der höchsten Heiligen und der gesamten Seelenwelt. Es ist nicht mehr notwendig, eine Frage zu stellen. Diese Einsichten, dieses Erkennen oder Wissen können sich jederzeit im Laufe des Tages einstellen. Dies nenne ich »direktes Wissen«.

Es ist etwas völlig anderes, als über eine Sache nachzudenken und dadurch ein entsprechendes Verständnis zu erlangen. Direktes Wissen ist eine sofortige und kristallklare Botschaft vom Göttlichen, den höchsten Heiligen und der Seelenwelt. Vielleicht geht es dabei um etwas aus deinem täglichen Leben, vielleicht aber auch um etwas vollständig Neues. Fast immer kommt das direkte Wissen als äußerst klare und präzise Einsicht. Diese kannst du in zwei oder drei Sätzen ausdrücken und anderen mitteilen.

Das ist übrigens ein wichtiges Charakteristikum dieser Form der Seelenkommunikation: Du kannst das Empfangene sehr präzise und klar weitergeben. Dadurch wird die Lehre an sich natürlich nicht begrenzt. Im Gegenteil, oftmals ist mit einer kurzen, präzisen Einsicht umfangreiches Wissen verbunden. Du empfängst die verdichtete Essenz. Sobald du diese ausdrückst, ist es normalerweise notwendig, eine weitergehende Erklärung zu geben, um anderen das Verstehen der Essenz zu ermöglichen.

Es gibt nur wenige Menschen, für die das direkte Wissen die übliche Form der Seelenkommunikation darstellt. Einige empfangen immer wieder einmal Einsichten in dieser Form. Andere sind noch nicht so weit. Es spielt keine Rolle, welcher Gruppe du angehörst. Im Moment geht es nur darum, die Bedeutung und den Nutzen dieser Form der Seelenkommunikation zu verstehen.

Die direkte, klare und präzise Übermittlung der Essenz einer Lehre oder Weisheit ist ein ganz besonderer Schatz vom Göttlichen. Dein Seelenrang und deine Frequenz müssen sehr hoch sein, um diese Art der Kommunikation empfangen zu können. Direktes Wissen transformiert deine Seelenreise überaus schnell und ermöglicht es dir, große Dienste zu leisten. Du kannst deine Erkenntnis sehr einfach ausdrücken. Danach wirst du oft um eine Erklärung gebeten werden, die deine Zuhörer fast immer in Erstaunen versetzt. Aha-Erlebnisse sind dann an der Tagesordnung. Dennoch fällt die Reaktion völlig anders aus als jene, die du hattest, als du der Einsicht gewahr wurdest.

Die Weitergabe des Empfangenen ist eine hohe Form des Dienstes. Die erhaltene Einsicht in der Tiefe zu erläutern wird eine wichtige Gelegenheit zur Wissensvermittlung sein. Dies geschieht oft in alltäglichen Unterhaltungen. Je mehr sich deine Seelenkommunikation in Form des direkten Wissens abspielt, desto mehr wird dies Teil deines täglichen Lebens. Es wird ein bedeutender Teil deiner Seelenreise. Diese Form der Seelenkommunikation wird oft während eines Vortrags empfangen, auch wenn man Kurse gibt oder Workshops hält.

Direktes Wissen ist eine besondere Qualität und Fähigkeit. Es ist eine ganz besondere Ebene der Seelenkommunikation. Man könnte sagen, du erhältst ohne Unterlass Edelsteine vom Göttlichen und der Seelenwelt. Diese wertvollen Lehren und Unterweisungen müssen weitergegeben werden. Je mehr du sie verbreitest, desto mehr außergewöhnliche Einsichten erhältst du, und desto größer wird deine Fähigkeit zur Seelenkommunikation.

Meine Anleitungen zum Thema und der Rolle des Dienens habe ich an früherer Stelle bereits formuliert. An dieser Stelle ist es wichtig, sich daran zu erinnern. Manche Menschen auf der Seelenreise denken, dass sie etwas ganz Besonderes sind, weil sie diese Form der Seelenkommunikation empfangen und sich bereits auf der Ebene des direkten Wissens befinden. Sie sind etwas Besonderes, was aber lediglich bedeutet, dass sie größere Dienste leisten müssen. Das ist die Bedeutung des Wortes »besonders«. Es bedeutet nicht, dass sie besser als andere sind. Es bedeutet lediglich, dass sie größere Dienste leisten können, da sie eine höhere Qualität als »Goldener Diener« zum Ausdruck bringen.

Jede der beschriebenen Formen von Seelenkommunikation stellt ein besonderes Geschenk des Göttlichen dar. Es ist wichtig, die eigenen Fähigkeiten zur Seelenkommunikation zu schätzen. Vermeide Vergleiche. Dazu habe ich bereits etwas gesagt. Vergleiche können sehr schnell Hindernisse auf deiner Seelenreise heraufbeschwören. Sie können deine Fähigkeit zur Seelenkommunikation und deren Stimmigkeit und Genauigkeit verschlechtern. Jede Form der Seelenkommunikation ist wichtig. Jede trägt zu deiner eigenen Seelenreise und der von anderen bei. Empfange jede Form der Kommunikation mit vollständiger Dankbarkeit und Hingabe. Fühl dich nicht einer Form von Seelenkommunikation mehr verbunden als den anderen.

Solltest du gerade erst begonnen haben, deine Kanäle der Seelenkommunikation zu öffnen, lass alle Erwartungen los. Vermeide Anhaftungen und Bindungen. Es ist ein Fehler, sich zum Beispiel ausschließlich auf das direkte Wissen auszurichten und dieses unbedingt haben zu wollen. Fang einfach so an, wie ich es zu Beginn dieses Kapitels beschrieben habe. Geh den Weg so, wie es das Göttliche uns gelehrt hat. Folg dem natürlichen Pfad. Geh Schritt für Schritt. Zeig bei jedem Schritt deine vollständige Dankbarkeit. Jeder Kanal ist eine unglaubliche Ehre und ein unglaubliches Privileg. Unabhängig davon, welche

Form der Seelenkommunikation du pflegst, ist mit Worten nicht zu beschreiben, was es bedeutet, direkt mit dem Göttlichen zu kommunizieren. Wir sind zutiefst gesegnet.

An dieser Stelle ist es mein Wunsch, deiner Seelenreise zu dienen, indem ich dir einen Segen von meiner Seele spende, der deine spirituellen Kanäle weiter öffnet. Sprich: *Liebe Seele, lieber Geist und lieber Körper von Meister Sha. Bitte spende mir einen Segen, der meine spirituellen Kanäle weiter öffnet. Es ist mir eine Ehre und ein Privileg. Danke, danke, danke.* Chante dann drei bis fünf Minuten lang *Meister Sha, Meister Sha, Meister Sha, Meister Sha.* Meine Seele spendet dir dann einen Segen, der deine spirituellen Kanäle reinigt, deine Frequenz erhöht und deine Seele erhebt.

Diesen Dienst leiste ich der ganzen Menschheit und allen Seelen im Universum. Ich leiste diesen Dienst bedingungslos. Diese Übung kann jeden Tag ausgeführt werden. Je mehr du chantest, desto größeren Segen spendet dir meine Seele. Ich diene dir von ganzem Herzen.

Danke, danke, danke.

# 3

# Seelenkommunikation
# unterstützt den spirituellen Weg

Ich habe schon einige Unterweisungen dazu gegeben, wie die Seelenkommunikation deinen spirituellen Weg unterstützen kann. In diesem Kapitel vermittle ich dir weitere Anleitungen und Erklärungen mit spezifischen Einzelheiten und Beispielen. Dies wird helfen, dein Verständnis darüber zu vertiefen, wie die Seelenkommunikation den spirituellen Weg unterstützt. Denk daran, dass, wenn ich den Begriff »Seelenkommunikation« benutze, dies Bilder vom Dritten Auge, Seelensprache und ihre Übersetzung, direkte Seelenkommunikation und direktes Wissen mit einschließt. Wenn ich von einer bestimmten Form der Seelenkommunikation spreche, werde ich diese benennen. Aber auch wenn ich eine bestimmte Form benenne, kann die Seelenkommunikation ebenso in jeder anderen Form vonstattengehen. Manchmal gebe ich eine bestimmte Form der Seelenkommunikation deshalb an, um dir eine klareres, konkreteres Verständnis zu vermitteln. Es soll dein Verständnis und deinen Einsatz der Seelenkommunikation nicht einschränken.

Mittlerweile wirst du bemerkt haben, dass es in meinen

Unterweisungen sehr wenige Einschränkungen gibt. Die einzigen wahren Grenzen sind jene, die durch *ling fa*, das spirituelle Gesetz, gegeben sind. In Bezug auf die Seelenkommunikation habe ich im ersten Kapitel deutlich jene Fragen angesprochen, die zu stellen nach dem spirituellen Gesetz nicht angebracht ist. Ich habe mich auch sehr klar bezüglich der Einschränkungen für den Einsatz der Seelenkommunikation für andere ausgedrückt. Du musst aber nicht befürchten, das spirituelle Gesetz ohne dein Wissen zu brechen. Meine Beispiele und Unterweisungen geben dir einen Gesamtüberblick dazu.

## Kommunikation mit dem Göttlichen

Vielleicht bist du überzeugt, eine sehr gute Vorstellung davon zu haben, wie man mit dem Göttlichen kommuniziert. Ich habe schon einige Beispiele aufgezeigt, die bei der Kommunikation mit dem Göttlichen zur Unterstützung deiner spirituellen Reise hilfreich sind. Beginnen wir hier mit den Grundlagen der Seelenkommunikation.

Als Erstes sollte man diese Frage stellen: *Geliebte Göttlichkeit, was sollte ich zuallererst erkennen?* Fast immer will das Göttliche, dass du erkennst, wie sehr du geliebt wirst. Nun magst du denken: »Selbstverständlich, das weiß ich doch.« Das stimmt aber nur zum Teil. Die meisten Menschen wissen *intellektuell*, dass wir vom Göttlichen geliebt werden. Ihr Geist hat diese Lehre aufgenommen, und sie können sie ohne Schwierigkeiten wiedergeben. Aber diese Aussage mit dem Verstand aufzunehmen ist etwas ganz anderes, als sie mit Herz und Seele zu verinnerlichen. Das ist der Unterschied zwischen Verstandeswissen und Wissen aus Erfahrung.

Die Anleitungen in diesem Kapitel zeigen dir Wege auf, wie du diese Aussage im Herzen und in der Seele erkennst, und Wege, sie durch Erfahrung zu erkennen. Dies ist ein wertvoller Schatz. Es ist der Wunsch der Menschen auf der ganzen Welt, zu wissen, dass sie vom Göttlichen geliebt werden. Dies war schon immer so. Wir haben größte Anstrengungen unternommen, um diese Erfahrung zu machen, und einige Menschen waren erfolgreich. Diese Unterweisungen ermöglichen jedem Menschen diesen Erfolg. Du hast die Werkzeuge und die Methoden, um vom Göttlichen jeden Tag Unterweisungen zu empfangen. Du kannst dich mit dieser Erfahrung einfach durch folgende Frage verbinden: *Geliebte Göttlichkeit, was sollte ich zuallererst erkennen?*

Wenn du die Seelenkommunikation mit dieser Frage beginnst, gestatte dir, alle Emotionen zu empfinden, welche die empfangene Antwort begleiten. Werde durch die Antworten weder verlegen noch schüchtern oder verängstigt. Viele Menschen sind durch die Antworten des Göttlichen zu Tränen gerührt. Manche schluchzen hemmungslos. Das ist wunderbar. Gestatte dir, dies zu tun. Wenn du zu Tränen gerührt wirst, findet eine Befreiung statt. Das Göttliche berührt einen Teil deiner Seele, deines Herzens, deines Geistes oder deiner Emotionen, der sehr empfindsam ist und möglicherweise noch Schmerz in sich trägt. Wenn du zu Tränen gerührt bist, wird dieser Schmerz gelindert. Er wird geheilt. Er wird transformiert, und dies geschieht mit großer Sanftheit und mit tiefem Mitgefühl. Einige Menschen erfahren die göttliche Antwort als Herzens- oder Seelenwunsch. Manche sind erstaunt über die Sanftheit und die Hingabe des Göttlichen. Andere werden von der Erkenntnis überwältigt, dass das Göttliche sich wirklich um jeden Einzelnen mit göttlicher Vertrautheit und Zärtlichkeit sorgt. Diese Qualität der Vertrautheit, der Zartheit, des Mitgefühls und der Sanftheit ist sehr intensiv, jedoch nicht überwältigend. Es ist eine sanfte und liebevolle Intimität. Sie bewegt uns nicht schneller voran, als wir zu gehen fähig sind.

Wir sollen nach dem Wunsch des Göttlichen alle in unseren Herzen, Seelen und Erfahrungen wissen, dass wir zutiefst geliebt werden. Für viele Menschen ist diese Botschaft nichts Neues, aber für die meisten ist es neu, diese Botschaft auch zu leben. Die Mehrzahl ist stets wachsam, befindet sich in einem Zustand des Selbstschutzes. Dieses Verhalten entsteht aus der Überzeugung, die Kontrolle innehaben zu müssen, und ist nichts als eine Illusion! Sie könnte der Wahrheit ferner nicht sein. Das Einzige, was der Versuch, die Kontrolle zu haben, mit sich bringt, ist eine innere Erstarrung. Man verstrickt sich in Geisteshaltungen, Standpunkten und Glaubenssätzen. Bestimmte Anhaftungen und Bindungen werden »heilig« und ersetzen damit das Göttliche.

In Wahrheit haben wir niemals die Kontrolle. Wir bieten uns einfach in völliger Hingabe als »Goldene Diener« an. Wir zeigen ein vertrauensvolles und zuhörendes Herz. Sobald wir das tun, machen wir die Erfahrung erstaunlicher Freiheit. Wir erkennen, dass unser Bemühen, unser eigenes Leben und unsere Umstände zu kontrollieren, ganz abgesehen vom Leben anderer, nur zu Stress führen und uns Energie abziehen. Sobald wir die Illusion der Kontrolle loslassen, haben wir einen riesigen Schritt zur Erfahrung der göttlichen Liebe gemacht.

Es ist traurig, dass genau das, was wir tun, um Harmonie, Ordnung und Licht in unser Leben zu bringen, exakt das

Gegenteil bewirkt. Der Versuch, alles zu organisieren und zu kontrollieren, baut eine unsichtbare Wand um unser Herz auf, die das Göttliche auf Distanz hält. Wie aber kannst du diese Kontrolle loslassen? Praktiziere Seelenkommunikation und stell genau diese Frage. Die Antwort wird für jeden von euch etwas anders ausfallen. Geisteshaltungen, Gesinnungen, Glaubenssätze, Geschichte und Seelenreise jedes Einzelnen zeigen sich auf unterschiedliche Weise. Deshalb manifestiert sich auch die Art, die Kontrolle loszulassen, unterschiedlich. Du wirst die dir gemäße Antwort erhalten, wenn du fragst: *Wie kann ich die Kontrolle loslassen? Bitte sende mir den Heilungssegen, den ich benötige. Hilf mir, genau das zu tun, was ich zum Loslassen der Kontrolle brauche.*

Du benötigst großes Vertrauen, um dies zu tun. Denk daran, was ich zuvor gesagt habe. Wenn du eine Frage stellst, sei auch bereit, die Antwort anzunehmen. Falls du nicht bereit dazu bist, der Antwort gemäß zu handeln, dann stell die Frage nicht. Wenn du die gegebene Antwort nicht nutzt, ist die Seelenwelt bei deiner nächsten Frage weniger bereit, sie zu beantworten. Du hast keine Dankbarkeit, du hast weder Respekt noch Ehrerbietung gezeigt. Dies ist wie gesagt ein sehr wichtiges Prinzip, das du im Bewusstsein halten solltest. Wenn du nicht bereit bist, der Antwort gemäß zu handeln, stell die Frage nicht. Hast du die Frage erst einmal formuliert, folge den in der Antwort gegebenen Vorschlägen.

Zum Loslassen der Kontrolle ist großes Vertrauen nötig. Du magst fragen: »Wie kann ich vertrauen?« Und wie immer könnte ich sagen: »Praktiziere Seelenkommunikation.« Doch die Antwort ist für fast jeden Menschen dieselbe: *Du lernst zu vertrauen, indem du vertraust.* Es ist genau wie Fahrrad fahren lernen. Du nimmst ein Fahrrad und übst. Du bist nicht zur Schule gegangen, um Fahrrad fahren zu lernen. Deine Eltern haben dich zu keinen Workshops mitgenommen, damit du Fahrrad fahren lernst. Du hast einfach damit angefangen.

Genau so verfährst du, wenn du vertrauen lernen willst. Du entscheidest dich dazu, und dann übst du. Dazu gibt es mannigfaltige Gelegenheiten. Es werden sich Zweifel melden. Angst wird aufkommen. Gedanken, dieser spirituelle Weg sei lächerlich, werden sich melden. All diese Herausforderungen werden aufscheinen. Wenn sich eine davon zeigt, geh einfach ins Vertrauen. Du sagst nur: *Danke, dass du dich zeigst. Ich lade dich ein, dich in Licht zu transformieren. Ich habe mich entschieden, zu vertrauen.* So leicht ist das.

Je mehr du übst, desto einfacher wird es, zu vertrauen. Bald wirst du vertrauen, ohne diesen Prozess der Vorbereitung und des Übens zu durchlaufen. Vertrauen wird Teil deines Wesens. Als du Fahrrad fahren lerntest, konntest du eines Tages einfach aufsteigen und problemlos fahren. Dieser Tag folgte auf viele Tage des Übens, Übens und Noch-mehr-Übens. Es gab Tage, da fielst du hin und hast dich verletzt. Aber dann, eines magischen Moments, warst du plötzlich ein Meister auf dem Fahrrad. Das Gleiche geschieht mit dem Vertrauen. Wenn du dich entschieden hast, zu vertrauen, lad alle Herausforderungen ein, sich in Licht zu transformieren. Sag ihnen, du hättest dich entschieden, zu vertrauen. Mit der Zeit wirst du sehr gut – sogar ein Meister – im Vertrauen werden.

Vertrauen ist ein kostbares Geheimnis auf der Seelenreise. Es ist ein wertvolles Geheimnis für die Seelenkommunikation. Jeder Aspekt deiner Seelenreise wird von dieser Qualität berührt. Vertrauen stärkt deine Position als »Goldener Diener«. Es hilft dir, ein unkonventioneller universeller

Diener zu sein. Es beschleunigt deine Fähigkeit, die Genauigkeit und Stimmigkeit deiner Seelenkommunikation zu verbessern. Vertrauen ist für jede Form der Seelenkommunikation wichtig. Es ist unabdingbar, um die Kontrolle loszulassen. In dem Moment, da du dich zu vertrauen entscheidest, ist dies ein Durchbruch auf deiner Seelenreise. Schätze diesen Moment hoch. Markiere ihn in deinem Kalender, denn es ist ein spezieller Geburtstag.

Wenn du diese Entscheidung getroffen hast, hast du den ersten Schritt durch das Tor getan, das zur Erfahrung göttlicher Liebe führt. Du weißt in deinem Herzen und in deiner Seele, wie tief du geliebt wirst. Wenn du erst einmal durch das Tor gegangen bist, geht deine spirituelle Reise weiter. Wenn du durch das Tor gegangen bist, ist es fast unmöglich, der göttlichen Liebe den Rücken zu kehren. Sie wird wichtiger für dich als die Luft, die du atmest. Sie ist deine Ur-Essenz. Sie wird zu deinem eigentlichen Sein.

Die Reise zur göttlichen Liebe beginnt auf solch einfache Weise. Du gehst durch das Tor, indem du vertraust. Du trittst ein in eine Erfahrung, die einen kostbaren Schatz darstellt. Du trittst ein in einen ganz besonderen Aspekt des göttlichen Herzens. Du darfst dich an diesem heiligen Ort aufhalten. Welch eine Ehre, welch ein Privileg! In Zeiten der Prüfungen ist das wiederholte Sprechen des Mantras *Ich bin im Herzen des Göttlichen* eine gute Hilfe zur Reinigung und zum Bestehen der Prüfungen. Dies ist der Ort, der für dich vom Göttlichen vorgesehen ist. Dies ist die Botschaft, von der das Göttliche möchte, dass du sie in deinem Herzen und in deiner Seele erkennst. Das Göttliche will, dass du genau dies erfährst und als deinen Herzschlag lebst. Es zeigt, wie sehr wir geliebt werden.

Erinnere dich, dass das Göttliche, als es das »Universelle

Gesetz des Universellen Dienstes« vermittelte, als Erstes sagte: »Ich bin ein universeller Diener.« Die erste Qualität des universellen Dienstes ist die bedingungslose universelle Liebe. Erkenne also, dass zuerst das Göttliche dir diese bedingungslose universelle Liebe schenkt. Es ist der Wunsch des Göttlichen, dass du für dieses Angebot dankbar bist und dir selbst gestattest, von dieser Liebe angenommen und umarmt zu werden.

Diese Liebe transformiert. Diese Liebe entfernt alle Hindernisse und lässt alle Blockaden schmelzen. Sie tut dies auf allen Ebenen deines Seins, nicht nur auf der spirituellen. Wenn du diesen Schatz annimmst und ihm erlaubst, zu deinem Herzschlag und Atem zu werden, dann vermagst du diese göttliche Liebe für andere zu manifestieren. Dann kannst du in ungewöhnlichem Ausmaß ein bedingungsloser universeller Diener sein. Deine Anwesenheit allein kann ein Geschenk der Transformation sein. Du wirst zur Offenbarung göttlichen Lichts und göttlicher Liebe. Dies ist ein besonderes Privileg, und es ist eine ganz besondere Ehre.

Wenn du Seelenkommunikation pflegst, verbindest du dich mit allen Lehren zu diesem Herzenswunsch des Göttlichen. Dies ist ein Geschenk, welches das Göttliche zur Verfügung stellt und uns jeden Tag darbietet. Ich erläutere das, um dir die Annahme dieses Geschenks zu ermöglichen und es zu leben. Wenn du zum ersten Mal die Tiefe dieser göttlichen Liebe erfährst, wirst du wahrscheinlich zu Tränen gerührt sein. Wie ich schon sagte, gestatte dir auch, zu weinen. Es ist in Ordnung. Es ist gut. Du lässt das los, was du loslassen musst. Dies ist ein Heilsegen für dich. Wenn die Tränen im Übermaß fließen, lad die Quelle der Tränen ein, ins Licht transformiert zu werden und dich auf diesem Weg der göttlichen Liebe zu begleiten. Es geht nicht darum, Wochen, Monate und Jahre der Tränen zu verbringen.

Alles ist ein Prozess, ein Vorgang. Wenn du tiefer und tiefer eintauchst in die Erfahrung der göttlichen Liebe, wirst du weniger geneigt sein, zu weinen. Du wirst darauf vielmehr mit tiefer Freude und innerem Frieden reagieren. Hab keine Erwartungen. Gestatte dem Vorgang, sich zu entfalten. Folg dem natürlichen Weg. Je mehr Botschaften der göttlichen Liebe dich durch die Seelenkommunikation erreichen, desto schneller wirst du zur Erfahrung tiefster Freude und inneren Friedens gelangen.

Deine Entscheidung, zu vertrauen und durch das Tor der göttlichen Liebe zu gehen, ist der Beginn deiner Reise zu tiefster Freude und innerem Frieden. Ich kann dir nicht versprechen, dass der Rest deines Lebens in jedem Aspekt voller Freude und innerem Frieden sein wird. Was ich aber sage, ist, dass der Kern deines Wesens tiefe Freude und inneren Frieden erfahren und dies ausstrahlen wird, was auch immer sonst in deinem Leben geschieht. Du magst große Höhen und Tiefen erleben. Du magst mit gewaltigen Problemen konfrontiert werden. Du magst große Trauer empfinden. Herausforderungen aller Art können auftauchen. Aber während du all diese Herausforderungen des Lebens durchläufst, wirst du diesen Schatz der Freude und des Friedens haben, weil du verinnerlicht hast, dass du vom Göttlichen geliebt wirst. Es gibt kein größeres Geschenk. Es gibt keinen größeren Schatz.

Das Göttliche liebt die Menschheit und alle Seelen als Gesamtheit. Es ist ebenso wahr, dass das Göttliche die Menschheit und alle Seelen individuell liebt. Jeder einzelne Mensch ist dem Göttlichen bekannt. Deine Erfahrung, vom Göttlichen geliebt zu sein, ist deine individuelle Erfahrung. Sie führt dazu, ein »Goldener Diener« zu sein.

Was sonst könnte deine Reaktion sein auf die Liebe des Göttlichen? Wenn du erfährst, wie tief du geliebt wirst, werden dein Herz und deine Seele in tiefster Dankbarkeit, in tiefstem Gehorsam, in tiefster Loyalität und völliger Hingabe sein. Warum sollte dein Verstand anders reagieren? Dies kann nur die einzige angemessene Reaktion sein. Sie macht bedingungslosen universellen Dienst zu einem wesentlichen Teil deines täglichen Lebens.

Wenn du Seelenkommunikation pflegst, weil du das Göttliche um eine Nachricht für dich selbst bitten möchtest, erhältst du oft die schon beschriebenen Botschaften. Sollte dies nicht der Fall sein, halt dich nicht damit auf. Jede empfangene Botschaft ist ein Geschenk des Göttlichen. Jeder Mensch bekommt die Botschaft, die er im Moment braucht.

Denk daran, dass die erste universelle Qualität die bedingungslose universelle Liebe ist. Dies ist das allererste Geschenk, das jeder vom Göttlichen bekommt. Wenn du eine andere Botschaft erhältst, sei sehr dankbar. Sei dir bewusst, dass du deine Reise schon begonnen hast. Sei gewahr, dass jede Nachricht vom Göttlichen an dich genau auf dich abgestimmt ist. Jede Botschaft ist zugeschnitten auf deine Seelenreise und den Status deiner Seele. Das Göttliche will nur, was für dich und alle Seelen am besten ist. Das mag nicht dem entsprechen, was du gern hören möchtest. Dies bezeichne ich als »Geisteshaltung«, »Gesinnung«, »Glaubenssatz« oder »Anhaftung«. Es kann auch ein Beispiel für das Bedürfnis zur Kontrolle sein. All dies muss losgelassen werden, da es die empfangene Kommunikation trübt. Es ist vergleichbar mit elektrostatischen Geräuschen beim Telefon. Mit dieser Störung ist es schwer, die Botschaft zu vernehmen. Es ist auch schwierig, die Botschaft durch deine Geisteshaltungen, Einstellungen, Glaubenssätze oder Anhaftungen hindurch zu hören. Je mehr du davon loslassen kannst, desto klarer wird die Verbindung, und desto tiefsinniger wird die Kommunikation.

Die Kommunikation mit dem Göttlichen ist nicht nur ein Privileg und eine große Ehre, sondern auch eine außergewöhnliche Chance. Millionen von Menschen möchten ihre Seelenreise beschleunigen. Sie haben den Wunsch, ihren Seelenrang zu erhöhen. Sie möchten eine nähere Verbindung mit dem Göttlichen. All diese Wünsche können durch den Einsatz von Seelenkommunikation befriedigt werden. Dies ist das Ziel der Seelenkommunikation mit dem Göttlichen. Es ist unbeschreiblich, zu erkennen, dass das Göttliche uns wirklich auf diese Art und Weise dienen will. Dies ist eine großartige Lehre über das Göttliche als bedingungsloser universeller Diener.

Die empfangene Kommunikation kann in jeder der von mir im vorangehenden Kapitel beschriebenen Formen erfolgen. Nutze jede Form der Seelenkommunikation. Du kannst direkte Unterweisungen durch den direkten Flow bekommen. Du kannst Unterweisungen durch Seelensprache und ihre Übersetzung erhalten. Du kannst Unterweisungen erhalten durch Bilder vom Dritten Auge. Du kannst auch ein direktes Wissen der Unterweisungen haben. Durch den Einsatz unterschiedlicher Formen der Seelenkommunikation können sich diese gegenseitig unterstützen. Dies hilft dir auch dabei, deine spirituellen Kommunikationskanäle weiter zu öffnen.

Wenn du Seelenkommunikation pflegst, bist du in einer außerordentlich hohen Frequenz. Auch das Licht ist außergewöhnlich. Der Gebrauch unterschiedlicher Kommunikationsformen ermöglicht dir den Empfang des Segens von verschiedenen Schichten des göttlichen Lichts und der göttlichen Frequenz, die mit jeder Form verbunden sind. Je mehr Segen du empfängst, desto präziser und stimmiger wirst du in dieser Form der Seelenkommunikation. Dein Niveau steigt und steigt. Deshalb ist es eine ausgezeichnete Übung, verschiedene Formen der Seelenkommunikation anzuwenden. Jede Form hat ihre eigenen Vorteile.

Mittels Seelenkommunikation um die Führung des Göttlichen zu bitten und entsprechende Antworten zu empfangen ist auch eine Art des Dienens, weil du ja den empfangenen Antworten gemäß handelst. Du integrierst diese Lehren in dein tägliches Leben. Sie werden Teil deines Wesens. Es mag Tage, Wochen oder Monate dauern, bis du diese totale Integration erreichst. Das ist in Ordnung. Wichtig ist allein dein Wunsch, dies zu erreichen. Durch diese Integration manifestierst du die empfangenen Lehren. Je mehr du dies tust, desto offensichtlicher wird es für dich. Üblicherweise geschieht dies in deinen Gesprächen. Du wirst feststellen, dass die empfangenen Botschaften in deinen Gesprächen mit Freunden, Familienmitgliedern und Kollegen auftauchen. Du magst keine formelle Unterweisung erhalten haben, aber du gestattest der Lehre, durch dich hindurch zu anderen zu fließen. Dies ist ein großer Dienst.

Weil die Unterweisungen zu einem Teil deines täglichen Lebensrhythmus werden, musst du nichts Spezielles unternehmen. Alles, was du tun musst, ist, die Botschaft auszusprechen, wenn du ihrer gewahr wirst. Dies kann zu vielen Gelegenheiten geschehen. Die Botschaft wird sehr klar, eindeutig und prägnant sein. Sie will ausgesprochen werden. Leider sind viele, die diese Botschaften empfangen, zu schüchtern, sie zu verkünden. Das ist sehr schade. Es ist sehr wichtig, diese Scheu zu überwinden. Es ist ein Privileg, eine Ehre und eine besondere Verantwortung, die

Lehre zu verbreiten. Du musst dabei nicht ins Detail gehen. Du musst keine langen Erklärungen abgeben. Du musst nur eine Aussage treffen.

Wenn du dich anderen mitteilst, achte darauf, welche Fragen sie stellen. Beantworte die Fragen, die sie an dich richten. Es ist nicht notwendig, kleinste Details der Weisheit und der Lehre weiterzugeben, die du empfangen hast. Gib die Informationen weiter, die mit der gestellten Frage zu tun haben. Der Fragesteller ist in der Lage, die Lehre zu empfangen, weil er für sie bereit ist. Er mag aber zu diesem Zeitpunkt noch nicht für mehr bereit sein.

Du kannst ihn ja spüren lassen, dass da noch mehr ist. Als Erstes beantworte die Frage klar, knapp und präzise. Dann kannst du sagen: »Es gibt noch mehr über diese Lehre zu sagen, falls es dich interessiert.« Wenn die Person bereit ist, wird sie nach mehr Informationen, Weisheit und Heilung fragen. Falls nicht, respektierst du ihren derzeitigen Stand. Du hast ihr nicht mehr gegeben, als sie verarbeiten kann. Das ist sehr wichtig.

Obwohl diese Unterweisungen anspruchsvoll erscheinen mögen, sollen sie keine Belastung sein. Sei nicht derart aufgeregt und begeistert, dass du eine andere Frage beantwortest als die, die dein Gegenüber gestellt hat. Halt dir dies immer vor Augen, und deine Unterweisungen können wahre Schätze sein. Der Dienst, den du auf diese Weise leistest, ist wahrhaftig universell und bedingungslos, und du erhältst größte Segnungen.

Wenn man Seelenkommunikation mit dem Göttlichen pflegt, folgen daraus vielfache Segnungen auf vielen Ebenen. Den wichtigsten Nutzen stellt die Transformation deines Lebens dar. Wie kommt dies zustande? Die Seelenkommunikation mit dem Göttlichen ist wie das Eintreten in den Himmel. Je öfter du eintrittst, desto stärker empfindest du diese besondere Ebene der Frequenz und Schwingung. Im Gegenzug kannst du dies auch mehr und mehr an die Menschen in deiner Umgebung vermitteln. Du wirst buchstäblich zum Segen für dich selbst und für andere. Seelenkommunikation zu pflegen bedeutet, wirklich in der einmaligen Gegenwart des Göttlichen zu sein. Du nimmst teil an der himmlischen Existenz. Du bist in der Lage, diese Qualität des Lichts, der Frequenz und Schwingung nicht nur an die Menschen in deiner Umgebung zu vermitteln, sondern an die gesamte Welt.

Oft fragen sich die Menschen, wie denn der Himmel wohl sei. Wenn du Seelenkommunikation mit dem Göttlichen pflegst, erlebst du einen Aspekt der himmlischen Gegenwart. Du teilst dies mit deinen Mitmenschen einfach durch deine Präsenz. Es ist nicht gerade etwas, worüber du dich mit vielen austauschen könntest, wiewohl einige solche Äußerungen sicher zu schätzen wüssten. Das ist in Ordnung. Es genügt, wenn du erkennst, dass dies ein weiterer Aspekt der Seelenkommunikation mit dem Göttlichen ist. Es ist eine wirklich tiefgründige Erfahrung, in die himmlische Gegenwart einzutreten, durch sie transformiert zu werden und das dann auf Mutter Erde und darüber hinaus zu leben. Zu dieser besonderen Zeit in der Geschichte der Erde besteht ein großes Bedürfnis nach dem Himmel und nach allem, was mit ihm in Zusammenhang gebracht wird. Wenn du dir dieses Aspekts deiner Seelenkommunikation bewusst bist, kannst du jene Gegenwart auf die Erde bringen. Sie wird dann hochgradig heilend wirken. Jede Existenzebene von Mutter Erde benötigt diese Heilung. Es ist eine große Ehre, ihr diese Heilung bringen zu dürfen.

Es gibt zahlreiche Aspekte der Seelenkommunikation mit dem Göttlichen. Ich habe dir eine Ahnung von ihrer Bedeutung und ihrem Nutzen vermittelt. Du weißt nun, dass diese Kommunikation mit Hilfe aller beschriebenen Formen möglich ist. Ich rate dir dringend, dieses machtvolle Geschenk täglich einzusetzen. Erfahre die Transformation, die es in deinem Leben bewirkt. Erkenne, dass diese Transformation nicht auf dich beschränkt ist. Wisse, dass das Ausüben der Seelenkommunikation eine hohe Ebene des Dienens darstellt. Das sind einige der kraftvollsten Aspekte der Seelenkommunikation mit dem Göttlichen. Diese einzigartigen Segnungen erhältst du, wenn du täglich übst.

## Kommunikation mit den höchsten Heiligen, Geistführern und Heilungsengeln

Du kannst natürlich auch in Seelenkommunikation mit den höchsten Heiligen, mit deinen Geistführern, mit Heilungsengeln, Weisen und Lehrern treten. In diesem Abschnitt richten sich die meisten Unterweisungen auf die Seelenkommunikation mit den höchsten Heiligen. Aber alles, was ich sage, gilt auch für die Kommunikation mit deinen Führern, mit Heilungsengeln, Weisen und Lehrern.

Wenn du Seelenkommunikation mit den höchsten Heiligen pflegst, verbindest du dich mit jenen, die der Menschheit auf eine besondere Art und Weise helfen. Diejenigen, die sich im Tien Wai Tien befinden (dem »Himmel über dem Himmel«), müssen nicht mehr zum Lernen auf die

Erde zurückkehren. Sie haben diesen Grad der Läuterung erreicht, da sie ihre Lektionen gut und vollständig gelernt haben. Bei den Seelen in Dschu Tien (den »Neun Himmeln«) ist das ganz anders. Sie müssen immer wieder zurückkehren, da noch zahlreiche unerledigte Lektionen anstehen und da vieles noch geläutert werden muss. Ein Heiliger der höchsten Ebenen des Dschu Tien oder gar aus Tien Wai Tien mag jedoch gebeten werden, dass er zur Erde zurückkehre, um zu dienen. Dies ist aber eher ungewöhnlich. Normalerweise wird einer der höchsten Heiligen nur einmal während eines Zeitraums von fünfzehntausend Jahren gebeten, zur Erde zurückzukehren. Die Antwort des Heiligen lautet stets: »Ja, ich werde es tun. Es ist mir eine Ehre, dienen zu dürfen.«

Es ist eine große Ehre und ein Privileg, in Seelenkommunikation mit den höchsten Heiligen zu treten. Zu ihnen gehören Jesus, Maria, Shi Dscha Mo Ni Fuo (Buddha) und die bereits mehrfach erwähnte Ling Hui Sheng Shi alias Kwan Yin. Wenn du Seelenkommunikation mit den höchsten Heiligen pflegst, verbindest du dich mit den Unterweisungen, der Weisheit, den Übungen und der Schwingung des betreffenden Heiligen. Wenn du Seelenkommunikation mit mehr als einem der höchsten Heiligen betreibst, verbindest du dich mit vielen verschiedenen Lehren, Weisheiten, Übungen und Frequenzen.

Stell dieselbe Frage, die ich für die Seelenkommunikation mit dem Göttlichen vorgeschlagen habe: *Lieber ..., was sollte ich zuerst erkennen?* Auch hier werden die Antworten äußerst großherzig ausfallen. Die Weisheit wird tiefgründig sein. Jeder der höchsten Heiligen hat eine eigenständige Lehre. Die höchsten Heiligen haben ihre Lehre an getreue Schüler und Meisterschüler weitergegeben. Die Unterweisungen zeigen sich in verschiedenen spirituellen

Überlieferungen, manchmal in reiner Form, manchmal nicht. Durch direkte Seelenkommunikation mit einem der höchsten Heiligen erhältst du direkte, ungefilterte Unterweisungen, die speziell auf dich zugeschnitten sind. Sie werden dir für deine Situation auf deiner Seelenreise zu diesem speziellen Zeitpunkt gegeben.

Die Einmaligkeit der empfangenen Seelenkommunikation hat eine außerordentliche Qualität. Du magst Seelenkommunikation mit demjenigen der höchsten Heiligen pflegen, der dir bekannt ist. Deshalb wirst du wohl schon viele der Unterweisungen jenes Heiligen kennen. Du hast sie vielleicht für deine Meditation genutzt. Vielleicht waren sie die Basis für Entscheidungen und bestimmte Ausrichtungen in deinem Leben. Aber selbst dann wirst du erstaunt sein über die Unterweisungen, die du nun durch deine tägliche Kommunikation empfängst. Diese Lehren können dich in deinem Wissen bestärken. Sei dankbar, wenn dies geschieht, denn dein Wissen wird auf eine viel höhere Ebene geführt. Dein Verständnis der Lehre wird große Tiefe entwickeln. Es kann äußerst tief werden. Du wirst nicht nur diese Lehre verstehen, sondern auch alle damit verwandten Lehren und subtilen Anleitungen, deren du zuvor nicht gewahr warst.

Es ist, als ob du eine Geschenkpackung öffnest und statt eines einzigen darin viele Geschenke entdeckst. Und das geschieht, gleich, ob du Seelenkommunikation mit einem dir bekannten hohen Heiligen pflegst oder mit einem, der dir bisher nicht vertraut war. Mit einem dir bekannten gibt dir deine Hingabe die Möglichkeit, eine Fülle von Weisheit und Lehren zu erhalten. Geheimnisse, die anderen nicht so einfach zugänglich sind, werden für dich aufgedeckt, weil du diesem Heiligen deine Vertrauenswürdigkeit und dein Sein als »Goldener Diener« bewiesen hast. Es ist eine spezielle Ehre und ein Privileg, besonders tiefgründige Unterweisungen zu erhalten. Vergiss nicht, diese mit anderen zu teilen. So kannst du zum Beispiel deine neu erhaltenen Einsichten und Lehren ausdrücken, indem du sagst: »Ich habe ein tieferes Verständnis der Lehre über die Vergebung erhalten.« Diejenigen, die du ansprichst, werden für eine solche Ankündigung offen sein. Das ist von großer Bedeutung.

Wenn du dies so weitergibst, ermunterst du den Heiligen, dir weitere und kostbarere Schätze zu vermitteln. Du zeigst, dass du ein immer reinerer »Goldener Diener« wirst, dass deine Hingabe wächst, du wirklich vertrauenswürdig bist und die Unterweisungen nicht nur für dich selbst behältst. Jede erhaltene Anleitung muss auf eine angemessene Art weitergegeben werden. Die Lehren sollen keine Schätze sein, die nur dich erfreuen oder nur von dir studiert und genutzt werden. Es sind Schätze, die auf angemessene Art an andere weitergeleitet werden sollen.

Wenn du mit den höchsten Heiligen kommunizierst, erhältst du deren spezifische Unterweisungen. Du verbindest dich mit jenem Teil der Seelenwelt, in dem diese Lehre gelehrt und gelebt wird. Du verbindest dich mit allen Seelen, die dieser Lehre gefolgt sind und folgen. In den meisten Fällen bist du in der Gesellschaft von Tausenden von Seelen, die diese Unterweisungen in ihrem täglichen Sein ausdrücken. Es ist etwas ganz Besonderes, wenn man dies versteht. Du bist in der Gegenwart nicht nur der höchsten Heiligen, sondern auch all dieser Seelen. Du bist dadurch in einem transformierenden Lichtfeld. Deine Schwingung wird der Schwingung der höchsten Heiligen viel näher gebracht. All jene, die diese Lehre angenommen haben, unterstützen dich dabei, sie zu integrieren, anzuwenden, zu manifestieren und weiterzugeben. Alle spirituellen Werte Tausender von Seelen werden dir zur Verfügung stehen. Du verbindest dich mit alledem, wenn du Seelenkommunikation mit einem der höchsten Heiligen pflegst. Du bist in der Gegenwart vieler Heiliger, nicht nur in der des einen, mit dem du kommunizierst. Viele dieser Seelen stehen auf einer sehr hohen Ebene. In ihrer Gegenwart zu sein ist ein ganz besonderer Segen.

Du kannst diese Verbindung jederzeit herstellen, indem du einfach den Namen der höchsten Heiligen als Mantra chantest. Dies ist eine wunderbare Art, durch den Tag zu gehen. Das macht es einfacher, auf die alltäglichen Anforderungen zu reagieren. Wenn Schwierigkeiten auf dich zukommen, bring einfach die höchsten Heiligen in dein Bewusstsein, um die Erfahrung zu segnen. Diese Methode wird in deinem täglichen Leben eine große Veränderung bewirken. Sie ermöglicht dir, als »Goldener Diener« zu leben und diese Qualität immer weiter zu transformieren.

Wenn du Seelenkommunikation mit einem höheren Heiligen pflegst, kannst du fragen: *Welche speziellen Übungen kannst du mich lehren? Welche Übungen sollen an die Menschheit weitergegeben werden?* Oder: *Welche Geheimnisse sind mit den Übungen verbunden, die du vor langer Zeit gelehrt hast? Welche Weisheit hat die Menschheit noch nicht entdeckt?* Dies alles sind ausgezeichnete Fragen, die für dich zu tiefgreifenden Unterweisungen führen und deine gegenwärtigen Methoden verändern werden. Deine Übungen werden zu Weisheitsübungen.

Du kannst diese Fragen immer wieder stellen. Jede Übung ist mit vielen Schichten der Weisheit verbunden. Jede enthält Weisheiten, die noch nicht offenbart wurden. Dazu zählen auch ausgesuchte Weisheiten für das Zeitalter des Seelenlichts. Die Weisheit der Übungen wird dir wundervolle Einsichten und Inspirationen vermitteln. Sie wird dir bei deiner Transformation helfen. Du kannst diese Lehren mit anderen teilen. Die Menschheit beginnt erst, sich mit der tiefen Weisheit alter Methoden zu verbinden. Diese Weisheit ist derart tiefgründig, dass die Menschheit deren Tiefe eben erst zu schätzen beginnt. Auch können nun im Zeitalter des Seelenlichts endlich weitere Aspekte der Weisheit aufgedeckt werden. Es ist die richtige Zeit, Geheimnisse weiterzugeben, für welche die Menschheit in früheren Zeiten nicht noch bereit war.

In der Ära des Seelenlichts zu leben bedeutet, dass wir in der privilegierten Lage sind, Geheimnisse zu empfangen, die direkt mit der Seele verbunden sind. Weil wir noch ganz am Anfang dieser Epoche stehen, sind die Geheimnisse, die wir jetzt empfangen, genau die, welche die Menschheit in den Zeiten des Übergangs in die neue Ära braucht. Es ist unsere Rolle, unsere Verantwortung, unser Privileg und eine große Ehre, diese heiligen und geheimen Lehren zu empfangen und an andere weiterzugeben.

Um diese neuen Unterweisungen zu bitten ist eine sehr nützliche Übung in der Seelenkommunikation. Du kannst ähnliche Fragen zur Heilung stellen. Viele unter euch werden die große Ähnlichkeit feststellen zwischen diesen neuen Lehren für die Heilung und dem, was ihr in der Seele-Geist-Körper-Medizin gelernt habt. Einige unter euch werden in ihrer Seele die neuen Anleitungen erkennen. Sie fühlen sich bekannt an. Das liegt daran, dass viele unter euch in vergangenen Leben Heiler waren. Ihr könnt die neuen Anleitungen und Lehren sofort anwenden.

Jeder der höchsten Heiligen hat seinen besonderen Zugang zur Heilung. Die empfangenen Antworten sind einzigartig vom jeweiligen Heiligen. Wenn du sehr allgemeine Fragen stellst, wirst du auch allgemeine Antworten erhalten. Wenn du etwas über die spezifische Heilweisheit eines bestimmten Heiligen wissen möchtest, dann sprich ihn oder sie konkret darauf an. Wenn du spezifische Lehren möchtest, musst du entsprechende Fragen stellen. Erinnere dich an den alten Spruch: »Bedenke wohl, worum du bittest – es könnte dir gewährt werden ...« In diesem Fall ist jedoch keine Vorsicht geboten. Du musst nur bedenken, dass du tatsächlich das bekommst, wonach du fragst.

Das Wissen um die mit dem Heilen verbundene Weisheit ermöglicht es dir, zunehmend stärker von den Heilungsübungen zu profitieren. Auch diejenigen, denen du einen Heilsegen sendest, werden mehr und mehr gewinnen. Weil jeder der höchsten Heiligen seine einzigartigen Segnungen und Geschenke hat, ist es sinnvoll und nützlich, mit mehr als nur einem von ihnen zu kommunizieren. Du magst ja eine besondere Hingabe zum einen oder anderen dieser Heiligen verspüren. Das ist in Ordnung und sehr wichtig. Genieß diese Hingabe, aber schränk dich durch sie nicht ein. Die gesamte Seelenwelt steht dir zur Verfügung. Nur bei einem Heiligen zu bleiben ist eine Einschränkung. Mach dir keine Gedanken, du könntest ihn dadurch verletzen. In der Seelenwelt sind alle Freunde, Brüder und Schwestern. Sie ärgern sich überhaupt nicht, wenn du mit anderen kommunizierst. Ganz im Gegenteil, sie sind sehr erfreut, dass du dich immer tiefer mit der Seelenwelt verbindest und so Zugang zu einer großen Vielfalt von Lehren, Heilungen und Segnungen erhältst. Jede Verbindung, die du herstellst, und jede deiner Seelenkommunikationen erhöhen deine Frequenz und Schwingung in Harmonie mit dem Heiligen, mit dem du kommunizierst. Du verbindest dich mit den Tugenden all jener, die den Unterweisungen des betreffenden Heiligen gefolgt sind.

Ein Wort der Mahnung: Manche Menschen geraten derart ins Schwärmen, dass sie sich mit jedem einzelnen hohen Heiligen verbinden wollen, der ihnen in den Sinn kommt. Das ist übertrieben. Verbinde dich mit einigen der höchsten Heiligen. Es ist unmöglich, mit allen intensiven Kontakt zu pflegen. Wenn du mit zwei, drei oder vier Heiligen die Seelenkommunikation aufrechterhältst, ist das sehr gut. Es ist eine sehr gute Übung. Es beseitigt die Einschränkung, nur mit einem der höchsten Heiligen zu kommunizieren, aber das Ganze bleibt in einem sinnvollen Rahmen. Geh deine Seelenkommunikation immer mit großer Ehrfurcht und mit großem Respekt an. Ein »Sammelsurium« von Kommunikationen nur um der Vielfalt willen ist nicht angebracht. Diesem Ansatz fehlt jeglicher Tiefgang. Du kannst unmöglich tiefgründige Unterweisungen von Dutzenden der höchsten Heiligen empfangen.

Denk an meine Warnung und versuch, bei zwei, drei oder vier der höchsten Heiligen zu bleiben. Dies gibt dir eine schöne und reichhaltige Auswahl von Antworten. Du wirst über die Unterschiede in den erhaltenen Antworten erstaunt sein. Selbstverständlich gibt es zwischen einigen Lehren Ähnlichkeiten. Jeder der höchsten Heiligen wird zu einem bestimmten Zeitpunkt von der Notwendigkeit sprechen, bedingungslose Liebe, bedingungsloses Vergeben und universelles Dienen zu leben. Alle universellen Wahrheiten sind Teil ihrer Lehren. Aber jeder der höchsten Heiligen betrachtet diese Lehren aus seiner eigenen Perspektive. So, wie man ein Bild aus verschiedenen Blickwinkeln anschauen kann. Man sieht dasselbe Bild, aber aus jedem Winkel sieht es ein wenig anders aus. Wenn du den höchsten Heiligen dieselbe Frage stellst, mag es sein, dass du dieselbe Antwort erhältst, dieselbe Weisheit, die jedoch unterschiedlich vermittelt wird. Jede Antwort ermöglicht es dir, die Lehre in deinem täglichen Leben anzuwenden. Jede Antwort vervollständigt dein Verständnis. Jede Antwort vertieft das, was du gelernt hast, so dass du es anwenden kannst. Jede Antwort bestärkt alle anderen Antworten.

Bestärkung ist für jede Unterweisung wichtig. Dies geschieht, wenn du mehreren der höchsten Heiligen dieselbe Frage stellst. Jeder von ihnen hat so die Möglichkeit, die anderen zu bestärken. Jeder vermag dies gemäß seiner besonderen Verbindung zum Göttlichen auszudrücken. Dies kann jeder Heilige an dich weitergeben. Du erhältst dieses Geschenk von jedem einzelnen. Die Vielfalt der Antworten verhilft dir zu einem immer vollständigeren Verständnis. Sie hilft dir, eine bessere Befähigung zu erlangen, wie die Unterweisungen in dieser Zeit für die Menschheit und die Erde genutzt werden können.

Ich kann die Wichtigkeit einer täglichen Verbindung mit mindestens zwei der höchsten Heiligen nicht stark genug unterstreichen. Alles, was ich über sie gesagt habe, gilt auch für deine geistigen Führer. Wenn du dich mit den höchsten Heiligen, Geistführern, Heilungsengeln und Weisen verbindest, wirst du oft Botschaften der Dankbarkeit von ihnen empfangen. Sie danken dir für deine Hingabe, deinen Einsatz und deinen Dienst. Dies ist für viele eine Erfahrung, die das Herz tief berührt, und viele sind zu Tränen gerührt. Es ist ähnlich, wie vom Göttlichen zu hören, dass wir sehr geliebt werden. Empfängst du eine Botschaft der Dankbarkeit von einem der höchsten Heiligen, dessen Lehren du gefolgt bist, ist das etwas ganz Besonderes. Es berührt dein Herz. Es mag schwer zu glauben sein, dass die höchsten Heiligen, Geistführer, Heilungsengel und Weisen sich bei uns bedanken wollen.

Was wir aus dieser Erfahrung lernen können, ist, dass die Heiligen uns ganz anders sehen, als wir selbst es tun. Wir nehmen oft nur unsere Probleme und Mängel wahr. Wenn die höchsten Heiligen und alle in den höchsten Sphären der Seelenwelt uns betrachten, sehen sie unsere Schönheit und unser Licht. Sie erkennen unseren Einsatz und unsere Hingabe. Dies bedeutet nicht, dass sie die Blockaden nicht sehen können. Es bedeutet nur, dass ihr Fokus auf dem Licht liegt. Dort verbinden sie sich mit dir, und dort schenken sie dir ihre Aufmerksamkeit. Wenn du ein Leben der Hingabe gelebt hast und auf dem spirituellen Weg bist, erstrahlt mit großer Wahrscheinlichkeit viel Licht auf deiner Seelenreise. Betrachten die Wesen in der Seelenwelt deine Seelenreise, sehen sie dieses herrliche Licht. Darum und dafür danken sie dir.

Die Wesen in den höchsten Sphären der Seelenwelt haben ein Leben als »Goldene Diener« gelebt. Wer dem Göttlichen seine vollständige Dankbarkeit ausdrückt, entwickelt eine Geisteshaltung und eine innere Gesinnung der Dankbarkeit. Wenn du immer mehr zum »Goldenen Diener« wirst, verändern sich deine Geisteshaltung, deine Einstellungen und deine Glaubenssätze. Sie werden zunehmend zu Geisteshaltungen, Gesinnungen und Glaubenssätzen vollständiger Dankbarkeit, Loyalität, Hingabe und vollständigen Gehorsams. Die Seelen in Tien Wai Tien und auf der höchsten Ebene von Dschu Tien haben ihre vollständige Dankbarkeit im Laufe Hunderter und Tausender von Inkarnationen ausgedrückt und manifestiert. Sie haben die wunderbare Haltung und Gesinnung vollständiger Dankbarkeit entwickelt. Dies hilft uns, besser zu verstehen, warum sie uns ihre Dankbarkeit ausdrücken. Sie sind selbst zu Dankbarkeit geworden. Ihre gesamte Aufmerksamkeit liegt auf dem Licht.

Selbst wenn deine Seelenreise nur wenig Licht aufweist, richten die höchsten Heiligen und jene in den höchsten Sphären der Seelenwelt ihre Aufmerksamkeit darauf. Dies ist ein besonderer Segen für uns alle, denn wenn sie ihre Aufmerksamkeit auf unser Licht richten, segnen sie diesen Teil unserer Seelenreise. Sie verstärken unser Licht. Ihr Ausdruck der Dankbarkeit transformiert jeden Aspekt unseres Seins.

Wenn die höchsten Heiligen ihre Dankbarkeit ausdrücken, lassen sie uns wissen, dass unsere Hingabe, unsere Verpflichtung dem Göttlichen gegenüber, unser Dienen und unsere »Goldene Dienerschaft« besondere Schätze sind, die von der Seelenwelt beobachtet und gesegnet werden. Diese Qualitäten haben unseren Seelenstandpunkt erhöht. Sie haben nicht nur uns großen Nutzen gebracht, sondern der gesamten Menschheit, der Erde und dem Universum. Die höchsten Heiligen wollen, dass jeder Einzelne von uns weiß, wie wichtig unsere Bemühungen sind und wie sehr sie geschätzt werden. Wenn sie unsere Handlungen beobachten, achten sie auf unsere Bemühungen, unseren Einsatz und unsere Herzenswünsche.

Normalerweise achten wir auf die Resultate unserer Bemühungen. Wenn die Ergebnisse nicht außergewöhnlich sind, haben wir vielleicht das Gefühl, wir seien gescheitert. Wir spüren, dass in einem bestimmten Projekt oder einer Aktivität sehr wenig Licht ist. Die höchsten Heiligen reagieren ganz anders. Sie beobachten unsere Aktivitäten, aber sie sehen auch unsere Anstrengungen, unsere Gesteshaltung und Gesinnung. Das alles erregt ihre Aufmerksamkeit. Wenn unser Tun mit Licht angefüllt ist, sehen die höchsten Heiligen unser Licht. Wenn etwas davon blockiert ist, sehen die höchsten Heiligen die Blockade. Diese Blockaden sind individuell unterschiedlicher Natur, wobei gewisse von ihnen allgemein verbreitet sind. Die üblichste ist das Ego. Wenn die höchsten Heiligen in unseren Handlungen oder Gesinnungen Manifestationen des Egos feststellen, helfen sie jedoch gern beim Klärungsvorgang. Sie schenken uns außergewöhnliche Segnungen, wenn wir darauf mit Dankbarkeit reagieren.

Sofern wir unsere Aufgaben gut erledigen, können die Resultate wunderbar sein, und wir mögen uns darüber sehr freuen. Aber dies ist wiederum nicht das, was den höchsten Heiligen am wichtigsten ist. Sie sind mehr an unserer Reaktion interessiert. Wurde durch unsere Handlungen das Ego gefüttert, oder nutzten wir die Gelegenheit, dem Göttlichen, unseren Geistführern und allen in der Seelenwelt zu danken? Haben wir die Möglichkeit ergriffen, größere Dienste anzubieten? Die Seelenwelt verbindet sich mit dem, was für unsere Seelenreise am wichtigsten ist.

Die Botschaften der Dankbarkeit aus der Seelenwelt sind sehr sanft. Sie erinnern dich oft daran, dass du schon während vieler Leben ein Schüler oder gar Meisterschüler gewesen bist. Einige dieser Inkarnationen mögen über Bilder vom Dritten Auge in dein Bewusstsein gebracht werden. Du kannst direkt nach Informationen zu diesen Inkarnationen fragen, mittels Übersetzung deiner Seelensprache oder durch einen direkten Flow. Für einige unter euch mag es sehr hilfreich sein, über diese vergangenen Leben Bescheid zu wissen. Andere mögen keinen Wunsch nach solchen Informationen haben. Beide Wege sind richtig. Wichtig ist, in die Erfahrung der Dankbarkeit einzutreten, die dir vermittelt wird. Lerne, diese Dankbarkeit zu empfangen und anzunehmen.

Es mag dich überraschen, aber die Schwierigkeiten, diese Dankbarkeit anzunehmen, entstehen durch das Ego. Während du von den höchsten Heiligen Botschaften empfängst, hast du viele Möglichkeiten, dein Ego zu läutern. Ihre Dankbarkeit zu empfangen und anzunehmen ist dabei einer der besten Lehrer. Es ist dies eine ausgezeichnete Art, die Läuterung zu beschleunigen. Das mag euch befremden. Zwar sind die Menschen es gewohnt, anderen zu helfen und ihnen ihre Dankbarkeit zu erweisen. Wenn dieser Vorgang umgekehrt wird, ist ihnen aber nicht wohl dabei. Dieses Unbehagen kann jedoch sehr nützlich sein. Es hilft dir, viele der Probleme loszuwerden, denen du verhaftest bist. Es hilft dir, viele Geisteshaltungen, innere Haltungen und Glaubenssätze loszulassen. Es ist erstaunlich, festzustellen, dass die Dankbarkeit eine derart starke Qualität ist. Sie läutert, wenn du sie auf andere richtest. Du wirst von ihr geläutert, wenn andere dir Dankbarkeit erweisen, du von ihnen Segnungen erhältst und sie auch annimmst. Dankbarkeit baut auf sich selbst auf. Sie ermöglicht dir, immer mehr im Zustand der Dankbarkeit zu leben. Dies wird deine Reise dem Licht stetig näher bringen. Das ist ein wunderbares Geschenk vom Göttlichen an die Menschheit.

Dankbarkeit zu bekommen und anzunehmen erfordert, in den Zustand der Dankbarkeit einzutreten. Wenn du dies tust, kannst du deine Erkenntlichkeit besser ausdrücken und Dankbarkeit, die an dich gerichtet ist, besser annehmen. Was für ein wunderbarer Vorgang! Dies gleicht der Qualität des Vergebens. Wir müssen fähig sein, Dankbarkeit auszusenden. Wir müssen sie annehmen können. Beides ist wichtig. Eines ist ohne das andere unvollständig. Eines ohne das andere leistet dem Wachstum deines Egos Vorschub.

Ein anderer Aspekt der Dankbarkeit ist ihre Verbindung zur Großzügigkeit. Um wirklich großzügig sein zu können, ist es unabdingbar, Dankbarkeit von anderen anzunehmen. Du kannst nicht sagen: »Nein danke«, »Nein, nein, es war wirklich nichts Besonderes« oder »Bitte, dank mir nicht« – Äußerungen dieser Art sind einem wahrhaft dankbaren Menschen einfach nicht möglich. Dies mag einige überraschen. Aber wenn man darüber nachdenkt, ist es ziemlich einfach, zu erkennen, wie wahr diese Aussage ist.

Ein weiterer Gesichtspunkt des Empfangens und Akzeptierens von Dankbarkeit ist es, dass diese Übung dir zu erkennen ermöglicht, wie sehr dein Einsatz und deine Hingabe wahrlich ein Geschenk an dich selbst waren. Wenn Menschen dir danken, ist es wichtig, dies anzuerkennen. Es ist auch wichtig, zu erkennen, dass alles, was du getan hast, ein Geschenk des Göttlichen an dich war. Dein Einsatz, deine Hingabe und dein Dienen sind von dir gekommen. Aber sie kommen auch von den Segnungen, die du empfangen hast. Dankbarkeit erwiesen zu bekommen ermöglicht es dir, Dankbarkeit gegenüber dem Göttlichen auszudrücken. Es ist eine wunderbare Spirale. Die höchsten Heiligen zeigen ihre Dankbarkeit dir gegenüber. Du empfängst sie und nimmst sie an. Dadurch drückst du Dankbarkeit gegenüber dem Göttlichen aus. Ihre Qualität wird vervielfacht. Du nimmst und gibst sie gleichzeitig. Es ist ein wundervolles Privileg, dies tun zu können. Wenn die höchsten Heiligen ihre Dankbarkeit und Wertschätzung uns gegenüber ausdrücken, geben sie uns unschätzbare Gelegenheiten, den Status unserer Seele zu erhöhen, der ganzen Menschheit, der Erde und dem Universum zu dienen und eine höhere Frequenz des Lichts zu manifestieren. Der Nutzen daraus ist groß und vielgestaltig.

Die Dankbarkeit der höchsten Heiligen zu erhalten und

anzunehmen transformiert jeden Aspekt deines Seins. Es beschleunigt deine Seelenreise. Es beschleunigt die Ablösung von hinderlichen Geisteshaltungen, Gesinnungen, Glaubenssätzen und Anhaftungen. Es ist dies der erste Aspekt der »Goldenen Dienerschaft«. Die höchsten Heiligen vermitteln Lehren, Heilung und Segnungen auf verschiedenste Art und Weise. Wie auch immer ihre Kommunikation sich ausdrücken mag, es ist fast jedes Mal ein Element der Dankbarkeit eingeschlossen. Denk immer daran, dass diese Dankbarkeit sich auf deine Hingabe, deinen Einsatz und deinen Dienst bezieht. Wenn sie darüber hinausgeht, wenn du Botschaften bekommst, die sagen, wie großartig du wärest, was für eine einmalige Rolle du innehättest, wie viel besser du als andere wärest, dann ist dies, wie du weißt, eine unstimmige, eine falsche Botschaft. Die höchsten Heiligen kommunizieren stets ihre Dankbarkeit. Sie kommunizieren aber keine Unterweisungen, die dein Ego füttern. Solche Botschaften sind entweder unvollständig oder schlicht falsch. Mach dir darüber keine Gedanken. Antworte immer: *Danke für die Botschaft.* Lass die Botschaft wissen, dass sie nicht zum universellen Dienst passt. Lad sie ein, sich ins Licht zu transformieren und ein universeller Diener zu sein.

Die beste Heilung für ein großes Ego ist es, ein bedingungsloser universeller Diener zu sein. Nutze meine Anleitungen, um die Energie der Botschaften, die dein Ego ansprechen, neu auszurichten. Vermeide die Ego-Falle. Dies ist sehr einfach, wenn du dir bewusst bleibst, dass solche Botschaften ungenau sind. Du kannst viele Probleme vermeiden, indem du den einfachen Rat befolgst und *Danke* sagst, die Botschaft einlädst, in Licht zu transformieren, um an deiner Seite ein bedingungsloser universeller Diener zu sein. Die Botschaft wird dir dafür dankbar sein. Wie ich schon sagte, jede Seele im Universum möchte ein universeller Diener sein. Mit dieser Haltung unterstützt du die Seele der Botschaft. Dies ist ein großartiger Dienst mit einer Fülle an Segnungen.

Befolge diese Anleitungen, um deine Seelenreise zu beschleunigen, deinen Seelenrang zu erhöhen und das Licht auf der Erde zu vergrößern. Zu diesem Zeitpunkt der Geschichte werden jene Qualitäten und das Licht dringend benötigt. Es ist wirklich eine Ehre und ein Privileg, auf diese Art und Weise helfen zu dürfen.

## Mit anderen kommunizieren

Wie du weißt, kann die Seelenkommunikation zu Gesprächen mit dem Göttlichen und den höchsten Heiligen genutzt werden, aber auch zur Kommunikation mit Wesen in anderen Universen. Wir sind mit vielen der höchsten Heiligen vertraut, die mit der Erde verbunden sind. Aber es gibt zahllose weitere Universen, himmlische Reiche, höchste Heilige, Geistführer, Engel und Weisheitsträger. Man kann Seelenkommunikation mit jedem Universum und allen dortigen himmlischen Sphären pflegen. Du kannst Antworten von jedem Wesen in jedem Universum erhalten. Dies ist außergewöhnlich. Die Möglichkeiten sind tiefgreifend. Wenn du die Namen von anderen Universen kennst, kannst du direkt mit den Seelen dort sprechen. Wenn du keine spezifischen Namen kennst, kannst du einfach die höchsten Seelen in einem Universum bitten, zu antworten. Du kannst nach dem nächstgelegenen Universum fragen. Oder nach jenem, das am weitesten entfernt ist. Du kannst nach dem neuesten fragen oder nach dem ältesten. Die Möglichkeiten sind endlos.

Du magst zur Kommunikation dieselben Fragen stellen, die ich schon an früherer Stelle vorgeschlagen hatte. Außerdem solche wie: *Was ist die einzigartige Lehre in diesem Universum? Was ist seine Geschichte? Was für eine Verbindung hat es mit Mutter Erde und unserem Universum?* Wenn du diese Art der Seelenkommunikation beginnst, werden sich zusätzlich Fragen anbieten. Es gilt, erst einmal zu beginnen. So haben zum Beispiel viele schon ein großes Interesse am verlorenen Kontinent Atlantis. Stell der Seele dieses Kontinents Fragen: *Was sind eure Lehren? Welche einmaligen Geschenke habt ihr für die Erde zu dieser Zeit? Welche besonderen Unterweisungen habt ihr nun?* Die Seele von Atlantis könnte sehr viel zu erzählen haben, was der Menschheit, dem Planeten und dem Universum dienen mag.

Wenn du mit diesen Seelen kommunizierst, wirst du außergewöhnliche Weisheiten empfangen. Du bekommst kraftvolle Anleitungen und Ratschläge. Du solltest diese Weisheit nicht öffentlich machen. Es wäre besser, jene Informationen für dich zu behalten, bis die Zeit gekommen ist, darüber zu sprechen. Aber alles, was du empfängst, wird Teil deines täglichen Lebens und deiner Handlungen werden. Du wirst durch dein Tun lehren. Dies ist eine äußerst eindrückliche Art des Lehrens und Dienens.

Wenn du mit anderen Universen kommunizieren möchtest, verbindest du dich am besten mit Seelen auf einer sehr hohen Ebene. Der Ausdruck »heilige Wesen« wäre angebracht. Dies übermittelt den anderen Universen, mit Wesen welcher Ebene du kommunizieren möchtest. Du kannst fragen: *Liebe Wesen der höchsten Ebene, welches sind eure besonderen Unterweisungen zu dieser Zeit?*

Oder du fragst: *Welche Unterweisungen habt ihr für mich parat? Welche für Mutter Erde?*

Viele Geheimnisse warten darauf, der Menschheit enthüllt zu werden. Zahlreiche Übungen werden uns zu dieser Zeit sehr hilfreich sein. Mannigfaltige Botschaften werden der Menschheit und der Erde in dieser Zeit des Übergangs helfen. Du kannst nach diesen Botschaften fragen und für unseren Planeten eine besondere Verbindung zu anderen Universen sein. Wenn deine Kanäle zur Seelenkommunikation weit geöffnet sind, bist du in der Lage, sofortige Antworten auf deine Fragen zu bekommen. Diese Fähigkeit steht allen offen. Was für eine erstaunliche Möglichkeit! Die Unmittelbarkeit der Antworten in der Seelenkommunikation ist einmalig. Dies unterscheidet sich vollkommen von üblichen Ansätzen. Du musst in keine Bibliothek gehen, die entsprechenden Bücher finden und sie stunden- und tagelang studieren, manchmal gar Monate oder Jahre. Sobald du deine Frage gestellt hast, ist die Antwort schon ausgelöst worden.

Jede Form der Seelenkommunikation ist nützlich, um mit anderen Universen und mit anderen heiligen Wesen zu kommunizieren. Deine Bilder des Dritten Auges mögen dich überraschen. Bitte darum, mehr Bilder zu bekommen, damit dein Verständnis wächst und deine Fähigkeit zunimmt, das Empfangene weiterzugeben.

Für viele unter euch wird die Motivation, Seelensprache zu sprechen, darin bestehen, eine sehr reine Form der Kommunikation pflegen zu können. Aber welche Form der Seelenkommunikation du auch immer wählst, du erhältst tiefgründige Lehren, Weisheiten und Segnungen. Die heiligen Wesen in anderen Universen werden dir sagen, was weitergegeben werden soll und was noch warten muss. Achte aufmerksam auf diese Botschaften. Lass dich nicht davontragen von deinem Enthusiasmus ob der Erfahrung, mit heiligen Wesen aus anderen Universen zu kommunizieren. Wenn dir mitgeteilt wird, du sollst warten, dann musst du auch warten. Wenn du dieser Führung nicht folgst, brichst du *ling fa*, das spirituelle Gesetz. Dieser große Fehler kann dir viele Probleme bereiten. Vermeide solche Probleme. Gib die Lehre nur zur richtigen Zeit weiter. Wie ich schon sagte, wenn du anderen Informationen gibst, die zu empfangen sie nicht bereit sind, kann dies ihre Seelenreise verlangsamen. Dies ist kein guter Dienst.

Die heiligen Wesen in anderen Universen haben viele besondere Geschenke, Segnungen und Lehren für jene, die mit ihnen Seelenkommunikation betreiben. Zur richtigen Zeit können diese Lehren der gesamten Menschheit und der Erde mitgeteilt werden. Einige der Unterweisungen können sofort weitergegeben werden, andere müssen warten. Selbst wenn du gewisse Lehren nicht sofort weitergeben kannst, wird deine eigene Seelenreise davon profitieren. Die empfangene Weisheit hilft dir dabei, viele Aspekte der Seelenreise besser zu verstehen.

Halt deine Kommunikation klar und von Licht erfüllt. Wir sind mit der Möglichkeit gesegnet, die Fähigkeit zur Seelenkommunikation zu entwickeln, um mehr Licht in unsere Seelenreise und die Seelenreise anderer zu bringen. Dieses Geschenk zu nutzen ist ein Segen für dich. Dieses Geschenk zu nutzen ist ein Segen für die Menschheit, Mutter Erde und darüber hinaus.

# 4

## Seelenkommunikation zum Heilen

Seelenkommunikation ist zum Heilen äußerst wertvoll. Sie hilft bei der Identifizierung der Bereiche, die der Heilung bedürfen. Sie ist das Medium, um mit dem Körperteil, der geheilt werden soll, in Verbindung zu treten. Im Zeitalter des Seelenlichts wird alles von Seele zu Seele getan. Von Seele zu Seele zu kommunizieren bringt den Heilungsprozess auf eine ganz neue Ebene. Der Nutzen ist tiefgreifend. Die Seelenkommunikation wird dazu eingesetzt, Informationen zum Heilen zu erhalten und den Heilungsprozess zu steuern. Sie beschleunigt das Heilen.

### Das Dritte Auge

Jede Form der Seelenkommunikation kann zur Heilung eingesetzt werden. Die Fähigkeit des Dritten Auges ist dabei besonders hilfreich. Mit dieser Befähigung kannst du energetische und sogar spirituelle Blockaden sehen. Dies geschieht auf mehrere Arten. Eine ist es, zu sehen, wo sich im Körper eine Blockade befindet (aufgestaute Energie) oder wo zu wenig Energie ist. Wenn du dieses Bild bekommst, weißt du, ob es eine Blockade ist oder ein Energiemangel. In fast allen Fällen handelt es sich um eine Blockade, weil fünfundachtzig bis neunzig Prozent der Gesundheitsprobleme auf diese »Sperren« zurückzuführen sind.

Wenn du im Körper Bereiche mit einem Energieüberschuss siehst, weißt du, dass du die Heilsegnung dorthin richten musst. Willst du zum Beispiel die bereits beschriebene Nahe-Hand-Ferne-Hand-Technik einsetzen, zeigen dir die Bilder vom Dritten Auge, wo genau die Hände hinmüssen. Dies ist auch die einzige Information, die du von ihm brauchst.

Menschen mit einem sehr hoch entwickelten Dritten Auge können mehr Details erkennen. Sie sind in der Lage, in das Organ hineinzusehen. Sie erkennen genau, wo die Blockade ist. Wenn sie einen Heilsegen geben, können sie das Licht sich bewegen und die Blockade schwinden sehen. Bilder vom Dritten Auge zeigen, dass die Blockade aufgelöst wird und wie viel von der Blockade noch übrig ist. Durch diese Information weiß der Heiler, wie der Heilungsprozess weitergehen soll. Dies ist eine sehr hilfreiche Fähigkeit. Die Menschen, die über diese Fähigkeit verfügen, sind gesegnet. Sie hilft ihnen, den Heilungsvorgang für sich selbst und bei anderen zu beschleunigen. Es ist auch faszinierend, zu sehen, was während des Heilungsvorgangs genau abläuft. Dies erhöht das Verständnis der Seele-Geist-Körper-Medizin als Selbstheilungstechnik.

Wenn du diese Fähigkeit nicht hast, halt dich deshalb nicht auf. Sie ist nicht unbedingt notwendig. Du kannst auch ohne sie ein starker Heiler sein. Sie ist eine Hilfe, die den Heilungsprozess ergänzt. Heilende mit einem sehr hoch entwickelten Dritten Auge können manchmal auch Ereignisse im Leben eines Nächsten wahrnehmen, die zu den anstehenden Problemen geführt haben. Ich werde dies später noch weiter ausführen.

Einige wenige Menschen haben extrem hoch entwickelte Fähigkeiten des Dritten Auges. Sie sehen Bilder, die über die Organe und die Lage der Blockaden im betreffenden Bereich hinausgehen. Sie können die Zellebene wahrnehmen bis hinunter zur DNA und RNA. Sie sehen, wie die DNA und RNA durch eine Heilung transformiert werden. Es ist erstaunlich, zu wissen, dass sich auf der Zellebene und der Ebene der DNA und RNA regelmäßig Veränderungen zeigen. Solche Veränderungen finden jedes Mal statt, wenn man die Heilungstechniken der Seele-Geist-Körper-Medizin anwendet. Es ist verblüffend, zu erkennen, dass etwas so Einfaches wie die Nahe-Hand-Ferne-Hand-Technik solch tiefgreifende Veränderungen auf der Ebene der Zellen, der DNA und RNA bewirken kann. Die Nahe-Hand-Ferne-Hand-Krafttechnik ist so einfach, dass selbst Kinder sie anwenden und davon profitieren können.

Nochmals, wenn du keine hochentwickelten Fähigkeiten des Dritten Auges hast, lass dich davon nicht beeinträchtigen. Was du hast, ist genau das, was du brauchst. Versteif dich nicht darauf und geh nicht davon aus, dass du die Fähigkeiten des Dritten Auges brauchst. Was dir gegeben wurde, ist genau das Richtige für dich und deine Seelenreise. Es ist das dir entsprechende Geschenk des Göttlichen zu dieser Zeit. Sei immer der »Goldene Diener«, erinnere dich daran, dass das G in »Golden« für »vollständige Dankbarkeit« (englisch: *gratitude*) steht. Dankbarkeit ist sehr wichtig. Einige mögen sagen: »Ich bin dankbar, aber ich möchte größere Fähigkeiten des Dritten Auges haben.« Diese Bemerkung drückt zweierlei gleichzeitig aus: »Ich bin dankbar, aber ich bin nicht dankbar.« Ein Teil der Aussage löscht den anderen. Beweg dich besser in Richtung vollständiger Dankbarkeit. Ich kann dir nicht oft genug sagen, dass es durchaus möglich ist, ohne hochentwickelte Fähigkeiten des Dritten Auges ein kraftvoller Heiler zu sein.

Du kannst Bilder vom Dritten Auge empfangen, welche dir die Ursache des Problems zeigen. So hat zum Beispiel eine Person einen problematischen Magen. Dafür kann es viele Gründe geben. Erfahrungen aus vergangenen Leben haben oft großen Einfluss auf die gegenwärtige Gesundheit. Menschen mit einem empfindlichen Magen können Bilder erhalten, die zeigen, was ihnen diesbezüglich in früheren Inkarnationen zugestoßen ist. Sie könnten vergiftet worden sein, oder sie hatten vielleicht Bauchverletzungen. Ereignisse aus vergangenen Leben sind Teil unserer Seelenerinnerungen. Sie manifestieren sich in den physischen, mentalen und emotionalen Reaktionen auf das Leben. Sie beeinflussen die eigene Seelenreise. Wer Bauchverletzungen hatte, muss die entsprechenden Erinnerungen heilen, um in diesem Leben gänzlich geheilt zu werden.

Wenn du solche Bilder für eine andere Person siehst, sag nichts davon. Beschränk deinen Kommentar auf die wesentlichen Gründe für die Krankheit: zu viel oder zu wenig Energie. Dies ist eine grundsätzliche Unterweisung, die ständig bestärkt werden soll. Wenn du mit dem Dritten Auge Bilder aus vergangenen Leben siehst, ist es nicht angebracht, diese dem anderen mitzuteilen, es sei denn, dein Visavis hätte ausdrücklich darum gebeten. Wenn die Person fragt: »Was ist der Ursprung für meine Gesundheitsprobleme?«, musst du herausfinden, ob sie sich nach den physischen Auslösern erkundigt oder nach vergangenen Inkarnationen. Du musst die Frage beantworten, die sie stellt.

Normalerweise wollen Menschen, die »Was ist der Ursprung für meine gesundheitlichen Probleme?« fragen, wissen, was der grundlegende physische Auslöser ist. Sie sind weder an vergangenen Leben interessiert noch an irgendwelchen anderen Informationen. Gib ihnen nur die Informationen, nach denen sie sich erkundigt haben. Gib ihnen die Informationen, die nützlich sind. Wenn sie den körperlichen Auslöser kennen, können sie effektiv mit der Selbstheilung beginnen. Gib keine Bilder vom Dritten Auge über Geschehnisse in vergangenen Leben weiter, es sei denn, du wirst tatsächlich danach gefragt. Bleib bei den grundlegenden Anweisungen der Seele-Geist-Körper-Medizin. Diese Lehren sind einmalig in ihrer Einfachheit und Wirksamkeit. Versuch nicht, irgendeinen dieser Ansätze zu verändern. Das Göttliche hat der Menschheit Seelenheilungswerkzeuge gegeben, die jedermann überall und jederzeit nutzen kann. Schätze diese Geschenke hoch. Behandle sie mit Dankbarkeit, Respekt und Ehrfurcht. Wenn du mit diesen Gedanken, dieser Gesinnung und diesem Glauben einen Heilsegen spendest, kann der Empfangende deine Einstellung spüren und an deiner Wertschätzung für das Göttliche teilhaben. Die Einmaligkeit dieser Geschenke zu würdigen ist unverzichtbar. Diese Wertschätzung zu leben ist auch unverzichtbar. Deine Kraft kann schnell wachsen. Du kannst zu einem außergewöhnlichen Heiler werden.

Menschen mit den Fähigkeiten des Dritten Auges können oft viele Heilige, Buddhas, Engel, Geistführer und dergleichen sehen, die bei jedem Heilsegen anwesend sind. Es versteht sich von selbst, dass solche Heilsegnungen wegen dieser direkten Verbindung mit den höchsten Ebenen der Seelenwelt so machtvoll sind. Es ist doch wunderbar, zu wissen, dass du so viel Hilfe erhältst, wenn du Heilsegen gibst, ob dir selbst oder an andere. Du bist sprichwörtlich von Heiligen, Buddhas, Engeln, Geistführern und so weiter umgeben. Dies ist eine wunderbare Ehre und ein Privileg. Diejenigen, die Bilder sehen können, werden eine zusätzliche Wertschätzung der Einmaligkeit und Macht der Seelenheilungsmethoden bekommen.

Menschen mit guten Fähigkeiten des Dritten Auges können die Seele eines Gesundheitsproblems sehen. Sie erkennen die Dankbarkeit dieser Seele dafür, dass sie eine Heilsegnung erhält, und ihre Ehrerbietung ob der Anzahl der Heiligen, Buddhas, Engel, Geistführer und so fort, die anwesend sind und mit ihrem Segen unterstützend wirken. Eigentlich ist es überhaupt nicht überraschend. Es ist der Herzenswunsch der Heiligen, der Menschheit und Mutter Erde auf diese Art zu dienen. Wir sind ihnen sehr dankbar. Sie sind auch uns sehr dankbar. Die Gelegenheit, zu dienen, ist eine besondere Kostbarkeit. Jedes Mal, wenn du eine Heilsegnung schenkst oder empfängst, bietest du dem Empfänger einen Dienst an. Du bietest einen Dienst an, indem du der gesamten Seelenwelt diese Gelegenheit gibst. Die Segnungen vervielfachen sich, und zwar mehr, als du dir vorstellen kannst. Der Nutzen ist für alle unermesslich groß.

Wenn du deine Fähigkeiten des Dritten Auges zu Heilzwecken einsetzt, ist es wichtig, dich daran zu erinnern, dass du Bilder empfängst – ein Bild der Blockade, ein Bild von Erfahrungen aus vergangenen Leben. Alles sind lediglich Symbole, also ist es wichtig, das Empfangene zu interpretieren. Bei manchen ist das leicht. So repräsentiert zum

Beispiel das Bild aufgestauten Lichts eine Blockade. Hingegen müssen üblicherweise Darstellungen von Erfahrungen in vergangenen Leben, die mit einem Gesundheitsproblem zu tun haben, interpretiert werden. Selbst wenn du diese Information nicht an die betreffende Person weitergibst, muss das Bild erklärt werden. Dies geschieht durch eine Interpretation dessen, was du siehst. Erklärung und Interpretation können durch weitere Bilder, im direkten Flow oder durch direktes Wissen kommen. Wie auch immer du die Auslegung bekommst, es ist wichtig, sich mit der Essenz des Bildes zu verbinden. Das ist für dich als Heiler von großer Bedeutung. Für deine Selbstheilung hilft die Erklärung der Motive deiner Seelenreise. Sie hilft dir dabei, Gedankenmuster, innere Haltungen und Glaubenssätze loszulassen und ein emotionales Gleichgewicht zu erlangen. Und ganz sicher hilft dir die Erklärung, heil zu werden. Erklärung und Interpretation sind unerlässlich, sobald du ein Bild erhältst.

Viele, die mit Übungen für das Dritte Auge beginnen, hören bei den Bildern auf. Sie vergessen den nächsten Schritt. Daraus ergibt sich, dass die erhaltene Information unvollkommen ist, wodurch auch der Nutzen begrenzt ist. Diese Vorschläge helfen dir, den maximalen Nutzen zu ziehen und anderen den größtmöglichen Dienst zu erweisen. Du darfst deine Bilder anderen mitteilen, aber die Interpretationen werden dich bei den Heilsegnungen leiten. Diese innere Führung kann dich zu einem großen Heiler machen. Du und diejenigen, denen du dienst, werden einen wunderbaren Gewinn erfahren.

# Die Seelensprache und ihre Übersetzung

Die Seelensprache und ihre Übersetzung sind aus vielen Gründen ein spezielles Geschenk an die Menschheit. Dieses Präsent besitzt eine hohe Schwingung. Es trägt großes Licht. Die Seelensprache und ihre Übersetzung sind ein mächtiges und tiefgreifendes Heilungswerkzeug. Ich habe bereits einige Beispiele angeführt. Seelensprache und ihre Übersetzung vermitteln wunderbare Informationen, weil diese Art der Kommunikation sehr rein ist. Wer sie einsetzt, profitiert sehr davon. Diejenigen, die Heilsegnungen erhalten, ziehen auch großen Nutzen daraus.

Du kannst die Seelensprache dazu verwenden, um mit der Seele des Gesundheitsproblems zu sprechen. Die Antwort darauf hilft dir, dir selbst oder anderen einen Heilsegen zu spenden. Oft überrascht dich die Information, die du von der Seele des Gesundheitsproblems erhältst. Du kannst erfahren, was die Blockade ist. Du kannst ihren ursprünglichen Auslöser erkennen. Du kannst andere Informationen über das Gesundheitsproblem erfahren. Zum Beispiel vernimmst du, dass es unbedingt geheilt werden will. Du kannst es fragen, wie du es am besten beim Heilungsprozess unterstützen solltest. Wenn du einen Heilsegen spendest, erkundige dich bei der Seele des anderen, wie dieser Mensch helfen kann. Frag nach, ob die Seele des Heilungsproblems dir noch etwas anderes sagen will, was bei der Genesung helfen kann. Während du Antworten zu solchen Fragen bekommst, können dir noch weitere Fragen einfallen. Dies hier sind nur Vorschläge. Beschränk dich nicht auf diese wenigen Ideen.

Möglicherweise sagt dir die Seele des Gesundheitsproblems, dass sie ihren Zustand nicht verbessert haben will.

Dies ist eine sehr wichtige Information. Geh weiter. Frag, warum. Finde heraus, was du tun kannst, um das gesundheitlich Problem dazu zu bringen, dass es seine Entscheidung ändert. Wenn du jemandem einen Heilsegen spendest, frag, ob diese Person etwas tun kann, damit das Gesundheitsproblem die Verbesserung annimmt. Du kannst dich danach erkundigen, was du sonst noch wissen musst oder was die andere Person wissen muss. Du erfährst dann vielleicht, dass das Gesundheitsproblem mit vielen anderen Menschen verbunden ist. Finde heraus, was du tun musst, um den Heilungsprozess zu beginnen oder zu beschleunigen.

Wenn du mit jemand anderem arbeitest, kannst du dieselben Fragen stellen. Sofern dein Gegenüber aber nicht nach dieser Information gefragt hat, erinnere dich an die Grundregeln, die ich dir schon gegeben habe. Gib nur weiter, wonach gefragt wurde. Selbst wenn du viel mehr weißt, ist es nicht angebracht, dies mitzuteilen. Der andere muss bereit sein. Wenn du Menschen, die nicht bereit sind, Informationen weitergibst, kannst du großen Schaden anrichten, nicht nur für ihre physische, sondern auch für ihre Seelenreise.

Du kannst jemandem auf vielerlei Art helfen, ohne ihm direkt die Informationen mitzuteilen, die du durch die Seelensprache empfangen hast. Biete die angemessenen Heilsegnungen an. Unterrichte sie in Selbstheilung, die für andauernde Heilsegnungen wichtig ist. Dies sind grundlegende Dienste. Der Heilungsprozess hat zwei Komponenten. Heilsegnungen zu empfangen ist die eine. Die andere ist, Selbstheilung anzuwenden. Beide sind unabdingbar. Ein Teil wirkt nicht ohne den anderen. Es wäre, als ob man auf einem Fahrrad mit nur einem Rad fahren wollte. Man könnte sich vielleicht etwas bewegen, aber es bedürfte einer großen Anstrengung, und das Vorankommen wäre stark eingeschränkt. Mit zwei Rädern ist es einfach. Du kannst schnell oder langsam fahren. Du kannst fahren, wohin du möchtest. Genau wie beide Räder erforderlich sind, benötigst du beide Komponenten des Heilungsvorgangs.

Wenn du andere über die für sie nötige Selbstheilung unterrichtest, kann es sein, dass du Dinge entdeckst, die für ihren Heilungsprozess wichtig sind, die zu wissen sie aber nicht verlangt haben. Du kannst dann einen diesbezüglichen Vorschlag machen. Du kannst zum Beispiel eine universelle Meditation vorschlagen, die speziell zu Heilungszwecken entworfen wurde. Davon findest du mehrere in meinem Buch *Seele Geist Körper Medizin*[15]. Es wäre sinnvoll, diese Meditationen vorzuschlagen. Mehr brauchst du nicht zu tun. Du gibst keine unverlangten Informationen ab über Menschen, Umstände oder Ereignisse in vergangenen Leben. Du kannst andere Meditationen erwähnen, die dir gut scheinen. Du kannst Meditationen erwähnen, die anderen geholfen haben. Diese Vorschläge zeigen deinem Gegenüber Wege auf, mit dem Heilungsprozess weiterzumachen, der die Information mit einbezieht, welche du durch die Seelensprache und ihre Übersetzung oder durch andere Seelenkommunikation erhalten hast.

Das gilt natürlich nicht dann, wenn jemand speziell zu dir kommt, um Informationen über sein Leben, seine gesundheitliche Situation, den Job oder was auch immer zu erhalten. Dann ist es angebracht, die aus der Seelenwelt erhaltene Information weiterzugeben. Diese Art der Seelenkommunikation wirkt auch sehr heilend. Sie kann als ein Weg angesehen werden, Seelensprache und ihre Übersetzung als Heilsegnung anzuwenden. Ich nenne dies

»Seelenführung«. Sie kann für physische, mentale, emotionale oder spirituelle Problemkreise angeboten werden. Wenn du Seelensprache und ihre Übersetzung für Seelenführung einsetzt, wirst du sehr reine und geläuterte Antworten bekommen. Diese werden für die Person, die nach Beratung verlangt hat, sehr hilfreich sein. Viele Bereiche der Verwirrung und viele Blockaden können durch diese wunderbare Methode der Seelenkommunikation nahezu ohne Zeitverzögerung transformiert werden.

Neben dem Empfangen von Informationen über Gesundheitsfragen kann die Seelensprache selbst auch genutzt werden, um Heilsegnungen zu geben! Du kannst dies im Stillen tun oder auch offen und laut. Stille Seelensprache bringt die kleineren Zellen in Schwingung. Laut ausgesprochen, versetzt sie die größeren in Bewegung. Seelensprache sehr langsam zu chanten ist mit dem Yin verbunden, schnelles Chanten ist Yang. Wenn du Heilsegnungen gibst, wechsle ab zwischen lautem und tonlosem Sprechen der Seelensprache, so dass der Empfänger die breitestgefächerte und größtmögliche Wirkung erhält.

Weil die Seelensprache auch mit den höchsten Heiligen verbindet, werden diese höchsten heiligen Wesen, die schon seit Äonen Heiler waren, dich auf höchst kraftvolle Art und Weise in der Heilsegnung unterstützen. Wenn du ein Heilsegnung mit einem bestimmten Mantra beginnst und dieses Mantra dann zur Seelensprache wird, werden alle mit ihm verbundenen Seelen auch dazukommen und dich unterstützen. Dies ist höchst außergewöhnlich. Wenn dein Drittes Auge geöffnet ist, sieht das Ganze großartig aus.

Sofern du die Seelensprache dazu nutzt, Informationen zu erhalten, ist es wichtig, eine korrekte und stimmige Übersetzung zu haben. Du kannst auf verschiedene Weise herausfinden, ob die Übersetzung genau ist. Du hast einmal deine physische Reaktion. Wenn du dich im ganzen Körper wohl fühlst, ist dies ein Zeichen, dass die Übersetzung stimmig ist. Verspürst du im Kronenchakra einen Druck, ist dies auch ein Anzeichen für eine korrekte Übersetzung. Wenn die Übersetzung zu anderen Informationen passt, die du erhältst, ist sie genau. Fördert sie Liebe, Frieden und Harmonie, ist sie stimmig. Stimmigkeit und Genauigkeit sind sehr wichtig.

Ich habe schon vom Gebrauch der Seelensprache zur Identifizierung von Gesundheitsproblemen gesprochen. Zweifellos verstehst du inzwischen, dass die Übersetzung ein wesentlicher Teil des Vorgangs ist. Die Genauigkeit deiner Übertragung wird mit der Übung immer besser. Üb zuerst an dir selbst, dann mit Freunden und Familienangehörigen.

Nutze die Seelensprache und ihre Übersetzung für andere Belange neben den Heilsegnungen, wie ich es beschrieben habe. Dies wird deine Genauigkeit auch verbessern. Es ist wie das Trainieren verschiedener Muskeln in deinem Körper. Je mehr du dich ertüchtigst, desto stärker wird der gesamte Körper. Dies gilt auch für das Übersetzen der Seelensprache. Je mehr du sie und ihre Übersetzung für verschiedene Zwecke nutzt, desto stärker und besser entwickelt wird deine Fähigkeit sein. Dies ist eine sehr wichtige Erkenntnis, die du im Bewusstsein behalten solltest.

Wenn du beginnst, nutze die Seelensprache und ihre Übersetzung bei jeder Gelegenheit. Wenn du jemanden kennst, der diese Fähigkeit entwickelt hat, bitte diese Person, deine Übertragung anzuhören. Erkundige dich nach Vorschlägen. Das ist sehr hilfreich. Es ist extrem wichtig, daran zu denken, dass die besten Übersetzungen kurz und punktgenau sind. Sie sind auch eher stimmig. Eine Übersetzung, die sich hinzieht, ist wahrscheinlich vom wahren Sinn abgedriftet. Genauigkeit ist sehr wichtig, wenn du die Seelensprache im Heilprozess einsetzt, um Gesundheitsfragen und damit verbundene Probleme zu erkennen. Wenn du Seelensprache anbietest, um einen Heilsegen zu spenden, ist keine Übersetzung notwendig. Sprich einfach in der Seelensprache und erfreu dich daran.

Deine Seelensprache wird sich für verschiedene Heilsegnungen verändern. Es kann eine besondere Seelensprache für jedes einzelne Organ, jedes System und jedes Gesundheitsproblem geben. Das macht absolut Sinn. Jedes Organ, System und Problem hat eine Seele. Die der Leber zum Beispiel unterscheidet sich beträchtlich von der des Magens. Das bedeutet, dass die Seelensprache jeweils anders sein kann.

Dennoch ist es immer wichtig, flexibel zu bleiben. Was ich eben beschrieben habe, muss nicht zwingend gelten. Deine Seelensprache könnte genauso gut für jedes Organ, System und Gesundheitsproblem ähnlich oder sogar fast gleich sein. Vermeide in jedem Fall vorgefasste Meinungen. Schränk dich nicht durch Erwartungen ein. Ich habe beschrieben, was normalerweise passiert, nicht, was immer geschieht. Wenn es bei dir anders abläuft, ist das in Ordnung. Was immer du empfängst, ist ein Segen und eine sehr reine Form der Verbindung mit der Seelenwelt. Was immer du empfängst, ist für dich und die Heilsegnungen angemessen, die du gibst.

Vergleiche dich nicht mit anderen. Wie ich in einem früheren Kapitel gesagt habe, sind Vergleiche eigentlich eine subtile Form des Klagens. Vermeide, dich zu beklagen, besonders wenn du versuchst, einen Heilsegen zu spenden. Während du eine Heilsegnung gibst, ist es notwendig, ein reiner Kanal für göttliches Licht und göttliche Liebe zu sein. Wenn dein Geist mit Vergleichen beschäftigt ist, wird es schwierig, ein reiner Kanal zu sein. Dies ist ein weiterer Grund, Vergleiche zu vermeiden.

Wenn du die Seelensprache für Heilsegnungen anwendest, vervielfachst du den Nutzen, den die betreffende Person erhält. Du bist auf eine spezielle und reine Art mit der Seelenwelt verbunden. Beginn mit dem Mantra *San San Dschu Liu Ba Yao Wu*, bevor du in die Seelensprache übergehst. Der Einsatz dieses Mantras verbindet dich mit Meister Guo, mit Pu Ti Lao Tsu[16] und mit allen höchsten Heiligen in der Seelenwelt, die mit Meister Guo und Pu Ti Lao Tsu verbunden sind, mit allen, die dieses Mantra genutzt haben, mit der Seele dieses Mantras. Alle diese Verbindungen bringen dir große Heilkraft. Und diese ist auf das Problem ausgerichtet, das jene Heilsegnung benötigt.

Jedes verwendete Mantra hat ähnliche Verbindungen. Welches Mantra du auch zu nutzen gedenkst, ich schlage vor, dass du mit *San San Dschu Liu Ba Yao Wu* beginnst. Dies ist das Mantra für die Seelenkommunikation. Es hilft, das Gesundheitsproblem mit den Seelen all jener zu verbinden, die Heilsegnungen spenden werden. Es handelt sich daher um eine äußerst machtvolle Verbindung.

Durch die Seelensprache kannst du mit einigen der hohen Heiligen kommunizieren, die den Heilsegen unterstützen. Bitte um eine Verbindung mit ihrer Seelensprache. Frag sie mittels der Seelensprache, wie sie dir helfen. Du wirst außergewöhnliche Unterweisungen erhalten. Jeder einzelne der höchsten Heiligen hat eine einmalige Gabe und einen besonderen Beitrag zum Heilungsvorgang. Wenn du ihre Lehren übersetzt, wirst du manche wertvolle Lektion über Techniken für das Spenden von Heilsegnungen erhalten. Du wirst Einsichten und Wissen erlangen, die du allein nicht hättest erreichen können.

So ist zum Beispiel die Emotion, die mit dem Magen zu tun hat, der Stress. Also kannst du um eine Belehrung dazu bitten, wie der Stress auf den Magen einwirkt. Du kannst Unterweisungen dazu erbitten, wie ein Energiemangel im Magen den Stress beeinflusst. Du kannst zahllose Fragen stellen. Das vermittelt dir großes Wissen und wunderbare Einsichten. Neben Fragen nach Ansätzen für das Heilen eines speziellen Gesundheitsproblems kannst du um Wissen bitten, das mit einem bestimmten Problem zu tun hat. Wie ist ein Problem mit der Seelenreise der Person verbunden? Die letzte Frage ist die Essenz wahrer Weisheit. Wenn du diese Frage stellst, bist du auf dem Weg zur Transformation. Falls deine Patienten oder Klienten willens sind, diese Frage zu stellen, sind sie auch auf dem Weg zur Transformation.

Wenn du ein emotionales Ungleichgewicht hast, kannst du die Seele deines Botschaftenzentrums ansprechen. Stell einige der Fragen, die ich an früherer Stelle vorgeschlagen habe. Du kannst auch direkt die Seele der Emotion ansprechen. Frag nach dem, was nötig ist. Erkundige dich, wie du das Grundproblem des emotionalen Ungleichgewichts heilen kannst. Wenn die Emotion eine ist, von der du weißt, dass sie direkt mit einem Organ verbunden ist, frag danach, wie du jenem Organ eine Heilsegnung geben kannst. Frag, was die Verbindung zwischen der Emotion und dem Organ ist. Jede Situation wird leicht anders sein. Bei einigen mag es um eine Schwäche des Organs gehen. Bei anderen ist es eher ein Überschuss an Emotionen. Wenn du dann dem Organ den Heilsegen erteilst, frag weiter nach deinen Gedankenmustern, inneren Haltungen und Glaubenssätzen, die eine bestimmte emotionale Reaktion auslösen. Frag, was genau transformiert werden muss. Dann biete Heilsegen an, um die Transformation in Gang zu bringen.

Du kannst durch die Seelensprache und ihre Übersetzung zahlreiche andere Fragen stellen, um Heilung zu den Emotionen und Organen zu bringen. Seelensprache und ihre Übersetzung nutzen zu können ist eine wunderbare Gabe und bringt viele Segnungen in den Heilungsvorgang.

Du kannst auch die Seele des Gesundheitsproblems fragen: *Was benötigst du, um schnell zu heilen?* Du wirst sehr überrascht sein von den Antworten, die du darauf erhältst. Du kannst fragen, welche Veränderungen du vornehmen musst, um deinen Heilungsprozess zu beschleunigen. Diese Veränderungen werden in den Gedankenmustern, Haltungen, Glaubenssätzen und dem Verhalten stattfinden. Wenn du wirklich deinen Heilungsvorgang beschleunigen willst, ist dies eine sehr wichtige Frage, die du stellen musst. Frag die Seele des Gesundheitsproblems.

Noch einmal: Sei dir wirklich sicher, dass du die Antwort hören willst, bevor du die Frage stellst. Denn wenn du die Antwort erst einmal hast, ist es wichtig, sie auch umzusetzen. Der Seelenwelt eine Frage zu stellen und diese dann zu ignorieren wäre dumm. Es ist, also ob du jemanden zu dir nach Hause einlädst und ihn dann links liegenlässt. Dann ist es besser, erst gar keine Frage zu stellen. Denn was du in der Seelensprache empfängst, ist äußerst reine Information und sehr machtvoll. Darum wird es den Heilungsprozess beschleunigen, *wenn du die Information auch nutzt.* Behandle die Information also mit großem Respekt.

Du empfängst Lehren, zu welchen die Menschheit zuvor keinen Zugang hatte. Du erweist dir selbst, deinen Klienten und der gesamten Menschheit einen außerordentlichen Dienst. Es ist sehr wichtig, dass du das, was du in deinen Lehren empfängst, mit anderen Heilkundigen teilst. Du wirst tiefgreifende Einsichten über die Heilung vieler allgemeiner Probleme haben. Diese Einsichten werden Hunderten, Tausenden und schließlich Millionen von Menschen hilfreich sein. Wenn du derjenige bist, der die Information erhält, ist das eine große Ehre. Du bist gesegnet.

## Die Heilung des Egos

Das Ego kann sich auf verschiedenste Art und Weise ausdrücken. Weil es eine der bedeutendsten Barrieren und Blockaden auf unserer Seelenreise ist, zeigt es sich oft in körperlichen Problemen. Um Belange des Egos anzugehen, ist es am besten, sich mit dem Göttlichen, einem der höchsten Heiligen oder unserer eigenen Seele zu verbinden. Frag sie, wie du Heilung für dein Ego auslösen kannst. Wenn du direkt mit der Seele deines Egos sprichst, besteht eine sehr große Wahrscheinlichkeit, dass du falsche Botschaften erhältst. Es will weiterhin das Sagen haben. Es ist sich sicher, dass es alles am besten weiß – und überzeugt, dass es für dich am besten ist, wenn es die Kontrolle innehat. Dies sind alles Gefahren. Sie werden deinen Heilungsprozess ernsthaft verlangsamen. Um solche Probleme zu vermeiden, geh direkt zur Seelenwelt, zu den höchsten Heiligen, zu Heilern, die du in der Seelenwelt kennst, oder auch zu solchen, die du nicht kennst. Sprich mit irgendeinem der höchsten Heiligen. Sie alle haben wunderbare Erfahrungen im Umgang mit dem eigenen und dem Ego ihrer Getreuen gemacht. So solltest du die Heilung des Egos angehen.

Frag niemals die Seele deines Egos: Diese Warnung musst du sehr ernst nehmen. Erkenne, dass du mit sehr ernsthaften Problemen konfrontiert werden wirst, wenn du dich entscheiden solltest, diese Mahnung zu ignorieren. Es ist nicht nötig, dir in deinem Heilungsprozess zusätzliche Probleme zu schaffen. Es gibt noch genügend Schwierigkeiten, weil dies Teil des Vorgangs ist. Also noch einmal: Vermeide es, direkt mit der Seele deines Egos zu sprechen. Im Moment hast du noch nicht genügend Heilkraft, dies zu tun. Was du empfangen würdest, wäre sehr verwirrend und kann dich auf deinem Weg der Heilung irreführen.

Nimm dir diese Warnung zu Herzen und sprich zum Göttlichen, zu einem der höchsten Heiligen, deinen eigenen Geistführern, Heilungsengeln oder Meisterheilern. Sie alle können dir hervorragende Ratschläge geben. Sie schenken dir tiefgreifende Lehren und Weisheiten. Sie werden dir Übungen empfehlen, und du wirst erfreut erkennen, dass viele ihrer Vorschläge dir schon vertraut sind. Du musst deinem Tagesablauf nicht mehr und mehr Übungen hinzufügen. Du kannst die neuen mit den alten kombinieren, die du schon anwendest. All dies ist eine sehr wirkungsvolle Art, um Heilung auf allen Ebenen deines Seins zu bewirken.

## Direkte Seelenkommunikation

Die direkte Seelenkommunikation kann auch zur Heilung eingesetzt werden. Wenn du diese Kommunikation nutzt, überspringst du den Vorgang, zuerst die Information durch Seelensprache zu erhalten, um sie dann zu übersetzen. Du stellst eine direkte Frage und erhältst eine direkte Antwort. Frag einfach die Seele des Gesundheitsproblems, was geheilt werden muss. Du erhältst eine direkte Antwort. Oft wirst du auch darüber belehrt werden, warum die Heilsegnung notwendig ist. Wenn zum Beispiel eine für den Magen gebraucht wird, kann es sein, dass du erfährst, dass dies wegen vergangener Leben so ist oder wegen Ausschweifungen, Stress oder Sorgen, eventuell auch wegen einer Verletzung oder Seelenerinnerungen. Dann solltest du fragen, wie du die Heilsegnung am besten gibst.

Du kannst auch die Seele deines Gegenübers fragen. Da wirst du ebenfalls ausgezeichnete Informationen erhalten. Dies kann, muss aber nicht dem entsprechen, was die Person als das Problem identifiziert. Denk stets daran, dass die Seele der Boss ist. Sie besitzt sehr viel mehr Weisheit als der Geist. Du kannst auch die Seele des Botschaftenzentrums der Person fragen. Wenn dir eine göttliche Heilerseele[17] übertragen wurde, kannst du die Seele dieser Übertragung um Rat bitten. Du könntest all diese Seelen befragen, aber am besten ist es, eine auszuwählen. Vertrau dem, was du empfängst.

Es ist besser, alle diese Seelen immer nur über unterschiedliche Situationen oder zu verschiedenen Personen zu befragen. Stell ihnen nicht dieselbe Frage. Empfange, was man dir gibt, und sei dir bewusst, dass dies die zweckmäßigste Information zu dem betreffenden Zeitpunkt ist. Wenn du immer dieselbe Frage stellst, wird die Seelenwelt sagen: »Oh, dieser Mensch hier glaubt nicht, was wir ihm geben. Er ist nicht dankbar. Wir werden ihm keine weitere gleiche Informationen geben. Wir geben ihm andere.« Die Seelenwelt tut dies, um dir zu helfen, dass du dem Empfangenen vertraust. Wenn du weißt, dass die zweite

Information mit großer Wahrscheinlichkeit nicht stimmig ist, hast du keinen Grund, ein zweites Mal zu fragen. Eigentlich hast du *jeden* Grund, *nicht* ein zweites Mal zu fragen.

Ich wiederhole: Vertrau dem, was du empfängst. Wenn du direkte Seelenkommunikation nutzt, magst du eine Veränderung in deinem physischen Wesen wahrnehmen, die dir sagt, dass die empfangene Information stimmig ist. Eine solche Bestätigung ist sehr hilfreich. Wenn aber die direkte Seelenkommunikation für dich noch neu ist, wird diese körperliche Verlagerung nicht gleich erkennbar. Das soll dich nicht stören. Wie immer: Hab keine Anhaftung an eine bestimmte Antwort. Nutze die Vorschläge, die du erhältst. Sei dankbar für das, was du bekommst. Wenn du die Vorschläge in die Praxis umsetzt, wird das Ergebnisse zeitigen.

Der Einsatz der direkten Seelenkommunikation zur Heilung ist ein wunderbarer Ansatz. Du kannst sofort Informationen bekommen, die dir das Problem exakt schildern. Du weißt direkt, welche Heilsegnung notwendig ist. Du erhältst eine Anweisung, die du unmittelbar in die Tat umsetzen kannst. Direkte Anweisungen aus der Seelenwelt zu erhalten, um ein bestimmtes Problem zu heilen, ist ein wunderbarer Schatz. Mit der direkten Seelenkommunikation kann jeder Heilungsprozess stark beschleunigt werden.

Alles, was ich über den Gebrauch der Seelensprache und ihre Übersetzung zur Heilung gesagt habe, gilt auch für die direkte Seelenkommunikation. Wenn jemand mit der Bitte um Heilung zu dir kommt, beachte diese Bitte. Gib ihr entsprechend Heilung. Du magst im Stillen nachfragen, was der tiefere Grund sei. Du kannst im Stillen dieser Ursache einen Heilsegen spenden. Wenn der oder die Betreffende fragt, was der Auslöser des Problems sei, kannst du die entsprechenden Informationen weitergeben. Wie gesagt: Ungefragt solltest du das Empfangene jedoch nicht mitteilen.

Es ist nicht immer nötig, zu fragen, was der ursächliche Auslöser ist. Es genügt, einfach das Gesundheitsproblem anzusprechen und den Heilsegen darauf zu richten. Wenn es sich bessert, wird sein ursächlicher Auslöser sich auch bessern. Blockaden werden aufgelöst, oder die Energie erhält einen Schub. Das mag langsamer sein, als den Grundauslöser direkt anzugehen, aber das ist in Ordnung. Der ursächliche Auslöser *wird* immer angesprochen, entweder direkt oder indirekt. Beides ist völlig in Ordnung. Großer Nutzen wird dir in beiden Fällen zuteil.

Wenn du es mit einem chronischen Gesundheitsproblem zu tun hast, ist es sehr wichtig, den ursächlichen Auslöser anzusprechen. Für ein akutes Problem, eines, das sich erst kürzlich entwickelt hat, genügt eine einfache Heilungssegnung. Dein Ansatz kann von deinem Stil abhängen. Einige Heiler gehen immer zurück zum ursächlichen Auslöser eines Gesundheitsproblems. Für andere ist der ursächliche Auslöser nicht so wichtig. Beide Ansätze sind gut. Beide vermitteln großen Segen. Beide sind tiefgreifendes Dienen. Du magst den einen Ansatz in einigen Situationen und den anderen in anderen Situationen anwenden. Direkte Seelenkommunikation ist immer hilfreich, welchen Ansatz du auch vorziehst.

Du kannst auch direkt mit Heilungsengeln, deinen Geistführern und dem Göttlichen kommunizieren. Du kannst nach dem wirkungsvollsten Weg fragen, um Heilung zum Gesundheitsproblem zu bringen. Auch hier frag eine einzelne Seele. Stell nicht mehreren dieselbe Frage. Wenn das Gesundheitsproblem etwas mit einer Beziehung zu tun hat, kannst du sehr nützliche Informationen erhalten, indem du direkte Flows mit der Seele der Beziehung machst. Falls es um eine Beziehung geht, wird dein Gegenüber sehr oft fragen, was das wirkliche Problem ist. In diesem Fall ist es richtig, die Informationen, die du bekommst, auch weiterzugeben. Wenn das Visavis lediglich nach einer Heilung für eine Beziehung fragt, aber nicht nach den Gründen für die Disharmonie, dann gilt das bekannte Prinzip: Gib nur die gewünschte Information weiter.

Für manche Heiler ist es schwierig, im Falle einer Beziehung zusätzliche Informationen vorzuenthalten, weil sie gelernt haben, sie zu geben. In meiner Lehre ist der Einsatz der Seelenkommunikation, um sich auf das Beantworten der gestellten Frage zu konzentrieren, von größter Wichtigkeit. Die Situation zu heilen, um die es gerade geht, ist außerordentlich wichtig. Weiterzumachen und zusätzliche Informationen zu geben ist da gar nicht hilfreich. Es kann sogar den Heilungsprozess verlangsamen. Stell stets sicher, dass du dies vermeidest.

Ich schlage vor, du schreibst auf, was du empfängst. Du wirst diese Unterweisungen in anderen Situationen anwenden können. Was du durch direkte Seelenkommunikation empfängst, kommt durch deine spirituellen Kanäle. Wenn es wahrhaft direkte Kommunikation ist, wirst du dich nicht an viel davon erinnern können. Deshalb ist es wichtig, das zu dokumentieren. Die empfangenen Lehren sind Schätze. Die Weisheit ist uralt und heilig. Sie wird der Menschheit zu dieser Zeit gegeben, weil ein großer Bedarf dafür besteht. Du bekommst diese Unterweisungen und diese Weisheit, weil sie für dich *und* für die gesamte Menschheit wichtig sind. Du brauchst dir nur einige Notizen zu machen, damit du dich an die empfangenen Unterweisungen erinnern kannst.

Wenn du mit einem Klienten arbeitest, solltest du schon vor der Sitzung nach Unterweisungen und nach der passenden Heilung fragen. Dann kannst du es bereits aufschreiben, bevor dein Klient da ist. Alles, was du empfängst, ist sehr wichtig. Die Antworten, die wir zu dieser Zeit bekommen, sind genau diejenigen, die gebraucht werden. Sie werden zunehmend gebraucht, da die Reinigung von Mutter Erde voranschreitet und intensiver wird. Dies ist ein weiterer wichtiger Grund, das, was du bekommst, auch zu notieren.

Wenn du direkte Seelenkommunikation zur Heilung einsetzt, solltest du dich innerlich in den Zustand des Meisterheilers, des höchsten Heiligen, des Göttlichen oder in den Zustand der Übertragung begeben, mit der du verbunden bist. In diesem Zustand kannst du ein sehr reiner Kanal sein: Du verbindest dich intuitiv mit der Schwingung der Seele, welche dir die Unterweisung gibt. Du bringst dies alles in die Heilungserfahrung. Dadurch kann die Heilung unglaublich kraftvoll und die Transformation sehr tiefgreifend sein.

In diesen Zustand einzutreten hat vielschichtige Auswirkungen. Es erhöht auch deinen Seelenrang immens. Wenn dies geschieht, erhöhen sich ebenfalls deine Fähigkeiten. In diesem Zustand eine Heilsegnung zu geben ist für den Empfänger von größtem Gewinn. Es wird auch von großem Nutzen für die Erde, die gesamte Menschheit und das Universum sein.

Dies sind die wichtigsten Wege, die direkte Seelenkommunikation zum Heilen einzusetzen. Jede Situation, in der Heilung benötigt wird, kann von der direkten Seelenkommunikation profitieren. Wenn du meine Vorschläge und Lehren nutzt, wirst du noch viele weitere Möglichkeiten entdecken. Außer den Warnungen, die ich gegeben habe, sind die einzigen Grenzen die deiner Vorstellungskraft. Je mehr du die direkte Seelenkommunikation zum Heilen nutzt, desto mehr Möglichkeiten wirst du entdecken. Sei beim Einsatz der direkten Seelenkommunikation zum Heilen flexibel. Nutze sie oft, und deine Genauigkeit wird steigen. Nutze sie oft, und der Status deiner Seele wird angehoben. Nutze sie oft, um ein vollständiger bedingungsloser universeller Diener zu sein. Du bist gesegnet.

Um dieses Kapitel abzuschließen, möchte ich dir ein Beispiel dafür geben, wie man die Seelenkommunikation einsetzen kann, um jemandem aus der Ferne einen Heilsegen zu spenden. Wenn zum Beispiel ein Freund krank ist, der weit entfernt von dir wohnt, kannst du dennoch die direkte Seelenkommunikation anwenden, um ihm einen Heilsegen zu spenden. Sag erst einmal *Hallo*: *Liebe Seele, lieber Geist und lieber Körper meines Freundes Andreas, ich liebe euch. Ihr habt die Kraft und die Macht, euch selbst zu heilen. Macht eure Sache gut. Danke, danke, danke. Liebe Seele von Andreas, was ist die stimmige Heilung für Andreas zu diesem Zeitpunkt? Danke, danke, danke.*

Du kannst eine sehr direkte Antwort bekommen. Du magst etwa die Botschaft erhalten, dass ein bestimmtes Organ oder System aus dem Gleichgewicht geraten ist. Wenn du eine solche Mitteilung bekommst, spende dem entsprechenden Organ oder System sofort einen Segen. Vielleicht erreicht dich auch die Botschaft, dass es eine spirituelle Blockade sei. In diesem Falle biete dem Botschaftenzentrum deines Freundes eine Heilsegnung an. So kannst du die Seelenkommunikation nutzen, um die Heilung für andere und für dich selbst anzuleiten.

Wenn du den richtigen Bereich für die Heilung herausgefunden hast, kannst du damit anfangen. In diesem Beispiel, da Andreas eine spirituelle Blockade hätte, würdest du sagen: *Liebe Seele, lieber Geist und lieber Körper von San San Dschu Liu Ba Yao Wu, ich liebe euch. Darf ich Andreas eine Heilsegnung für sein Botschaftenzentrum spenden? Ich bin sehr dankbar. Danke, danke, danke.* Dann chante mehrfach mindestens eine Minute lang *San San Dschu Liu Ba Yao Wu.* Je länger, desto besser. Du kannst diese Technik anwenden, um jeden Aspekt der physischen, emotionalen, mentalen und spirituellen Körper zu heilen.

Je mehr du dich in Seelenkommunikation übst, desto größeren Dienst leistest du der Menschheit und allen Seelen des Universums. Dein Seelenstandpunkt erhöht sich mit jedem gespendeten Segen und jedem geleisteten Dienst. Dies ist Sinn und Zweck deines Lebens. Du und deine Seele werden davon sehr profitieren. Als universeller Diener erhältst du Blumen der Heilkraft direkt vom Herzen Gottes. Dies ist der Schlüssel zu deiner spirituellen Reise.

# 5

## Seelenkommunikation als Werkzeug zum Unterrichten

Seelenkommunikation ist äußerst wertvoll beim Unterrichten. Sie kann eingesetzt werden, wenn du eine Person, eine kleine oder eine große Gruppe lehrst. Wie nutzt man die Seelenkommunikation hierzu? Verbinde dich mit dem Göttlichen. Verbinde dich mit den höchsten Heiligen. Verbinde dich mit der Seele deiner anstehenden Unterweisung. Verbinde dich mit deinen Führern und Lehrern. Verbinde dich mit der Seele von allen, die deinem Unterricht beiwohnen. Diese Verbindungen bewusst herzustellen ist sehr wichtig. Wenn du dies tust, bist du im Zustand des Lehrens. Was du empfängst, ist direkt verbunden mit jeder Seele, die du angerufen hast. Wenn du zum Beispiel Seele-Geist-Körper-Medizin unterrichtest, verbinde dich mit ihrer Seele. Wenn du einen Workshop gibst über einen besonderen Aspekt des Heilens, wie etwa universelle Meditation, verbinde dich mit der Seele jenes Aspekts. Halte diese Verbindung aufrecht, während du unterrichtest. Erhalte die Verbindung zu all den Seelen aufrecht, die ich erwähnt habe.

Wenn du Seelenkommunikation zum Lehren verwendest,

bist du direkt mit der Seelenwelt und der Ära des Seelenlichts verbunden. Indem du auf diese Art unterrichtest, brauchst du nichts als das Thema. Du musst keine ausgedehnte Recherche anstellen. Du musst keine großen Übungen machen. Du musst nur das Thema kennen, das du unterrichten willst. Wenn dir wohler dabei ist, einen Entwurf zu schreiben, dann tu's. Aber schreib ihn kurz und bündig. Geh nicht ins Detail. Der beste Entwurf ist einfach:

• Was ist das Thema?
• Warum ist es wichtig?
• Was ist der Nutzen?
• Welche Übungen können Fähigkeiten und Kraft entwickeln?

Das ist alles! Du brauchst wirklich nicht mehr als dies. In den folgenden Abschnitten werde ich erklären, wie der jeweilige Seelenkommunikationskanal eingesetzt wird, um die anstehende Unterweisung durchzuführen.

## Direkte Seelenkommunikation

Ich gebe alle meine Unterweisungen im Flow. Das heißt, ich lehre stets in direkter Seelenkommunikation. Auch meine Assistenten lehren im Flow. Wenn du so unterrichtest, stehst du in direkter Kommunikation mit dem Göttlichen oder mit den höchsten Heiligen, die gerade »Dienst tun«. Du bringst ihre Lehren zum Ausdruck. Du lässt sie »deinen Mund ausleihen«. Es ist deine Stimme, aber es sind ihre Lehren und Weisheiten. Wenn ich unterrichte, habe ich in vielen Fällen nicht einmal ein Thema, bevor ich anfange. Ich bitte einfach das Göttliche, mir eins samt den entsprechenden Lehren zu geben. Sobald ich meinen Mund öffne, ist das Thema klar, und die Unterweisung beginnt.

Im direkten Flow zu lehren verlangt die Qualität des Vertrauens. Du musst darauf bauen, dass dir das Göttliche das Thema gibt und eigentlich die Unterweisung zu dem Thema für dich macht. Frag dich nicht: »Ist dies wirklich vom Göttlichen? Ist dies das richtige Thema? Warum scheint es nicht zu den vorangegangenen zu passen?« Wenn du deinen Verstand dazu benutzt, zu hinterfragen, arbeitest du nicht mehr von der Seele aus. Du hast umgeschwenkt auf logisches Denken. Du erschaffst Hindernisse für den direkten Flow. Es ist wichtig, der Logik und der direkten Kommunikation zu erlauben, dass sie sich verbinden. Aber vor allem ist es wichtig, dass die Seele die Federführung behält.

Andere Fragen, die du unbedingt vermeiden solltest, sind »Ist dies ein direkter Flow?«, »Ist es genau und stimmig?« oder »Ist das alles, was das Göttliche zu sagen hat?«. Diese Fragen mögen normal sein, aber sie bringen die Sache nur durcheinander und erschweren es dir, den direkten Flow fließen zu lassen. Alle Schwierigkeiten, die dabei auftauchen, kommen von dir selbst, aus deinem Verstand, aus deinen Glaubenssätzen. Sie kommen von deiner Gesinnung. Du magst vielleicht einwenden: »Nein, sie kommen aus meiner Erfahrung.« Doch gehen wir etwas zurück und schauen uns diese Erfahrung einmal an. Wie bist du die Idee angegangen, direkte Seelenkommunikation zu praktizieren? Bist du es, wie viele, möglicherweise die meisten, es tun, mit Zweifeln und einem großen Fragezeichen angegangen? Hast du dich gefragt: »Ist das wirklich wahr? Kann ich das wirklich tun?« Durch diesen Ansatz schränkst du deine Fähigkeit zur direkten Seelenkommunikation sofort ein. Je mehr du dich selbst einschränkst, desto schwieriger wird es für dich. Noch einmal: Die Schwierigkeit, die Wurzel des Problems, liegt bei dir. Es geht hier nicht darum, Schuld zuzuweisen oder dass du dich schuldig fühlst beziehungsweise deprimiert bist. Dieses Gedankenmuster zeigt sich sehr oft. Es unterstreicht einfach die Tatsache, dass der Geist und das Ego zwei der größten Hürden sind auf unserer spirituellen Reise. Ich rate dir dringend an, dich von diesen hinderlichen Gedankenmustern und Gesinnungen zu befreien. Ein Weg dazu führt über das Vertrauen. Vertrau der Lehre. Vertrau dir selbst. Vertrau dem Göttlichen.

Wenn du die direkte Seelenkommunikation zum Unterrichten nutzt, ist es sehr wichtig, das Botschaftenzentrum während des gesamten Lehrens offenzuhalten. Du musst die ganze Unterweisung im Flow geben. Wenn du zögerst und anfängst, vom Geist und von bewussten Gedanken aus zu sprechen, hast du die direkte Kommunikation, die Verbindung mit den Seelen, welche die Unterweisung geben und dich unterstützen. Du wirst dich anders fühlen, und deine Zuhörer nehmen eine Veränderung bei der Qualität der Unterweisung und Weisheit wahr, die sie bekommen.

Wenn du das Botschaftenzentrum offenhältst, bleibst du im Zustand des Göttlichen. Dies macht die Unterweisung wahrhaft göttlich. Im Zustand des Göttlichen zu bleiben bedeutet einfach, ihm zu erlauben, dass es deine Stimme nutzt. Um dich dafür vorzubereiten, sag zum Göttlichen *Hallo* und bitte um das Thema: *Liebe Seele, lieber Geist und lieber Körper des Göttlichen. Könnt ihr mir bitte das*

*Thema geben, das zum jetzigen Zeitpunkt für meine Zu-hörer das richtige ist? Danke, danke, danke.* Wenn du mehr als ein Thema brauchst, wiederhole diese Bitte so oft wie nötig. Sobald du ein Thema erhalten hast, beginn im Stillen, in der Seelensprache zu sprechen. Du wirst eine Bewusstseinsveränderung bemerken. Wenn dies geschieht, kannst du die Seelensprache beenden und mit der Unterweisung beginnen.

Zu einfach, um glaubhaft zu sein? Es ist eben so einfach. Du musst dir deines Grades der Genauigkeit gewahr sein, sie hängt von deinem Seelenstatus ab. Wenn du im Flow unterrichtest, ist es wichtig, deinen Zuhörern zu sagen, dass deine Genauigkeit zwar überdurchschnittlich ist, jedoch nicht bei hundert Prozent liegt. Niemand verfügt über eine hundertprozentige Genauigkeit. Das wäre so genau wie das Göttliche, und das ist nun mal nicht möglich.

Sag deinen Zuhörern auch, was sie von dir hören, muss zur praktischen Welt passen. Wenn dies nicht so sein sollte, war dieser Teil der Unterweisung nicht stimmig oder präzise. Es besteht jedoch ein großer Unterschied zwischen dem Identifizieren von Belehrungen, die nicht stimmig sind, und dem Erkennen derjenigen, die herausfordernd, aber genau sind. Es ist natürlich für Menschen, aus dem Wahrgenommenen das Herausfordernde abzulehnen, zu ignorieren oder zu eliminieren. Aber wenn man ständig die Aufforderungen ignoriert oder eliminiert, kann es in der Seelenreise keinen Fortschritt geben. Falls du Unterweisungen hörst, die du als Aufruf empfindest, dich einer Aufgabe zu stellen, ist es die beste Reaktion, dankbar zu sein.

Wenn du im Flow unterrichtest, gibt es einige Techniken, die du vielleicht nutzen willst. Bevor die Unterweisung beginnt, bitte das Göttliche um das passende Thema. Einen Gegenstand zu haben ist alles, was du brauchst. Wenn du das Thema hast, ist es möglich, den Inhalt als direkten Flow zu präsentieren. Dann wird dir auch die Struktur für deine Unterweisung gegeben. Die bekommst du vielleicht nicht in der Form einer Kurzdarstellung. Aber sobald die Seelenwelt dir ein Thema vorgibt, gibt sie dir auch die Struktur, es angemessen zu präsentieren. Sie gibt dir die Beispiele, die das Motiv in den Kontext des täglichen Lebens stellen. Nachdem du dein Thema angekündigt hast, wirst du es selbstverständlich auch darstellen. Du kannst nach mehr Details fragen, die auf deine Zuhörer zugeschnitten sind. Du kannst auch nach den Hauptpunkten deines Vortrags fragen und diese aufschreiben. Dann kannst du dich in deinem Unterricht darauf beziehen. Dies ist eine weitere Möglichkeit, mit der Unterweisung und Weisheit des Göttlichen oder dem höchsten Heiligen, der die Lehre vermittelt, verbunden zu bleiben.

Manchmal bereitest du dich intensiver vor und fertigst zum Beispiel eine PowerPoint- oder eine andere audiovisuelle Präsentation an. Bereite diese auf genau die gleiche Art vor: in direkter Seelenkommunikation. Frag nach dem Hauptthema und nach Unterthemen in einer Kurzfassung. Du wirst erstaunt und erfreut sein über die Vollständigkeit und Genauigkeit der Präsentation, die du erhältst. Die daraus resultierende Darbietung wird genau das sein, was du brauchst. Sie wird auch für die Zuhörer hilfreich sein. Sie müssen keine Notizen machen. Sie können nur zuhören und empfangen. Sie können ihr jeweiliges Botschaftenzentrum öffnen und mit dir in den Zustand der Unterweisung gehen. Dies ist ein großer Segen.

Eine andere Möglichkeit, sich auf das Lehren im Flow vorzubereiten, ist es, mit den Seelen der späteren Zuhörer zu kommunizieren. Frag sie, welche Themen gerade die größte Bedeutung für sie haben. Frag sie, wofür sie sich am meisten interessieren. Wenn du dich erkundigst, was am bedeutsamsten sei, wirst du eine Antwort von ihren Seelen erhalten. *Die Seelenreise ist am wichtigsten, ebenso die Tatsache, ein bedingungsloser universeller Diener zu sein.* Frag, was sie lernen wollen, welche Ideen sie mit sich nehmen und im täglichen Leben einsetzen möchten.

Wenn du diese Fragen stellst, dann wirst du die im Flow empfangenen Themen auch präsentieren. Stell diese Fragen vor der Zusammenkunft. Einige machen das gern am Tag zuvor. Einige tun es nur fünf Minuten vorher. Wann du es machst, liegt ganz bei dir, aber eine solche Seelenkonferenz abzuhalten ist sehr hilfreich sowohl für dich als auch für dein Publikum. Wenn du eben damit beginnst, im Flow zu unterrichten, schreib dir die erhaltene Anleitung auf und bezieh dich darauf. Wenn du mit dem Unterrichten im Flow schon viel Erfahrung hast, musst du die Anleitung nicht aufschreiben. Du wirst sie automatisch befolgen.

Geh so vor, wie ich es beschrieben habe. Schau einfach auf die erhaltenen Themen und öffne deinen Mund. Das Göttliche und die höchsten Heiligen werden dir die Unterweisungen liefern. Sie werden dir die besten Antworten auf die Fragen geben. Ihre Lehren kommen aus der unendlichen Weisheit und können uralte heilige und geheime Lehren enthalten. Was du empfängst und deinen Zuhörern weitergibst, das sind Schätze. Da du im Zustand des Göttlichen und der höchsten Heiligen bist, wirst du ihre Botschaften empfangen und diese dann angemessen an deine Zuhörer weitergeben.

Manche machen sich Sorgen, wenn sie hören, sie sollen im Flow unterrichten. Sie sagen sofort: »Ich habe nie einen

Flow gemacht, ich kann keinen Flow machen«, und Ähnliches. Doch ist das so nicht richtig. Es kann zwar sein, dass du zuvor noch keinen Flow »gemacht« hast. Du wirst ihn aber herstellen können. Der Hauptbestandteil ist deine eigene Bemühung. Für diejenigen, die bereit sind, sich Mühe zu geben, werden wunderbare Resultate folgen. Wenn ich von der Bemühung spreche, in den Flow zu kommen, meine ich nicht dieselbe Art von Bemühung, die normalerweise mit der Beendung einer Aufgabe verbunden ist, was ja das Einbringen der eigenen Entschlossenheit und Willenskraft aus der eigenen Energiequelle bedeutet. Die »Bemühung«, um im Flow zu unterrichten, bedeutet, offen zu bleiben für die Lehren des Geistes, offen die Botschaften zu empfangen. Deine Offenheit ist der Schlüssel.

Im direkten Flow zu unterrichten ist ein ausgezeichneter Weg, die Qualität der Unterweisung sicherzustellen. Wenn die Unterweisung vom Göttlichen oder den höchsten Heiligen kommt, ist die Qualität gegeben. Folge einfach den Anweisungen des Göttlichen oder der höchsten Heiligen. Wie ich schon sagte, werden sie dir das Thema und eine Kurzfassung geben, was einfach heißt, dass eine Idee auf die andere folgt. Sie werden dir die Details vermitteln. Sie werden dir die Beispiele nennen. Sie werden dir die nötigen Übungen zeigen. Sie werden dir sogar sagen, wann den Zuhörern eine Pause zu gönnen sei. All dies wird aus dem Flow kommen.

Wenn du eine Idee durchgesprochen hast, kann die Botschaft kommen, die Gruppe solle aufstehen und eine Energieübung machen – oder dass du der Gruppe eine Segnung geben sollst, um ihre Energie zu erhöhen. Du kannst die Botschaft erhalten, dass du der Gruppe eine Segnung geben sollst, um sie zu erden. Du kannst den

Hinweis bekommen, die Gruppe solle Übungen für das Untere Dan Tien oder den Schneebergbereich machen. All dies kann Teil des empfangenen Flows sein. Es ist sehr wichtig für dich, diese Botschaften zu beachten. Oft geschieht es, wenn man im Flow unterrichtet, dass die Erfahrung des Flows sehr tief wird. Wenn dein Bewusstsein sich sehr stark mit dem Göttlichen und den höchsten Heiligen verbindet, gehst du sehr tief in ihren Zustand und den Zustand des Lehrens hinein. Falls dies geschieht, kannst du einige Botschaften verpassen, wie zum Beispiel eine, die besagt, die Gruppe würde eine Segnung benötigen. Um sicherzustellen, dass du keine solchen Botschaften verpasst, kannst du das Göttliche oder die höchsten Heiligen bitten, dir ein klares Signal zu geben, wenn es für die Gruppe angebracht ist, eine Segnung zu empfangen. All dies gehört zum Unterrichten im Flow.

Es ist sehr wichtig, dein Botschaftenzentrum offenzuhalten, wenn du im Flow unterrichtest. Nachdem du mehr Erfahrung gesammelt hast mit dieser Art des Unterrichtens, mag es geschehen, dass du zwei Flows gleichzeitig bekommst. Einer ist die Unterweisung, die aus deinem Mund kommt. Der andere mag einige Erläuterungen enthalten, die du benötigst, oder er kann eine tiefgründige Belehrung derselben Weisheit auf deiner Frequenz und deiner Ebene sein. Diese Ebene der Unterweisung ist stets dem Status deiner Seele angepasst, der sehr oft höher ist als der deines Publikums. Jene zweite Ebene ist nicht dazu gedacht, deinen Zuhörern präsentiert zu werden. Achte darauf.

Die Weisheit in allen deinen Flows – sowohl in denen, die du sprichst, als auch in jenen, die nur für dich bestimmt sind – ist sehr tiefgreifend. Sie ist heilend. Sie ist verjüngend. Sie ist transformierend. Sie verändert den Seelenstandpunkt aller Anwesenden. Sie verändert den Seelenstatus auf eine kraftvolle und bedeutsame Art. Wenn du »im Zustand« unterrichtest, werden deine Frequenz und deine Schwingung zu immer größerer Harmonie mit dem Göttlichen und den höchsten Heiligen geführt. Sobald dies geschieht, wird jeder Aspekt deines Wesens transformiert. Deine Seelenreise wird immer mehr zu einer Reise des Lichts. Deine Heilkraft wird verstärkt. Heilung, Verjüngung und Transformation finden auf den physischen, mentalen und emotionalen Ebenen statt.

Nachdem du deine Unterweisung im Flow beendet hast, kann es sein, dass du dich nicht mehr an den Inhalt erinnerst. Mach dir deshalb keine Sorgen. Er ist in deinem Botschaftenzentrum gespeichert. Deine Seele hat die Lehre aufgenommen. Wenn du die Weisheit, die Lehre, die Übungen, die Heilung und die Segnung benötigst, hast du Zugang zu allen. Oft kommen Menschen nach der Unterweisung oder in einer Pause während des Vortrags zu dir und bitten dich, einen Teil zu wiederholen. Du musst ihnen dann einfach sagen, dass du dich nicht erinnerst, weil du es im Flow vorgetragen hast. Wahrscheinlich können andere Zuhörer dem Fragenden helfen. Das Publikum davon zu unterrichten, dass du dich nicht erinnerst, weil du im Flow gesprochen hast, ist an sich schon eine Lehre. Es zeigt ihnen, dass sie etwas Spezielles bekommen haben, nichts von deinem logischen Denken, sondern etwas direkt aus der Seelenwelt. Sie sind mit außergewöhnlichen Schätzen beschenkt worden, tiefgreifend und machtvoll.

Unterweisungen, die mit direkter Seelenkommunikation gegeben werden, haben eine sehr hohe Frequenz. Sie sind ein kraftvolles Werkzeug für Heilung, Verjüngung und Transformation. Es nutzt dem Lehrer, und es nutzt allen

Anwesenden. Einen direkten Flow zu sprechen, um Unterweisungen zu empfangen und weiterzugeben, ist eine große Ehre und ein Privileg. Der Lehrer im Flow ist die Stimme für das Göttliche und die höchsten Heiligen. Der Lehrer spricht: »Die Lehren kommen vom Göttlichen. Ich gebrauche lediglich meine Stimme.« Dies sagen zu können ist eine große Ehre.

Im Flow zu unterrichten heißt, Geheimnisse aus dem Universum und Weisheit aus der Seelenwelt zu übertragen, die bisher noch nicht auf diese Weise enthüllt worden sind. Im Flow zu lehren bedeutet auch eine tiefgreifende Verbindung zum Zeitalter des Seelenlichts, einer Epoche, in der ausnahmslos alles der Führung der Seele folgt. Wenn du im Flow unterrichtest, gestattest du deiner Seele, die Führung zu übernehmen. Du erlaubst der Seelenwelt, die Führung innezuhaben. Du erweist einen großen Dienst. Du hilfst bei der Transformation des Bewusstseins der gesamten Menschheit und aller Seelen in allen Universen.

Unterrichten mit Hilfe der direkten Seelenkommunikation hat viele Vorteile. Ich habe bereits zahlreiche positive Auswirkungen für die Unterrichtenden und diejenigen identifiziert, die die Lehren empfangen. Der Gewinn endet damit aber nicht. Er weitet sich aus auf die gesamte Menschheit. Bei jeder Unterweisung sind viele Seelen anwesend, Seelen, welche die jeweilige Unterweisung hören müssen. Auch sie genießen die Vorteile, von denen ich gesprochen habe. Es ist ein wunderbarer Segen für diejenigen Seelen, die eben »nur« in Seelenform anwesend sind. Sie müssen die Lektionen der Unterweisung lernen, um auf ihrer Reise Fortschritte machen zu können. Sie benötigen die mit der Unterweisung verbundenen spirituellen Werte. Weil der im Flow gegebene Unterricht eine sehr hohe Schwingung hat, ist der Nutzen für diese Seelen äußerst groß. Sie können in ein wunderbares Licht eintreten und es empfangen. Dies gibt ihnen die Kraft, auf ihren Wegen voranzugehen. Sie empfangen großartige Heilsegnungen, wenn sie bei der Unterweisung anwesend sind und zuhören. Eigentlich ist das Unterrichten im Flow mehr als einfaches Dozieren. Es ist gleichzeitig eine Segnung und Heilung. Dies ist eine sehr wichtige Erkenntnis, die du in deinem Bewusstsein halten solltest.

Jede Unterweisung kann eine Segnung und Heilung sein. Dies gilt ganz besonders, wenn die Unterweisung im Flow gemacht wird. Alle Lehren kommen vom Göttlichen und aus der Seelenwelt. Als Lehrer bist du einfach derjenige, durch den Informationen, Segnungen und Heilungen gegenwärtig werden. Du bist ein göttlicher direkter Kanal, durch den all dies fließt. Der Nutzen für dich selbst, deine Zuhörer, die Seelenwelt und alle Seelen in allen Universen ist hoch bedeutsam. Alle Lehren werden Teil deiner Seelenreise und auch Teil der Seelenreisen von allen, die zuhören. Mit der Zeit werden du und alle, welche die Unterweisung erhalten, ein tieferes Verständnis erlangen, während zunehmend Schicht um Schicht der Bedeutung aufgedeckt wird. Wenn du beginnst, Unterweisungen zu geben, hast du das Verständnis auf einer bestimmten Stufe auf der Seelenebene. Wenn du mit dem Unterrichten fortfährst – oder auch in täglichen Gesprächen –, werden sich dir weitere Schichten der Weisheit präsentieren, die mit der Lehre zusammenhängen, welche du gegeben hast. Du hörst dich im Alltag Dinge sagen, die dich selbst überraschen. Du erhältst neue Erkenntnisse zu dem von dir präsentierten Thema. Wenn man dir Fragen stellt dazu, sind dir plötzlich Einsichten präsent und stehen dir zur Verfügung. All dies geschieht, weil deine Seele die Botschaft

empfangen hat und ihr eigenes Verständnis davon zunehmend weiterentwickelt. Dies ist ein weiterer wunderbarer
Nutzen des Unterrichtens durch direkte Seelenkommunikation. Dazu kommt, dass alle, die der Unterweisung zuhören, auf dieselbe Weise daraus einen Gewinn ziehen.
Empfangene Weisheit und empfangenes Wissen sind wie
Samen. Durch Chanten oder das Ausführen einer Übung
bleiben die Zuhörer mit der Unterweisung verbunden und
gießen das Samenkörnchen. Es wird wachsen. Es wird ge-
deihen. Es wird erblühen. Es wird zur Gegenwart der
Schönheit in ihrem Leben.

Das Unterrichten durch direkte Seelenkommunikation ist
ein ganz besonderes Geschenk. Es handelt sich um ein
wirklich profundes Dienen. Es ist jedem von euch möglich, auf diese Art zu unterrichten. Im zweiten Kapitel habe
ich beschrieben, wie man mit direkter Seelenkommunikation beginnt. Viele von euch können den Anleitungen und
Übungen zur Öffnung der Kanäle für die direkte Seelenkommunikation gut folgen und alsbald mit direkten Flows
beginnen. Nochmals erinnere und ermuntere ich dich, die
Seele des göttlichen Botschaftenzentrums oft anzurufen,
um deinen Kanal zur direkten Seelenkommunikation und
andere spirituelle Kanäle vollständig zu öffnen.

Du kannst den direkten Flow für jede Art von Unterricht
einsetzen, nicht nur für Unterweisungen im Zusammenhang mit der Seele-Geist-Körper-Medizin. Du kannst ihn
natürlich ebenso gut für andere Lehren in Verbindung mit
der Seelenwelt anwenden. Du magst ihn einsetzen für eine
Form von Unterricht, die auf Anhieb gar nicht als solcher
zu erkennen ist. Vielleicht planst du ja nicht gerade eine
formelle Präsentation oder einen öffentlichen Vortrag,
sondern sprichst einfach mit Freunden über ihre Beschwerden und über einige der Selbstheilungstechniken

der Seele-Geist-Körper-Medizin. Eine solche Konversation ist natürlich auch eine Unterweisung. Du verhilfst deinen Freunden zu mehr Weisheit und größerem Verständnis der Seele-Geist-Körper-Medizin, ihrer Seelenreise und der Essenz der Seelenweisheit. Es ist eine Unterweisung! Verbinde dich vor und während der Konversation mit der Seele der Seele-Geist-Körper-Medizin. Bitte um Führung dazu, was du als Nächstes sagst, was zu hören für deine Freunde am wichtigsten ist. Das kann sehr schnell gehen. Eine solche »Schnell-Check-Verbindung« beeinträchtigt nicht die Genauigkeit deiner Antworten. Die Genauigkeit hängt vom Seelenrang ab, nicht davon, wie lange du chantest oder dich vorbereitest, bevor du mit der Seelenkommunikation beginnst. Dies ist eine wichtige Erkenntnis, die du in deinem Bewusstsein halten solltest. Chanten hilft unbedingt, denn es erhöht den Status deiner Seele. Es hilft, jeden Aspekt deiner selbst zu transformieren. Chanten hilft dir mit Sicherheit, deine Genauigkeit zu verbessern. Bevor du den Gebrauch des direkten Flows unterrichtest, solltest du sicher sein, dass deine Genauigkeit bei mindestens achtzig Prozent liegt. Eine noch höhere Genauigkeit wäre wunderbar, aber achtzig Prozent ist sehr gut. Es ist eine höhere Genauigkeit als die einiger selbsternannter professioneller Seher oder Medien.

Um die Genauigkeit deiner Selenkommunikation zu erhöhen und den Status deiner Seele anzuheben, kannst du *Liebe, Frieden und Harmonie* chanten. Dieses Seelenlied wurde mir vom Göttlichen am 10. September 2005 geschenkt, um jede Seele der Menschheit, der Mutter Erde und darüber hinaus zu segnen. Durch das Chanten dieses Seelenlieds leistest du einen großen Dienst. Du gewinnst an Heilkraft. Je mehr gute Dienste du anbietest, desto mehr erhöht sich dein Seelenstandpunkt:

*Lu la lu la li.*
*Lu la lu la la li.*
*Lu la lu la li lu la.*
*Lu la li lu la.*
*Lu la li lu la.*

*Ich liebe mein Herz und meine Seele.*
*Ich liebe die gesamte Menschheit.*
*Wir verbinden uns in unseren Herzen und Seelen.*
*Liebe, Frieden und Harmonie.*
*Liebe, Frieden und Harmonie.*

Chante diesen Seelengesang jeden Tag beim Aufwachen, vor dem Mittagessen oder ehe du dich schlafen legst. Lad andere Seelen ein, mit dir mitzusingen. Dies hilft dir, die Qualitäten von Liebe, Frieden und Harmonie in dein Leben zu bringen. Gleichzeitig leistest du wundervolle Dienste für deinen Nächsten. Dies ist eine großartige Art, alle Aspekte deines Lebens zu segnen und die Genauigkeit deiner Seelenkommunikation zu erhöhen. Ich kann es nicht genügend unterstreichen, dass das Dienen durch Chanten ein Schlüssel dazu ist, deine Genauigkeit zu verbessern. *Liebe, Frieden und Harmonie* zu chanten wird deine spirituellen Fähigkeiten entwickeln.

Wenn du im direkten Flow unterrichtest, erhältst du auch Antworten auf Fragen aus deinem Publikum. Es ist sehr wichtig, Zeit für diese Fragen zu lassen und stimmige Antworten zu geben. Das Vernehmen von Unterweisungen im Flow ist für viele Zuhörer eine neue Erfahrung. Wie ich schon sagte, hat diese Art des Unterrichtens eine sehr hohe Frequenz beziehungsweise Schwingung. Deshalb können sich die Zuhörer während der Unterweisung oder auch danach etwas »wacklig« fühlen. Das ist absolut normal.

Mach dir keine Gedanken. Teil ihnen im Voraus mit, welche körperlichen Reaktionen auftreten können. Beschließ den Unterricht mit einigen erdenden Übungen wie diejenigen, die ich im zweiten Kapitel erwähnt habe. Wenn deine Zuhörer keine solchen Reaktionen haben, dann gibt ihnen das dennoch die Gelegenheit, dankbar zu sein.

## Das Dritte Auge

Bilder vom Dritten Auge sind auch sehr hilfreich für die Unterweisungen. Wenn dein Drittes Auge geöffnet ist, kann es sein, dass du während des Unterrichtens Bilder empfängst. Einige Zuhörer sehen vielleicht Darstellungen mit ihrem Dritten Auge. Frag sie, welche sie während deiner Unterweisungen sahen. Sie haben vielleicht einiges mitzuteilen. Jedes Bild wird zu den Worten der Unterweisung Fülle, Tiefe, Übereinstimmung und Einsichten beisteuern.

Wenn dein Drittes Auge nicht vollständig geöffnet ist, empfängst du weniger Bilder, oder du siehst einfach Licht. Alle empfangenen Bilder sind wunderbare Beiträge zur Unterweisung. Sie bringen für manche größere Klarheit. Für einige bringen sie eine weitere Stufe der Lehre. Bilder von Licht, die vom Dritten Auge kommen, sind eine spezielle Form der göttlichen Gegenwart. Das Wort »Licht« ist sehr ungenügend, weil die Bilder von Licht aus dem Dritten Auge verschiedener Menschen in Qualität, Dichte und Farbe große Unterschiede aufweisen. Jede dieser Variationen hat eine eigene besondere Botschaft. Es ist wichtig, dass der Empfänger eines Bildes von Licht nach der mit dem Bild assoziierten Botschaft fragt. Wenn die Botschaft in der Form einer direkten Antwort gegeben wird, ist das hervorragend. Wenn nicht, kannst du einen direkten Flow in Verbindung mit der Qualität und der Art des Lichts im Bild durchführen.

Vergiss nicht, alle daran zu erinnern, dass Erfahrungen mit dem Dritten Auge variieren. Nicht jeder bekommt dieselben Bilder. Diejenigen, die Licht sehen, werden in dem, was sie erfahren, große Variationen erleben. Es gibt aber auch eine Übereinstimmung, weil die Essenz der Bilder die gleiche sein wird. Manche sagen: »Ich sehe nur Licht.« Es ist dann sehr wichtig, den Menschen begreiflich zu machen, dass es da kein »nur« gibt. Bilder von Licht zu empfangen ist immer ein großer Schatz. Außerordentliche Weisheit und tiefe Belehrungen sind mit diesen Bildern verbunden. Aber die Menschen verstricken sich so leicht in Vergleichen (wie gesagt: vermeide diese) und Enttäuschungen, dass sie oft vergessen, nach der Botschaft in den Bildern zu fragen. Verfall nicht dem falschen Eindruck, das Bild sei die gesamte Unterweisung. In den meisten Fällen müssen wir nach der Botschaft fragen, um die Unterweisung zu erklären. Das Bild allein vermittelt nur eine Teil-Erfahrung. Frag nach der Botschaft, und du kannst dich auf deiner Seelenreise leichter und in größerer Harmonie vorwärtsbewegen.

Zusätzlich zu Bildern vom Licht können die Menschen natürlich auch Bilder des Göttlichen empfangen, von höheren Heiligen, Tieren und anderen Wesen aus der Seelenwelt. Ebenso Bilder von anderen Orten, zum Beispiel vom Himmelreich. Den Bildern, die man bekommen kann, sind keine Grenzen gesetzt. Einige sehen zum Beispiel während der Unterweisung in ihr Botschaftenzentrum. Diese Eindrücke können ihnen von der Transformation erzählen, die sie auf jeder Ebene ihres Wesens durchlaufen.

Die möglichen Bilder sind unbegrenzt, weil sie vom Göttlichen und der Seelenwelt kommen, die beide auch unlimitiert sind. Ich kann nicht alle Möglichkeiten aufzählen, sondern nur Beispiele geben. Einige Leute mit einem weit geöffneten Dritten Auge können gar eine Serie von Bildern sehen, ähnlich wie ein Film, die zu den Worten der Unterweisung passen. Wenn es im Unterricht beispielsweise darum geht, dass die Seele die Verantwortung innehat, sehen sie die Seele als Kommandeur. Bekommst du als Lehrer auch Bilder, kann das hilfreich sein. Diese Bilder können dich auf Punkte hinweisen, die der Erklärung oder Erweiterung bedürfen. Wenn du während des Unterrichtens keine Bilder empfängst, ist das auch in Ordnung. Du vermeidest somit möglicherweise die Ablenkung dadurch, dass du auch siehst, was du sagst. So bleibst du viel tiefer in Kontakt mit dem Göttlichen und der Seelenwelt und besser im Zustand des Lehrens. Was immer auch geschieht, ist ein Segen für dich. Sei stets dankbar! Beklag dich nie, weil du Bilder bekommst oder eben nicht. Sag *Danke* für das, was die Seelenwelt dir gegeben hat. Ihre Weisheit ist unbegrenzt. Was sie dir gibt, ist genau richtig für dich.

Wer keine Bilder vom Dritten Auge bekommt, ist sehr dankbar, wenn andere über ihre Bilder sprechen. Dies kann bei weiteren Zuhörern einen ähnlichen Prozess auslösen, obwohl sie denken, ihr Drittes Auges sei noch nicht geöffnet. Sie erkennen dann möglicherweise, dass sie das, was andere sahen, auch vernommen, aber nicht als Bilder vom Dritten Auge identifiziert haben. Oft erkennen Anfänger ihre Bilder vom Dritten Auge nicht, weil sie eine Darstellung mit fotografischen Details und voller Klarheit erwarten. Dies wird kommen, wenn die Fähigkeiten des Dritten Auges sich entwickeln. Aber man empfängt zuerst Bilder, die unscharf, verschwommen, dunkel oder flüchtig sind.

Außer zur Erklärung oder Erweiterung der Lehren können Bilder vom Dritten Auge auch dazu eingesetzt werden, Unterweisungen zu geben. Du kannst deine Bilder vom Dritten Auge dann ähnlich verwenden wie den direkten Flow. Du magst hinschauen, was in den Bildern geschieht, und das als deine Unterweisung weitergeben. Dies verlangt nach sehr hoch entwickelten Fähigkeiten des Dritten Auges. Einige Menschen können dann nicht nur die Bilder sehen, sie hören auch Töne und nehmen Gerüche wahr, die mit den Bildern assoziiert sind. Wenn sie eine Feier sehen, hören sie diese auch. Sehen sie einen Garten, empfangen sie sogar den Duft der Blumen.

Wenn du mit Hilfe der Erfahrungen des Dritten Auges unterrichtest, solltest du vermeiden, in Details stecken zu bleiben. Halt dich an die Essenz. Das ist sehr wichtig. Es ist nicht wünschenswert und oft auch nicht möglich, alle Einzelheiten deiner Bilder zu vermitteln. Das würde die Kraft der Unterweisung schwächen. Fokussiere dich auf die stärksten und am tiefsten greifenden Bilder. Dies sind auch diejenigen, die den größten Einfluss auf die Seelenreise von anderen haben. Bitte darum, dass die stärksten Bilder dir die Botschaft geben, die sie zu diesem Zeitpunkt der gesamten Menschheit mitteilen wollen. Die einfache Technik besteht wie immer darin, *Hallo* zu sagen. Wenn du deinem Dritten Auge und der Seelenwelt *Hallo* sagst und sie bittest, dir nur die wichtigsten Bilder zu zeigen, dann werden sie das tun. Bitte einfach darum: *Liebe Seele, lieber Geist und lieber Körper meines Dritten Auges, ich liebe euch. Könnt ihr mir bitte die kraft-*

*vollsten Bilder mitteilen, die wir zu diesem Zeitpunkt sehen sollen? Danke, danke, danke.* Diese einfache Bitte wird dir erlauben, die machtvollsten Bilder zu erhalten, die den größtmöglichen Eindruck auf deine Zuhörer machen werden. Wenn du diese Bitte nicht aussprichst, wirst du alles von A bis Z sehen. Einiges davon mag sehr hilfreich sein, anderes wirst du überhaupt nicht verwenden können.

Bilder dazu zu nutzen, dass du Unterweisungen aus der Seelenwelt bekommst, stellt eine äußerst kraftvolle Verbindung her. Die empfangenen Botschaften sind von sehr hoher Qualität, die Frequenz respektive Schwingung auf einer sehr hohen Ebene. Heilung, Segnung, Verjüngung und Transformation, die durch diese Unterweisungen geschehen, sind sehr machtvoll. Manchmal wirst du Eindrücke, die du durch dein Drittes Auge erhältst, beschreiben können, die wirklich herzergreifend sind. Oft sind die stärksten Bilder hier solche, die mit Erfahrungen aus früheren Leben verbunden sind. Wenn das gerade dein Thema ist, kannst du ganz allgemein darüber reden. Sprich jedoch nicht vor anderen über spezielle Personen, die womöglich noch anwesend sind. Die Menschen, insbesondere jene, die ihre Seelenreise bewusst starten, haben den Eindruck, sie seien auf alles gefasst. Das stimmt aber so nicht. Wenn ein bestimmter Teilnehmer etwas über sich selbst erfahren möchte, mag er ein persönliches Treffen mit dir vereinbaren; und dann kannst du die Information auf diskrete und angemessene Art und Weise weitergeben. Solche Informationen öffentlich mitzuteilen ist nicht angebracht. Eine derartige Aufdeckung kann großen Schaden anrichten. Sie kann Seelenerinnerungen hochbringen, die einen tiefgehenden Heilungsprozess erfordern. Sie kann emotionale Wunden öffnen. Sie kann die Seelenreise der Person verlangsamen und so für dich schlechtes Karma erschaffen. Darum müssen persönliche Informationen zu gegebener Zeit privat mitgeteilt werden oder überhaupt nicht. Bitte beachte in jedem Fall die Ernsthaftigkeit dieser Belehrung.

Erfahrungen mit dem Dritten Auge können große Neugierde und hohes Interesse auslösen. Das ist gut. Dann müssen diese Neugierde und dieses Interesse den Schritt weiter machen, zu einer Verpflichtung der Seelenreise gegenüber zu werden. Manche bleiben auf der Ebene der Neugierde. Das ist schade. Bilder vom Dritten Auge haben viel mehr als nur einen »Unterhaltungswert«. Es gibt so viele Optionen. Auf der Ebene der Details zu bleiben hieße, all die wunderbaren Möglichkeiten für Weisheit, Heilung, Verjüngung und Transformation zu ignorieren. Das wäre sehr unglücklich. Wenn du Fähigkeiten des Dritten Auges besitzt, dann denk an diese Warnungen.

Über deine Erfahrungen mit dem Dritten Auge zu reden und sie zum Unterrichten einzusetzen ist ein wunderbarer Dienst am Nächsten. Es ist auch ein großer Dienst, den Zuhörern klarzumachen, wie wichtig es ist, über das Fokussieren auf die Details hinauszugehen. Sie wissen zu lassen, dass es unabdingbar ist, sich mit der Botschaft zu verbinden, ist an sich eine tiefgreifende Belehrung. Bilder vom Dritten Auge können auch eine tiefe Quelle der Belehrung für dich selbst in deinem Leben sein. Dies ist ein weiterer Aspekt der Unterweisung durch Erfahrungen mit dem Dritten Auge.

Wenn du Bilder vom Dritten Auge empfängst, frag nach der Botschaft, wie ich es beschrieben habe. Notier dir die Bilder, die du empfängst. Sprich zu ihren Seelen. Frag die Seele jedes Bildes, was du daraus lernen sollst. Welche neue Weisheit kann sie dich lehren? Gibt es Übungen, die sie dir zeigen will? Bilder vom Dritten Auge sind besonders hilfreich, wenn die Seelenwelt dir eine neue Übung zeigen möchte.

Für Menschen mit einem sehr aktiven Dritten Auge wird‘ es unrealistisch sein, eine vollständige Aufzeichnung ihrer Bilder anzufertigen. Es ist ja möglich, dass du den ganzen Tag über welche empfängst. Dann kannst du am Ende des Tages dein Drittes Auge bitten, dir die für deine Seelenreise bedeutendsten Motive nochmals zu zeigen. Du kannst zum Beispiel darum bitten, die drei wichtigsten erneut zu sehen. Wenn du diese Bilder ein weiteres Mal empfängst, hast du wiederholt die Möglichkeit, nach der Botschaft und der Lehre darin zu fragen. Neben den Aufzeichnungen der drei wichtigsten Bilder kannst du dir auch jene notieren, die während des Tages am häufigsten vorkamen. Wenn sie öfter auftreten, haben sie dir etwas Besonderes zu sagen. Nimm ihre Weisheit und Belehrung an. Die mehrfach auftretenden Bilder vermitteln dir damit wahrscheinlich spielerisch die Botschaft, flexibel zu sein, den Humor zu behalten oder keine Anhaftungen zuzulassen. Diese Botschaft zu leben ermöglicht dir, wahrhafte Freiheit zu erfahren und in tiefe und authentische Freude einzutreten.

Bilder des Dritten Auges für dich selbst zu empfangen ist ein ganz besonderes Geschenk. Du erhältst Unterweisungen, Weisheit und Heilung, die ganz auf dich zugeschnitten sind. Dies alles fällt in die Kategorie, Seelenkommunikation zum Unterrichten zu nutzen. Wenn die Unterweisung direkt zu dir kommt, ist das sehr hilfreich. Du kannst sie sofort nutzen, um anderen zu helfen. Du wirst viele darin unterrichten können, wie Bilder vom Dritten Auge zu Führern auf deiner spirituellen Reise und deiner Heilungsreise wurden. Was immer du für dich selbst empfängst, kannst du für andere einsetzen. Wenn du deine Fähigkeit weiterentwickelst, werden dir immer mehr Bilder gegeben werden, um anderen zu helfen. Zu Beginn der Entwicklung deines Dritten Auges werden die Bilder vornehmlich dazu dienen, eine Unterweisung zu erläutern oder dich auf deiner Seelenreise zu unterstützen. All diese Bilder sind wunderbare Schätze.

Du kannst jede Form der Seelenkommunikation nutzen, um dich mit der Botschaft eines Bildes vom Dritten Auge zu verbinden. Du kannst direkt fragen und im direkten Flow empfangen, nach mehr Bildern fragen oder die Seelensprache und ihre Übersetzung anwenden. Und manchmal wirst du direkt wissen, dass eine bestimmte Unterweisung oder Weisheit mit einem Bild vom Dritten Auge verbunden ist. Alle diese Formen des Empfangs von Informationen sind hilfreich, aber du wirst üblicherweise nur einen jener Wege nutzen, um ein bestimmtes Bild zu verstehen. Für ein anderes Bild vom Dritten Auge kannst du einen anderen Weg einschlagen, um dich mit der Botschaft zu verbinden.

Direktes Wissen ist eine Fähigkeit auf höchster Ebene. Wenn du eine Botschaft empfängst, empfängst du sie durch direktes Wissen. Wenn deine Fähigkeit diesen Stand erreicht hat, wirst du immer besser. Deine Frequenz beziehungsweise Schwingung wird sich erhöhen. Dein direktes Wissen wird sehr präzise werden. Es wird dir zum täglichen Erleben werden. Dies stimmt im Besonderen, wenn du dich mit der Botschaft von Bildern des Dritten Auges verbindest.

Es ist sehr hilfreich, mit Menschen über deine Bilder vom Dritten Auge zu sprechen, die am Anfang ihrer spirituellen Reise stehen, oder mit jenen, die diese Fähigkeit noch nicht entwickelt haben. Sehen zu können, was in der Seelenwelt geschieht, ist auch sehr hilfreich. Es ist nicht unbedingt notwendig, aber eben recht nützlich. Es ist vergleichbar damit, beim Anschauen eines Films die Augen offen zu halten. Man kann den Inhalt des Films auch mit geschlossenen Augen verstehen, aber die Bilder zu sehen macht einen bedeutenden Unterschied.

Wer im direkten Flow große Fähigkeiten entwickelt hat, wird oft dieselben Informationen erhalten; aber eben durch Worte. Man bekommt ein »verbales Bild«. So oder so übermittelt die Seelenwelt die Informationen, die benötigt werden. Sie vermittelt die Unterweisung und die Weisheit auf angemessene Art und Weise. Sie vermittelt sie durch den Kanal, der für den jeweiligen Empfänger der hilfreichste ist. Die Seelenwelt gibt jedem Menschen die maßgeschneiderte Methode, zu der spirituelle Weisheit und den Unterweisungen zu kommen. Wenn deine Methode die über das Dritte Auge ist, sehr gut. Wenn deine Fähigkeiten mit dem Dritten Auge noch nicht entwickelt sind, ist das auch in Ordnung. Was immer dir gegeben wird, es ist das auf dich zugeschnittene Geschenk vom Göttlichen und von der Seelenwelt. Nutze es gut. Nutze es zum Unterrichten. Nutze es zum Dienen.

Wenn du Bilder vom Dritten Auge empfängst, öffnest du dich einem Aspekt der Seelenwelt und des Göttlichen, der sehr heilig ist. Diese Botschaften empfangen zu können ist eine Ehre und ein Privileg. Das Empfangene auch weitergeben zu können ist von großem Nutzen und ein großer Dienst.

# Die Seelensprache und ihre Übersetzung

Du kannst durch die Seelensprache und ihre Übersetzung unterrichten. Diese Methode eignet sich für jedes Thema. Du kannst deine eigene Seelensprache übersetzen, aber auch jemand anderen bitten, dies zu tun. Unterrichtest du eine Gruppe oder gibst du einen Workshop, wäre es am besten, wenn mindestens ein weiterer Übersetzer anwesend wäre.

Lass mich den Begriff »Dienen« als Beispiel nehmen. Wenn du dieses Thema unterrichtest, sprich etwa ein bis zwei Minuten in der Seelensprache darüber und lass dann jemanden übersetzen. Ein Übersetzer mit großen Fähigkeiten wäre natürlich ideal. Oder bitte drei bis fünf Leute um eine Übersetzung. Die Zuhörer mögen erstaunt sein, dass es fünf verschiedene Übertragungen desselben Ausdrucks der Seelensprache gibt. Lass mich erklären, wie dies geschieht.

Die Übersetzung »fließt« aus deinem Botschaftenzentrum. Ist dein Seelenstandpunkt sehr hoch, wird die Frequenz deiner Übersetzung ebenso hoch sein. Wenn dein Seelenrang niedriger ist, ist auch die Schwingung deiner Übersetzung flacher. Dennoch verbindet sich jeder, der die Seelensprache übersetzt, mit der Essenz der Botschaft. Die jeweilige Übersetzung drückt dies unterschiedlich aus. Die Übersetzung jeder Person enthält unterschiedliche Details. Die Tiefe der Weisheit und der Unterweisung ist in den verschiedenen Übersetzungen also unterschiedlich. Aber: *Die Essenz ist dieselbe.*[18]

Das Übersetzen der Seelensprache ist ein äußerst kraftvolles Werkzeug. Es handelt sich um ein außergewöhnliches Geschenk, das mit großen spirituellen Werten verbunden ist. Du weißt bereits, dass die Seelensprache eine sehr reine Form der Kommunikation bedeutet. Es ist die Kommunikationsart, deren deine Seele und die gesamte Seelenwelt sich bedienen. Darum ist das Übersetzen der Seelensprache ein ganz besonderes Privileg und eine große Ehre. Eine Übersetzung zu machen stellt eine besondere Verbindung mit der Seelensprache dar. Es ist eine besondere, sehr reine Verbindung mit der Seelenwelt. Darum soll dem Übersetzen der Seelensprache mit großer Ehrfurcht und Wertschätzung begegnet werden.

Je größer deine Wertschätzung für das Übersetzen der Seelensprache ist, desto mehr kannst du dich in den Zustand der Seelensprache und ihrer Botschaft begeben. Wenn du dich in diesen Zustand begibst, bist du besser befähigt, stimmig zu übersetzen. Dies ist das Geheimnis einer korrekten Übertragung. Geh in den »Zustand des Helden«, der in diesem Fall der Zustand des Übersetzens ist. Du *bist* Seelensprache. Du *bist* ihre Botschaft.

Wenn du durch die Seelensprache und ihre Übersetzung unterrichtest, halt deine Seelensprache kurz. Du kannst gut eine Stunde mit knappen Segmenten der Seelensprache lehren. Für Anfänger ist es ganz besonders wichtig, bei kurzen Abschnitten zu bleiben. Selbst für jene, die in ihren Fähigkeiten schon etwas weiter fortgeschritten sind, empfehle ich überschaubare Segmente. Die Zuhörerschaft kann kurzen Abschnitten viel besser folgen. Ein zusätzlicher Nutzen ist, dass viele die Möglichkeit bekommen, zu übersetzen, wenn du deine Unterweisungen kernig hältst. Du musst dir keine Gedanken darüber machen, ob du die Unterweisung wirst beenden können. Es wird geschehen. Alle Ideen und die Weisheit, die du für deinen anstehenden Vortrag oder Workshop brauchst, werden dir gegeben werden.

Du kannst die Seelensprache und ihre Übersetzung mit Belehrungen im direkten Flow ergänzen und verstärken – oder durch eine Zusammenfassung und Herausarbeitung der Essenz der Unterweisung mit mehr Details und Beispielen. Du kannst jedes Segment der Unterweisung weiterentwickeln, wenn du willst. Als Lehrer ist es deine Verantwortung, mit dem Thema und mit der Seelenwelt, dem Göttlichen und den Seelen aller Anwesenden verbunden zu bleiben. Während du der Übersetzung zuhörst, kannst du diese bezüglich der Essenz kommentieren und dann die Unterweisung entwickeln. Nachdem du das getan hast, beginnt das nächste Segment in der Seelensprache. Und so weiter.

Eine andere Art, mit der Seelensprache und ihrer Übertragung zu unterrichten, ist die Simultanübersetzung. Du sprichst dann die Unterweisung mit leiser Stimme. Zur gleichen Zeit übersetzt dies jemand anders mit lauterer Stimme. Simultanübersetzung ist eine sehr kraftvolle und wirkungsvolle Art, Unterweisungen zu geben. Natürlich benötigst du dazu jemanden, der Simultanübersetzungen mit großer Genauigkeit ausführen kann. Frag einfach die Seelen der Anwesenden: *Verfügt jemand über diese Fähigkeit?* Wenn niemand antwortet, dann ist klar, dass du diesen Ansatz nicht wirst gebrauchen können …

Die Seelensprache und ihre Übersetzung sind ein sehr wichtiger Aspekt der Seelenkommunikation zum Zweck des Unterrichtens. Man kann es nicht oft genug betonen. Großer Nutzen entsteht auf vielerlei Art für jeden Anwesenden, wenn sie eingesetzt werden. Viele Seelen im gesamten Universum können sich so wirksam in die Essenz der Unterweisung einklinken. Die Möglichkeiten, Seelensprache und ihre Übersetzung zum Unterrichten einzusetzen, sind endlos. Die Möglichkeiten sind kraftvoll, tiefgreifend und übersteigen unsere Vorstellungskraft. Es wird dereinst eine Zeit geben, da Menschen unterschiedlicher Sprache und Herkunft derselben Unterweisung beiwohnen und am gesamten Nutzen teilhaben können, weil sie vollständig in Seelensprache gehalten werden wird. Wir haben die Gelegenheit, diesen Ansatz des Unterrichtens weltweit einzuführen. Wir fühlen uns zutiefst geehrt und gesegnet.

# 6

# Seelenkommunikation als Dienst

D er Sinn des Lebens liegt im Dienen. Es verbindet uns mit dem Göttlichen, mit der gesamten Seelenwelt und mit dem Universum. Alle Seelenkommunikationsfähigkeiten – Drittes Auge, Seelensprache und ihre Übersetzung, direkter Flow, direktes Wissen – können zum Dienen genutzt werden. Jedes Mal, wenn du Seelenkommunikation pflegst, ist das ein aktiver Dienst. In diesem Kapitel spreche ich darüber, Seelenkommunikation bewusst und in der Hauptsache zum Dienen einzusetzen.

## Botschaften für andere empfangen

Eine Art, die Seelenkommunikation dienend zu nutzen, liegt im Empfangen von Botschaften für einen Nächsten. Menschen, die wissen, dass du über diese Fähigkeit verfügst, werden dich oft darum bitten. Diese Form des Dienens kann zur Berufung werden. Wenn du andere auf solche Weise unterstützt, kannst du dich mit dem Göttlichen, einem der höchsten Heiligen, der Seele der Person selbst oder von jemandem, der bereits den Übergang vollzogen hat, verbinden und die entsprechende Botschaft empfangen. Du hast die Ehre und das Vorrecht, die Stimme für diese Botschaft zu sein. Es ist deine Stimme. Die Botschaft und die Unterweisung stammen vom Göttlichen, den höchsten Heiligen oder der Seele, die die Botschaft gegeben hat. Bestätige immer, dass dein Beitrag nur die Stimme ist. Die Botschaft hat eine andere Quelle. Danke stets dieser Quelle für die Mitteilung.

Die Genauigkeit wird sich schnell verbessern, wenn du ebendieses Bewusstsein und Dankbarkeit zum Ausdruck bringst. Einige unter euch werden dies nur etwas schüchtern oder widerstrebend tun. Scheu und Widerstreben erinnern dich daran, dass dein Ego aktiv ist. Ich kann gar nicht genügend unterstreichen, wie wichtig es ist, zu bestätigen, dass es nur deine Stimme ist und dass die Botschaft und die Unterweisung von einer anderen Quelle kommen. Du musst auch der Quelle der Unterweisung gegenüber deine Dankbarkeit ausdrücken. Wenn du das tust, wirst du im Übermaß gesegnet werden, und die Frequenz der Botschaft, die du erhältst, wird sich deutlich erhöhen.

Wenn du die Person bist, die nach Information fragt, ist die Botschaft, die du erhältst, heilig, tiefgründig und transformierend. Sie muss mit großer Ehrerbietung und Respekt behandelt werden. Wie schon mehrfach gesagt, musst du willens sein, nach der empfangenen Information zu handeln. Fragen an die Seelenwelt zu richten gleicht einem Vertrag. Wenn du deinen Teil der Abmachung, nämlich den empfangenen Informationen entsprechend zu handeln, nicht einzuhalten gedenkst, stell die Frage besser erst gar nicht. Das Ganze ist nämlich wirklich ernst zu nehmen. Wenn du vom Göttlichen oder von der Seelenwelt Informationen bekommst, dich dann aber dazu entscheidest, sie nicht zu nutzen, sagst du dadurch aus, dass dir die Information nicht wichtig ist. Du signalisierst, dass du es besser weißt als das Göttliche. Das ist kein guter Entschluss. Er kann für dich sehr schädliche Auswirkungen haben. Es wäre in diesem Fall wirklich besser, gar nicht erst zu fragen.

Während du Seelenkommunikation pflegst, ist es sehr wichtig, dass dein Botschaftenzentrum geöffnet ist. Bleib kontinuierlich in dem Zustand, die Stimme für die Quelle der Botschaft zu sein. Wenn du in diesem Zustand bleibst, wird die Botschaft akkurat sein, die durch dich fließt. Es ist eine Segnung und eine Heilung. Wenn du zulässt, dass du über die empfangene Botschaft nachdenkst, bist du nicht mehr im beschriebenen Zustand. Dann bist du nicht mehr die Stimme für die Quelle der Botschaft. Geh zurück in den Zustand, indem du dich erneut mit der Seele verbindest, welche die Botschaft gibt.

Hat die Person, für die du dich mit einer bestimmten Seele verbindest, mehr als eine Frage, ist es vorteilhaft, die Fragen ganz natürlich aus dem Flow herauskommen zu lassen, den du empfängst. Beantworte zuerst die wichtigste. Du musst die weiteren zunächst nicht kennen. Oft zeigen sich Menschen mit vielen Fragen erstaunt, wenn sie die erste Antwort hören. Denn vielfach sind darin schon Lösungen zu anderen Fragen oder Themen mit eingeschlossen. Und so stellen sie fest, dass sie statt zehn nur noch zwei oder drei Fragen haben. Diese Art von Flow ist dann möglich, wenn du im empfänglichen Zustand bleibst und der Fragesteller sich verpflichtet hat, die erhaltene Information auch zu nutzen.

Manchmal bitten Menschen aus purer Neugier um Beratung durch Seelenkommunikation. Sie wissen nicht genau, welche Entscheidungen sie zu treffen haben. Sie mögen verschiedene Möglichkeiten erwägen und wollen etwas über die beste Wahl erfahren. Ihre Absicht besteht darin, die Information entgegenzunehmen und dann darüber nachzudenken. Für sie geht es darum, Fakten zusammenzutragen. Sie werden schließlich durch logisches Denken zu einer Entscheidung kommen. Wenn Leute mit diesem Ansatz an dich herantreten, musst du ihnen erklären, *dass von ihnen erwartet wird, die kommende Information auch umzusetzen.* Eine Botschaft vom Göttlichen oder einem höchsten Heiligen zu empfangen, nur um seine Neugierde zu befriedigen, ist keine gute Idee. Die Anregungen kommen von den höchsten Quellen. Diese Information nicht zu berücksichtigen und weiterhin durch logisches Denken zu einer Entscheidung zu kommen wäre eine große spirituelle Unhöflichkeit. Ich kann nicht dick genug unterstreichen, wie wichtig es ist, nach den gegebenen Informationen zu handeln. Du solltest den Empfängern ebenso mitteilen, dass das, was sie bekommen, auch praktischen Bedürfnissen gerecht werden muss. Wenn es dies nicht tut, dann ist es nicht akkurat. Es ist sehr wichtig, da eine Balance zu finden. Ich sage allerdings nicht, dass du jedes einzelne Wort, das dir gegeben wird, auch akzeptieren musst. Es gibt keinen einzigen Seelenkommunikator mit hundertprozentiger Genauigkeit. Erinnere auch immer dein Gegenüber hieran.

Wenn ich sage, dass die Ratschläge mit dem praktischen Leben harmonieren müssen, heißt dies nicht, dass du immer angenehme Anregungen bekommst. Genau genommen werden sie selten kommod sein. Wir werden immer gebeten, mehr zu tun. Wir werden stets aufgefordert, unseren Seelenrang zu erhöhen, und angehalten, immer bedingungsloser unseren universellen Dienst zu leisten, eine immer reinere Qualität unserer »Goldenen Dienerschaft« auszudrücken. Es wird in den Antworten stets auch um Herausforderungen gehen. Wer um einen Rat durch Seelenkommunikation bittet, muss auf eine Herausforderung vorbereitet sein.

Wenn du diese Art von Seelenkommunikation und des Unterrichts anwendest, bietest du deinem Nächsten einen kostbaren Schatz an. Du unterstützt die Seelenreise jener Person auf einer tiefgreifenden Ebene. Die Fragen, die man dir stellt, mögen nicht ausdrücklich mit der Seelenreise verbunden sein. Sie können eine Beziehung oder den Beruf betreffen, auch Wechselbeziehungen am Arbeitsplatz. Die Möglichkeiten sind unbegrenzt. Aber welcher Natur die Fragen auch sein mögen, die Antworten beziehen sich immer irgendwie auf die Seelenreise.

So kann es in den Fragen zum Beispiel darum gehen, wie man körperliche Heilung bewirken kann. Die Antwort wird selbstverständlich mit Methoden zur physischen Genesung verbunden sein. Aber um eher äußerliche Symptome zu heilen, muss auch die Seele Heilung erfahren. Dies ist nur ein Beispiel, welches verstehen helfen soll, dass jedes Problem sich irgendwie mit der Seelenreise assoziiert. Einige dieser Verbindungen sind direkter Art. Andere werden weniger direkt sein, sind aber ebenso wichtig. Sei nicht überrascht, wenn die Antwort die Seelenreise der Person anspricht.

Wie ich schon sagte, können die Antworten für den Fragesteller sehr herausfordernd sein. Oft sind die klareren und direkteren Antworten noch »provozierender«. Einige Antworten werden zwei oder mehr Möglichkeiten anbieten, und das Göttliche oder der höchste Heilige sagen damit: »Es ist deine Wahl.« Dies ist eine besonders starke Art von Botschaft. Die Seele, die diese Antwort gibt, teilt sehr klar mit, welche Vor- und Nachteile die einzelnen Optionen haben. Es wird sehr deutlich sein, welche Wahl die beste für die Seelenreise ist. Aber das Göttliche, der höchste Heilige oder eine andere Quelle der Botschaft zwingt den Fragenden nicht, auf eine bestimmte Art zu reagieren. Die Entscheidung muss selbst getroffen werden, und es ist an dem Ratsuchenden, sich mehr in Richtung Selbstverpflichtung zu bewegen. Die beste Wahl zu treffen heißt gleichzeitig, eine bedeutsame Verpflichtung einzugehen.

Wenn keine Optionen genannt werden, sollte der Klient einfach den gegebenen Anweisungen gemäß handeln. Gibt es verschiedene Möglichkeiten, muss nicht nur die Weisheit und Unterweisung empfangen werden, sondern es ist auch notwendig, alle Blockaden gegen eine Verpflichtung loszulassen. Optionen werden gegeben, damit der Betreffende sich frei entscheiden kann. Dabei ist die beste Wahl für die eigene Seelenreise auch für alle anderen beteiligten Seelen die optimale. Diese letzte Feststellung mag nicht immer offensichtlich sein. Aber mit der Zeit wird ihre Wahrheit klar werden.

Es ist eine besondere Herausforderung, verschiedene Möglichkeiten zu bekommen, wenn man um Führung bittet. Du kannst dann die Frage stellen, warum die antwortende Seele dir eine so große Auswahl zugesteht. Warum nicht einfach eine klare Ansage, die du befolgen kannst? Große Weisheit kann aus der Antwort auf diese Frage gewonnen werden. Sie wird jeweils individuell ein wenig anders ausfallen, aber grundsätzlich wird die Essenz immer die gleiche sein.

Wenn du für einen Nächsten direkte Seelenkommunikation oder eine andere Form der Seelenkommunikation pflegst, bist du die Gegenwart des Antwortenden. Du übermittelst Unterweisungen, Segnungen und Heilungen. All dies ist ein tiefgreifender Dienst am Nächsten und wirkt sowohl für dich als auch für dein Gegenüber transformierend. Wenn du deinen Dienst auf diese Weise anbietest, verbindest du dich mit der gesamten Seelenwelt und ihrer Weisheit. Du empfängst das, was für den um Hilfe Bittenden notwendig ist. Du übermittelst, was er oder sie gebrauchen kann. Es sei auch an dieser Stelle ein weiteres Mal betont, wie wichtig es ist, dem Fragesteller zu sagen, dass er bereit sein muss, den empfangenen Anleitungen gemäß zu handeln.

Die Botschaften, die du für andere bekommst, implizieren die Möglichkeit, deren Leben zu verändern. Wenn sie dir eine Frage an das Göttliche gestellt haben, hast du die Ehre und das Privileg, diese Botschaft für das Göttliche auszusprechen. Du hast die Möglichkeit, der anderen Person hören zu helfen, was das Göttliche in diesem Moment von ihm oder ihr wünscht. Du wirst erstaunt sein, wie oft die Botschaft des Göttlichen von sanftester und behutsamer Liebe ist. Ein Großteil der Menschheit muss sich zu dieser Zeit darum bemühen, die Wirklichkeit der Liebe des Göttlichen für jeden Einzelnen anzunehmen. Viele haben Schwierigkeiten, sich auf die Erfahrung der bedingungslosen Liebe des Göttlichen einzulassen. Zu wissen, wie tief geliebt wir sind, verändert unser Leben. Ich habe oft gesagt: »Liebe entfernt alle Hindernisse. Liebe lässt alle Blockaden schmelzen.« Wenn jemand die Botschaft der göttlichen Liebe hört und verinnerlicht, kann eine außergewöhnliche Transformation stattfinden. Die Botschaft zu empfangen wird gefolgt vom Tun. Der Ratschlag des Göttlichen, diese Liebe zur eigentlichen Luft zu machen, die wir atmen, muss befolgt werden. Die Vorschläge des Göttlichen sind immer sehr einfach, aber transformierend. Dein gesamtes Leben verändert sich durch sie.

Wenn du diese Botschaften an andere weitergibst, ist es wichtig, sie so auszusprechen, dass sie empfangen und akzeptiert werden können. Das Göttliche drückt seine Liebe auf starke und doch sanfte Art aus. Es ist stets die Botschaft, welche die Menschheit zu diesem Zeitpunkt benötigt. Sie anzunehmen und danach zu handeln bringt Transformation in jeden Bereich deines Lebens. Was mich erstaunt, ist, dass Menschen diese Botschaft immer wieder und auf vielerlei Art hören und sie dennoch nicht verinnerlichen. Das Göttliche hat durch alle Zeitalter Botschafter ausgesandt, die betonten, wie wichtig jeder Einzelne dem Göttlichen ist und wie tief jedes Individuum vom Göttlichen geliebt wird. Und doch muss diese Botschaft von einem Großteil der Menschheit noch empfangen und verinnerlicht werden.

Wenn du Seelenkommunikation für einen Nächsten praktizierst, sei nicht überrascht, immer wieder Botschaften göttlicher Liebe zu empfangen. Es ist die grundlegende Nachricht, die das Göttliche zu dieser Zeit für die Menschheit hat. Es ist die Botschaft, die das Göttliche seit Äonen gegeben hat und die die Türen zum Zeitalter des Seelenlichts weiter öffnet. Einige, die zu dir kommen, werden sie immer wieder neu erhalten. Sie mag jedes Mal genau gleich ausgedrückt oder unterschiedlich gesagt werden. Das spielt keine Rolle. Es ist eine Botschaft göttlicher Liebe. Wenn du sie empfängst, ist es geboten, danach zu handeln. Deine Taten müssen die göttliche Liebe ausdrücken. Du musst anderen im Alltag deutlich machen, dass wir geliebt sind. Dies zeigt sich auf verschiedenste Weise. Zum Beispiel darin, dass es dir leichtfällt, anderen zu vergeben. Deine Gespräche werden sich verändern. Beschwerden und Kritik werden durch Dankbarkeit ersetzt. Dadurch erfährst du Transformation auf jeder Ebene deines Seins. Du wirst zur Gegenwart göttlicher Liebe und trägst die göttliche Freude in dir. Welch ein wunderbares Geschenk für die, die zu dir kommen und um Rat bitten.

Die durch dich vermittelte direkte Seelenkommunikation gibt dem Ratsuchenden die Werkzeuge an die Hand – die Information, die Unterweisung, die Weisheit –, welche er braucht, um tiefer in seine Seelenreise einzutauchen. Dies unterstützt die Heilung seiner körperlichen und emotionalen Probleme. Es hilft der Heilung seines Egos und beim Loslassen seiner alten Gedankenmuster, Gesinnungen und Glaubenssätze. Ganz besonders wird es den Betreffenden mit der Wirklichkeit der göttlichen Liebe in unserem Leben verbinden und damit, dass er die Ehre und das Privileg hat, die göttliche Liebe für die gesamte Menschheit zu manifestieren. Viele, die als Ratsuchende zu dir kommen, tragen bereits eine Wertschätzung dieser Realität in sich. Was sie benötigen, sind Unterweisungen, wie man im täglichen Leben immer mehr zur Gegenwart der göttlichen Liebe *wird*.

Der Einsatz der Seelenkommunikation, um Fragen zu beantworten, ist Dienst auf einer sehr hohen Ebene. Ihr, die ihr diese Unterweisungen und Informationen empfangt, werdet danach handeln. Dann werdet ihr sie an andere weitergeben – in Worten und Taten. Dein Dienen wird sich durch den Dienst anderer ausweiten und vervielfachen, wenn sie der Botschaft gemäß handeln. Auch hören unzählige Seelen in der gesamten Seelenwelt und durch das Universum jeder direkten Seelenkommunikation zu. Deren Transformation ist auch Teil deines Dienens durch Seelenkommunikation. Es nutzt also nicht nur den Seelenreisen und dem physischen Sein derjenigen, die zu dir kommen, sondern darüber hinaus zahllosen Seelen, die während der Unterweisung anwesend sind.

Wenn das Göttliche lehrt, hört jede Seele zu. Unterrichten die höchsten Heiligen, vernehmen dies zahllose Seelen. Ebenso, wenn deine Führer oder Heilungsengel lehren. Auch wenn die Seele von Mutter Erde lehrt, hören zahllose Seelen zu. Du hilfst nicht nur der einen Person, zu der du direkt sprichst, sondern zahllosen Seelen. Der Dienst, den du anbietest, indem du direkte Seelenkommunikation für einen Nächsten machst, geht weit über diesen einen Menschen hinaus. Du hilfst der gesamten Menschheit und allen Seelen, Botschaften göttlicher Liebe, der Notwendigkeit größerer Selbstverpflichtung und über das Vorgehen zur Heilung körperlicher Probleme und vieles mehr zu empfangen.

Es ist wirklich außergewöhnlich, festzustellen, dass du all diesen Seelen deinen Dienst anbietest. Es ist ein großer Segen und ein profundes Privileg, Seelenkommunikation zu pflegen, die so vielen dient. Je öfter du sie betreibst und Botschaften für andere empfängst, desto öfter kannst du allen Seelen dazu verhelfen, die Unterweisungen zu verstehen, die von einer individuellen Person erfragt wurden. Die Probleme, die ein Einzelner durchlebt hat, sind Schwierigkeiten, die viele Seelen auch erleben. Die Kämpfe, die ein Einzelner austrägt, sind die Kämpfe unzähliger Seelen von Anbeginn der Zeit und überall im Universum.

Die Transformation, die der eine Mensch erfährt, der zu dir kommt, wird von zahllosen Seelen erlebt. Der gesamten Menschheit, Mutter Erde und darüber hinaus wird ein Dienst offeriert. Dieser bringt die Transformation des Bewusstseins der Menschheit und aller Seelen mit sich. Es ist ein wichtiger Beitrag, der den Übergang erleichtern hilft, den die Erde in dieser Zeit durchlebt. Es hilft dem

Reinigungsprozess. Wenn du Botschaften für andere zu erhalten zu deinem Beruf machst, ist es ein wunderbarer Segen für dich, aber auch dann, wenn du dich eher gelegentlich berufen fühlst.

Viele unter euch werden Seelenkommunikation für andere als Teil des täglichen Lebens ausüben. Vielleicht kommen Kollegen vorbei mit einer einfachen Frage, die in wenigen Minuten beantwortet werden kann. Jede Gelegenheit, die du hast, Botschaften für andere zu empfangen, ist ein kostbares Geschenk. Nutze diese Gelegenheiten, die Stimme des Göttlichen, eines höchsten Heiligen oder einer anderen Seele im Universum zu sein. Hab immer das Bewusstsein, dass du unzähligen Seelen einen großen Dienst erweist, nicht nur der Person, die dich direkt fragt. Du bist wahrhaftig gesegnet.

Lasst uns Herzen und Seelen verbinden, um uns gegenseitig Liebe zu schenken. Diese Segnung hilft einem jeden von uns, auf sehr vertrauliche Art mit dem Herzen Gottes und mit allen höheren Heiligen und Seelen im Universum verbunden zu werden. Die Liebe lässt alle Blockaden schmelzen. Unsere Gesundheit wird massiv verbessert. Unsere spirituellen Kanäle können sich weit öffnen und erhöhen damit immens unsere Fähigkeit, die Seelenkommunikation einzusetzen.

Bitte das Göttliche um einen Segen: *Liebe Seele, lieber Geist und lieber Körper des Göttlichen, ich liebe euch. Könnt ihr mir eine Segnung göttlicher Liebe schenken? Ich fühle mich geehrt und bin dankbar. Ich kann euch gar nicht genug danken. Danke, danke, danke.* Dann chante drei bis fünf Minuten lang: *Göttliche Liebe, göttliche Liebe, göttliche Liebe, göttliche Liebe ...* Je länger, desto besser. Während du die Segnungen der göttlichen Liebe vom Herzen Gottes empfängst, wirst du selbst befähigt, alle

Seelen tiefer und bedingungsloser zu lieben. Du wirst ihnen viel besser dienen können. Wenn du Liebe schenkst, bist du fähig, das Leben der anderen zu transformieren. Du hast die Begabung, dein eigenes Leben zu verändern. Dies ist ein Schlüssel dazu, deine Kompetenz zur Seelenkommunikation zu erhöhen.

## Direkte Seelenkommunikation für dich selbst empfangen

Zusätzlich zur Seelenkommunikation für andere kannst du sie natürlich auch für dich selbst empfangen. Ich habe einige Aspekte davon in früheren Kapiteln beschrieben. Wie kann es ein »Dienst« sein, direkte Kommunikation für dich selbst zu erhalten? Du kannst Botschaften empfangen, die eine bestimmte Frage beantworten, welche bei deiner und der Seelenreise anderer helfen. Wenn du einer meiner Schüler bist, kannst du Botschaften über die göttliche Mission erhalten, die folgendermaßen lautet:

*Das Bewusstsein der Menschheit und aller Seelen zu transformieren, um sie auf das Göttliche auszurichten und sie zu erleuchten, um Liebe, Frieden und Harmonie für die Menschheit, Mutter Erde und das Universum zu erschaffen.*

Auch wenn du nicht mein Schüler bist, ist die göttliche Mission ein ausgezeichnetes Thema für direkte Kommunikation. Frag einfach: *Was muss ich wissen, um zu helfen, damit die Transformation des Bewusstseins der Mensch-*

*heit gefördert wird?* Du kannst diese Frage jeden Tag stellen. Der Umfang der verfügbaren Information ist unermesslich. Es wäre ausgezeichnet, sich auf diesen Pfeiler der göttlichen Mission auszurichten.

Um mit dieser Frage umzugehen, bedarf es größerer Anstrengungen. Du wirst tiefgreifende und hilfreiche Antworten und Unterweisungen bekommen. Ich schlage jedoch vor, für den Beginn erst einmal über die Menschheit allgemein zu sprechen. So wirst du wahrscheinlich nützliche und praktische Anweisungen bekommen. Wie ich schon sagte, lauschen alle Seelen aufmerksam, wenn du die Antwort erhältst, da die Antwort vom Göttlichen gegeben wird. Auch wenn es eine Antwort von den höchsten Heiligen ist, werden zahllose Seelen zuhören. So dienst du allen Seelen im Universum auf eine, wenn auch indirekte, so doch sehr machtvolle Art.

Zu fragen, wie du helfen kannst, die Transformation des Bewusstseins der Menschheit zu fördern, ist eine grundlegende Frage. Du kannst spezifischere und detailliertere Fragestellungen formulieren wie: *Was muss ich wissen, um diese Transformation zu fördern? Welche Unterweisungen benötige ich? Welche Transformation muss ich selbst durchlaufen, um diese Umgestaltung des Bewusstseins der Menschheit fördern zu helfen? Welche Heilung benötige ich? Wo muss ich mich verbessern? Welches ist der wichtigste Aspekt meiner Seelenreise, der transformiert werden muss? Was muss ich loslassen, um besser helfen zu können, die Umwandlung des Bewusstseins der Menschheit zu fördern?*

Jede dieser Fragen enthält unendliche Möglichkeiten. Dem Göttlichen wird nicht plötzlich die Weisheit ausgehen, um sie zu beantworten. Wenn du irgendeine Frage stellst, musst du wie gesagt das Gedankenmuster haben, das bereits beschrieben wurde: Du musst willens sein, die erhaltenen Unterweisungen auch umzusetzen. Falls du nicht gewillt bist, den Antworten gemäß zu handeln, stell besser eine andere Frage, etwa: *Welche Frage muss ich stellen? Bitte klär mich darüber auf, was ich wissen und was ich transformieren muss.*

Wenn du dich eben zu deiner Seelenreise aufmachst, gehört zu den guten Fragen beziehungsweise Bitten auch: *Bitte gib mir eine Unterweisung, nach der ich dann auch handeln kann. Bitte hilf mir, zu lernen, wie ich meine Selbstverpflichtung erhöhen kann. Was muss ich tun, um ein »Goldener Diener« zu sein? Was bedeutet es, bedingungslos zu sein?* Dies sind alles exzellente Fragen. Sie werden dir helfen, dein Bewusstsein zu transformieren. Wenn dies geschieht, ändert sich auch das Bewusstsein der gesamten Menschheit und aller Seelen im Universum. Die göttliche Großzügigkeit gestattet diesen fortlaufenden Gewinn für alle Beteiligten. Sie hilft dir, zu verstehen, wie tiefgreifend es ist, eine Frage an das Göttliche oder einen höchsten Heiligen zu stellen.

Wir sind geehrt und privilegiert, dies tun zu dürfen. Wir können uns dafür gar nicht genug bedanken. Wir können für dieses Privileg nie genug Ehre und Respekt erweisen. Kommunizieren zu können, um direkte Botschaften zu erhalten, ist ein Schatz, welcher der Menschheit zu diesem Zeitpunkt gegeben wird. Dies ist ein wichtiger Teil des Übergangs von Mutter Erde. Wir leben in einer sehr bedeutsamen Epoche, dem Zeitalter des Seelenlichts. Wir künden eine neue Lebensweise, ein neues Gegenwärtigsein und unsere Transformation zu Lichtwesen an. Dass die Menschheit nun die Möglichkeit der direkten Kommunikation mit dem Göttlichen und den höchsten Heiligen zur Verfügung hat, ist ein unerlässlicher Teil dieser Entfaltung.

In früheren Zeiten gab es wenige ausgesuchte Individuen, die in der Lage waren, direkte Seelenkommunikation zu betreiben. Diese Fähigkeit stand noch nie Tausenden von Menschen zur Verfügung. Die meisten wussten nicht einmal, dass so etwas möglich ist. Wir leben in einer Zeit, in der die gesamte Menschheit schließlich fähig sein wird, direkte Seelenkommunikation zu pflegen, und sie wird von hoher Qualität sein. Im Moment sind wir erst an der Schwelle, diese Begabung zu entwickeln. Die Zahl der Menschen, die sie kultiviert haben, ist noch immer eher klein, es sind höchstens ein paar tausend. In dieser Frühphase der Ära des Seelenlichts beginnt sich diese Zahl zu erhöhen. Wenn du direkte Seelenkommunikation machst und dabei die Fragen stellst, die ich vorgeschlagen habe, hilfst du der Menschheit, die Fähigkeit der Seelenkommunikation zu entwickeln. Je mehr jeder Einzelne hier fortschreitet, desto mehr steht diese Fähigkeit jeder anderen Person auf der Welt zur Verfügung. Es ist wie ein riesiges Lichtmeer, in das die Menschheit eintauchen und aus dem sie schöpfen und trinken kann. Dieses Meer ist die Quelle der direkten Kommunikation.

Mit jedem Mann und jeder Frau, die direkte Kommunikation pflegen, wird dieser Ozean immer größer. Seine Quantität und seine Qualität nehmen zu. Mit jeder Person, die direkte Kommunikation praktiziert, wird die Genauigkeit besser. Diejenigen, die schon sehr akkurat sind, werden noch exakter. Die, die noch nicht so präzise sind, werden sich ebenfalls optimieren. Dies geschieht durch individuelles Üben, aber ebenso weil diejenigen, welche die Fähigkeit zur Seelenkommunikation entwickelt haben, sie auch einsetzen. Das einfache Nutzen dieser Fähigkeit ist ein großer Dienst an der Menschheit. Es erhöht die Qualität und Quantität des Lichts, das dem gesamten

Menschengeschlecht zur Verfügung steht, um Seelenkommunikation zu betreiben. Du leistest deinen Dienst mit deren Ausübung.

In dieser Epoche ist die Seelenkommunikation von grundlegender Bedeutung. Direkte Seelenkommunikation ist ein einzigartiger Segen. Wir sind es, die der Menschheit dieses Geschenk bringen. Noch nie zuvor haben Tausende oder gar Millionen diese Gelegenheit gehabt. In der Vergangenheit wurde dieses Geschenk nur einigen ausgesuchten Seelen gegeben. Wir fühlen uns geehrt. Wir sind gesegnet, dieses Geschenk zu bekommen. Nun müssen wir die Fähigkeit entwickeln. Wir haben die Ehre und die Verantwortung, anderen dieses Geschenk zu überbringen.

Es gibt viele Wege, anderen das Präsent der Seelenkommunikation zu machen. Als Erstes und Wichtigstes musst du deine eigenen Fähigkeiten entwickeln. Je mehr du sie gebrauchst, desto tiefer und profunder wird deine Verbindung zum Göttlichen und zur gesamten Seelenwelt werden. Jedes Mal, wenn du göttliche Seelenkommunikation ausübst, verbindest du dich mit den Herzen des Göttlichen und der höchsten Heiligen. Du verbindest dich mit ihrer Botschaft, die ihre Essenz ist. Es fehlen die Worte, zu sagen, wie außergewöhnlich dies ist. Dich mit der Botschaft des Göttlichen zu verbinden transformiert dein Leben und den Status deiner Seele von Grund auf. Im Moment gibt es keinen kraftvolleren Weg.

Dich mit der Botschaft des Göttlichen zu verbinden ist möglich, weil diese Botschaft so sehr benötigt wird. Du hast gehört, dass das Göttliche ein universeller Diener ist. Jedem zu erlauben, sich mit dem Göttlichen zu verbinden, ist der vollständigste Dienst, der überhaupt geleistet werden kann. Die Botschaft ist genau das, was die Menschheit, die Erde und der Kosmos benötigen. Wenn du die

242

Botschaft in Worte kleidest, unterrichtet das Göttliche auf direkte Art. Denk einen Moment darüber nach. Du drückst göttliche Unterweisungen für andere aus. Das ist der höchste Dienst. Du drückst auch die Botschaft der höchsten Heiligen aus. Jeder der höchsten Heiligen hat in diesen Zeiten eine besondere Botschaft. Jeder hat eine bestimmte Unterweisung, Weisheit, Heilkraft und Fertigkeiten, die benötigt werden. Sie müssen jetzt zur Verfügung stehen, um bei der Transformation des Bewusstseins der Menschheit zu helfen. Das Göttliche schenkt uns die direkte Seelenkommunikation, um all das für die Welt zu gebären.

Die Erde befindet sich bekanntermaßen in einem von Problemen belasteten Zustand. Die Menschheit leidet und rackert sich ab. Viele fühlen sich verloren und verwirrt. Die Unterweisungen, die durch direkte Seelenkommunikation kommen, helfen uns, all diese Situationen zu heilen. Sie bringen die Menschheit und die Seelen in allen Universen auf eine neue Bewusstseinsebene. Wenn du göttliche Seelenkommunikation pflegst, hilfst du dabei, dies alles verfügbar zu machen. Das Göttliche und die gesamte Seelenwelt geben immerfort Unterweisungen. Sie dienen uns ohne Unterlass. Das Problem ist, dass nicht alle diese Botschaften klar vernehmen können. Einige verstehen nicht, was sie empfangen. Viele können weder sehen noch hören. Jenen, die göttliche Seelenkommunikation ausüben, wird dieser Segen gegeben, damit sie ihn mit anderen zu teilen vermögen. Das ermöglicht es der Menschheit, die Unterweisungen, Heilungen und Segnungen, die in diesen unruhigen Zeiten benötigt werden, mit Klarheit und Einfachheit zu empfangen.

Es ist ein Beginn, aber es ist nicht genug. Wenn wir durch diesen Übergang gehen, müssen die Botschaften weiterhin kommen. Der Bedarf an göttlicher Seelenkommunikation wird sogar noch zunehmen. Im gleichen Maße, wie sich der Übergang beschleunigt, wird das Leben für alle sehr viel schwieriger werden. In ihrem Mitgefühl, ihrer Güte und Großzügigkeit werden das Göttliche und die höchsten Heiligen uns nicht verlassen. Je schwieriger der Kampf, desto machtvoller werden die Unterweisungen sein. Die göttliche direkte Seelenkommunikation wird vielen dienen. Sie wird manchen durch den Übergang helfen. Sie wird helfen, die nächste Phase der Seelenlicht-Ära einzuleiten.

Wenn der Übergang in eine neue Phase beginnt und die Menschheit, Mutter Erde und das darüber Hinausgehende auf eine neue Bewusstseinsebene kommen, wird weiterhin das Bedürfnis nach göttlicher Seelenkommunikation bestehen. Während die Menschheit diese Phase der Ära des Seelenlichts erreicht, wird die Seelenkommunikation auf der Erde wie ein wunderschöner Garten zu erblühen beginnen. Diejenigen, die das Geschenk der göttlichen Seelenkommunikation gebracht haben, werden den Garten pflegen. Sie werden anderen helfen, ihre Fähigkeiten zu entwickeln und zu dienen. Die Qualität und das Niveau der Unterweisungen werden sich ändern.

Es ist wichtig, zu wissen, was uns auf der anderen Seite des Übergangs von Mutter Erde erwartet. Es ist wichtig, die Rolle zu kennen, welche die Seelenkommunikation hat, um diesen Übergang zu beschleunigen. Jeder von uns, der göttliche Seelenkommunikation macht, bringt so viel mehr als Worte für die Menschheit und die Erde. Jedes Wort ist ein Segen. Jedes Wort transformiert deinen Seelenrang. Jedes Wort ist eine Heilung. Jedes Wort verjüngt. Jedes Wort bringt die Gegenwart des Göttlichen zur Menschheit, zur Erde und darüber hinaus. All dies gilt auch für jeden der höchsten Heiligen. Wenn du göttliche Seelenkommunikation machst, bist du auf einzigartige Weise göttliche Gegenwart.

Wenn Hunderte, Tausende und gar mehr die göttliche Seelenkommunikation praktizieren und diese göttliche Gegenwart sind und leben, bringt dies ein Niveau des göttlichen Lichts und des Dienens, das in diesen Zeiten notwendig ist. So will das Göttliche gegenwärtig sein. So wollen die höchsten Heiligen gegenwärtig sein. Wenn sie in menschlicher Form unter uns sind, ist ihre Präsenz begrenzt. Wenn ihre Unterweisungen durch Seelenkommunikation ausgedrückt werden, ist ihre Gegenwart vervielfacht und potenziell unbegrenzt. Unzählige Menschen werden ihre Unterweisungen, Heilungen, Segnungen und Weisheit empfangen und die Methoden erlernen.

Es gibt eine spezielle Gruppe von göttlichen Seelenkommunikatoren, die ich »göttliche Schreibkanäle« nenne. Ich habe schon von ihnen erzählt. Jeder empfängt den direkten »Download« – sozusagen eine direkte Übertragung – eines spezifischen Buchs. Das Thema ist eines, das am besten zu dem jeweiligen göttlichen Schreibkanal passt und das zu dieser Zeit am meisten benötigt wird. Alles, was ich über göttliche Seelenkommunikation gesagt habe, gilt auch besonders für die göttlichen Schreibkanäle. Die Botschaften, die sie empfangen, werden zu Büchern. Du weißt, dass viele Menschen ein Buch lesen können: Die Leute geben ihre Bücher oft an Freunde und geliebte Menschen weiter. Bücher sind in Bibliotheken und anderen öffentlichen Orten zugänglich. Jedes Mal, wenn ein Buch eines göttlichen Schreibkanals gelesen wird, ist das Göttliche gegenwärtig – unterrichtend, segnend, heilend und transformierend.

Die göttlichen Schreibkanäle leisten einen sehr kraftvollen Dienst. Die Bücher, die sie in die physische Form bringen, enthalten Unterweisungen, die in diesen Zeiten gebraucht werden. Ihre Botschaften haben aber viele Bedeutungsschichten. Diese Bücher werden mit dem Voranschreiten der Seelenlicht-Epoche immer wichtiger werden. Vergegenwärtige dir, dass diese Unterweisungen vom Göttlichen und von den höchsten Heiligen kommen. Jedes Mal, wenn du eines dieser göttlichen Bücher liest, gelangst du auf eine neue Ebene des Verstehens. Der Status deiner Seele wird angehoben. Deine Seelenkommunikationskanäle werden weiter geöffnet. Heilung, Verjüngung und Transformation werden beschleunigt.

Diese Bücher zu lesen bringt dich in die göttliche Gegenwart auf die Art und Weise, die das Göttliche gewählt hat. Das Göttliche wird dir so gegenwärtig, wie das Göttliche gegenwärtig sein möchte. Es ist erstaunlich, zu bedenken, dass der Menschheit ein solches Geschenk in diesen Zeiten zuteilwird. Es ist etwas Besonderes, zu realisieren, dass ganz normale Menschen die Gelegenheit haben, diese Art von Kanal zu sein. Es ist leicht, zu verstehen, wie transformierend es ist, ein solcher Kanal zu sein. Wer diesen Dienst leistet, beschleunigt seine Seelenreise auf unfassbar tiefgreifende Weise. Wenn sie ihre Bücher im Flow bekommen, sind sie buchstäblich in der Gegenwart des Göttlichen. Sie sind göttliche Gegenwart. Sie sind die Gegenwart der höchsten Heiligen. Es gibt keine Worte, die vollständig erklären können, wie profund diese Erfahrung ist.

Wer göttliche Seelenkommunikation praktiziert, dient nicht nur der Menschheit. Der Dienst wird allen Seelen in allen Universen geleistet – der lichten und der dunklen Seite. Alle Seelen bekommen die Unterweisungen und die Segnungen. Sie treten in die Transformation ein und werden geheilt. Ihr Bewusstsein kommt auf eine andere Ebene. Göttliche Seelenkommunikation ist ein Werkzeug. Sie ist auch ein Schatz. Sie ist ein Schatz für den, der die göttliche Seelenkommunikation pflegt. Sie ist ein Schatz für all jene, die sie empfangen. Sie ist ein Schatz für jene, die göttliche Schreibkanäle sind, und für jene, welche die Bücher lesen, die Erstere im Flow empfangen haben. Dieser Schatz vervielfacht sich nur, wenn er genutzt wird. Jedes Mal, wenn göttliche Seelenkommunikation praktiziert wird, und jedes Mal, wenn ein göttliches Buch gelesen wird, werden die Segnungen reichlicher.

Ich sagte, die Erde durchlebe eine schwierige Zeit. Viele wissen, wie ernst die Lage ist. Wir sind trotzdem gesegnet, denn das Göttliche hat uns einen Weg gewiesen, diese Zeiten zu mildern. Uns wurde ein Pfad gezeigt, auf dem diese Schwierigkeiten zu heilen sind. Es ist, als ob das Göttliche der Menschheit eine Landkarte gibt, die uns die Orientierung in diesen schwierigen Zeiten weist. Göttliche Seelenkommunikation ist diese Landkarte. Sie mildert die Intensität des Übergangs von Mutter Erde.

Das Göttliche und die höchsten Heiligen sind auf besondere Art bei uns. Es ist viel mehr, als nur bei uns zu sein. Einige Menschen stellen sich vor, dass das Göttliche und die höchsten Heiligen neben uns stehen oder auf uns herunterschauen. Dies ist nicht richtig. Wenn du göttliche Seelenkommunikation praktizierst, *bist du* die göttliche Gegenwart. Dies ist damit gemeint, dass das Göttliche und die höchsten Heiligen auf besondere Art bei uns sind. In diesem Teil der Epoche des Seelenlichts ebnen diejenigen, die göttliche Seelenkommunikation pflegen, den göttlichen Weg für alle, die ihm folgen wollen.

Das gibt dir nur einen kleinen Hinweis auf das, was folgen wird. Für den Moment genügt es, zu sagen, dass wir uns die nächste Phase der Ära des Seelenlichts nicht vorstellen können. Es reicht, zu sagen, dass die göttliche Gegenwart unsere Umwelt sein wird. Wer zu dieser Zeit göttliche Seelenkommunikation pflegt, hilft mit, diese neue Lebenswelt zu erschaffen. Die göttliche Seelenkommunikation hilft der Menschheit, Mutter Erde und dem Universum, ihr Bewusstsein und ihre Herzen zu transformieren.

Es ist sehr schade, dass so viele ihre Herzen vom Göttlichen abgewandt haben. Ihre Herzen sind sehr klein und in einigen Fällen sehr hart geworden. Sie wurden »verunreinigt«. All das ist im Begriff, sich zu ändern. Eines der machtvollsten Mittel für diese Veränderung ist die göttliche Seelenkommunikation. Wer sich jenes machtvollen Werkzeugs bedient, transformiert sein Herz. Du wirst mit dem Herzen des Göttlichen und mit den Herzen der höchsten Heiligen verbunden. Göttliche Seelenkommunikation macht dies der gesamten Menschheit gegenwärtig. Liebe, Vergebung, Frieden, Heilung, Segen, Harmonie, Erleuchtung und Mitgefühl, die gegenwärtig werden, sind unbeschreiblich. Je mehr diese Qualitäten präsent sind, desto stärker ist ihre Schwingung.

Ich habe oft gesagt: »Die Liebe lässt alle Blockaden schmelzen, Vergebung bringt den Frieden.« Die Frequenzen der göttlichen Gegenwart werden die Herzen vieler berühren. Diese Schwingungen und dieses Licht werden über diejenigen hinausstrahlen, die göttliche Seelenkommunikation praktizieren. Es besteht die Möglichkeit, dass viele die Ausweitung und »Enthärtung« ihrer Herzen zu erfahren beginnen. Ihre Prioritäten ändern sich. Sie bewegen sich in Richtung des Dienens. Sie verlassen den Weg der Selbstsucht, des Egos und der Gier. Teil dieses Vorgangs zu sein ist ein großer Segen. Jedes Mal, wenn du göttliche Seelenkommunikation pflegst, bist du Teil dieses

Vorgangs. Das ist die wahre Bedeutung davon, im Bewusstsein der Menschheit und aller Seelen in allen Universen die Transformation auszulösen.

Ihr, die ihr die göttliche Seelenkommunikation praktiziert, seid Teil eines besonderen Teams. Über viele Inkarnationen habt ihr euch vorbereitet, um ausgewählt zu werden, Teil dieser Mannschaft zu sein. All diese Vorbereitung hat euch die Gelegenheit verschafft, zu dieser Zeit einen größeren Dienst zu leisten. Du bist auserwählt worden, Teil eines göttlichen Teams zu sein. Dieser Ausdruck hat auf vielen Ebenen Bedeutung. Teil eines göttlichen Teams zu sein heißt, dass du mit dem Göttlichen arbeitest. Ihr seid die Mitglieder, das Göttliche ist der Führer. Viele unter euch haben eine Lieblingsmannschaft im Sport. Du weißt, wie viel harte Arbeit und Anstrengung die Mitglieder des Teams investieren müssen. Du weißt auch, welche Ehre und welches Privileg es ist, in einem besonderen Team zu sein. Dies ist bloß ein Hinweis darauf, ein sehr kleiner Eindruck dessen, was es bedeutet, dem göttlichen Team der Seelenkommunikatoren anzugehören. Ihr unterstützt euch gegenseitig, wie es Mitglieder einer jeden Mannschaft tun. Das Ziel des göttlichen Teams ist einzigartig. Es ist die Transformation des Bewusstseins der Menschheit und aller Seelen in allen Universen. Es ist deshalb ein göttliches Team, weil die Botschaften und Unterweisungen direkt vom Göttlichen kommen. Ebenso die Segnungen. Alles, was ein Teammitglied tut, ist mit dem Herzen, der Seele, dem Wunsch und der Selbstverpflichtung des Göttlichen verbunden. Alles, was du machst, ist göttliches Dienen.

Der Gewinn für dich und andere ist kaum vorstellbar. Alle Universen, alle Seelen sind mit eingeschlossen, besonders jene in Dschu Tien, den »Neun Himmeln«. Sie kommen zusammen. Sie hören zu. Auch sie werden transformiert und erhöht. Wenn dies geschieht, erweisen sie dir ihre Dankbarkeit in Form vieler »Blumen der Tugend«, und der Status deiner Seele wird bedeutsam verbessert.

Die Unterweisungen, die nun freigegeben werden, sind über zahllose Jahre in heiliger Treuhänderschaft gehalten worden. Viele dieser Geheimnisse werden zum ersten Mal enthüllt. Diejenigen, die direkte Seelenkommunikation machen, werden diesen alten heiligen Texten die Stimme geben. Diejenigen, die göttliche Schreibkanäle sind, werden diesen Unterweisungen Form geben. Die Themen für die göttlichen Schreibkanäle haben über viele Lebenszeiten darauf gewartet, aufgedeckt zu werden. Einige dieser Themen harren seit Beginn der Geschichte darauf. Die göttlichen Schreibkanäle werden diese göttliche Weisheit, das Wissen und die Methode zahllosen Seelen zugänglich machen. Sie bieten einen unglaublichen Dienst an.

Direkte Seelenkommunikation zu praktizieren setzt auch noch wartende Schätze frei. Die, die dies tun können, müssen jede Möglichkeit ergreifen, der Menschheit diese Unterweisungen zu vermitteln. Selbst wenn ein bestimmtes Thema bekannt erscheint und von vielen verstanden wird, will ich euch sagen, dass jedes Thema neu ist. Die Unterweisungen sind neu. Die Segnungen, Heilkraft, Verjüngung und Transformation, welche die Unterweisung begleiten, wurden noch nie zuvor auf dieselbe Weise präsent, wie die göttliche Seelenkommunikation sie präsent machen wird. Die Menschheit wartet. Die höchsten Heiligen warten. Das Göttliche wartet. Wir sind sehr gesegnet.

Ich gebe dir ein kleines Beispiel von Unterweisungen, die bekannt erscheinen. Dieses Beispiel ist mit dem universellen Gesetz des universellen Dienens verbunden. Die Menschen wissen, wie wichtig das Vergeben ist. Viele haben Methoden oder gehören Schulen an, die von Vergebung sprechen. Es ist eine Lehre, die in zahlreichen Überlieferungen und im Laufe Hunderter und Tausender von Jahren der Menschheit präsentiert worden ist. Die Unterweisungen, die jetzt durch die göttliche direkte Seelenkommunikation zugänglich sind, lehren die Transformation, die durch die Vergebung geschieht. Wenn Vergebung isoliert angesehen wird, ist sie nicht komplett. Um diese göttliche Qualität richtig zu würdigen, muss sie im Zusammenhang mit der göttlichen Liebe gesehen werden. Ich habe gesagt: »Wenn die Vergebung in den Spiegel schaut, sieht sie Liebe. Wenn die Liebe in den Spiegel schaut, sieht sie Vergebung.«

Vielen Menschen fällt es leicht, zu sagen: »Ich liebe dich.« Für manche ist es fast ihr üblicher Gruß. Das mag gut klingen. Aber viele, die diese drei Wörter aussprechen, sagen eben nur einfach Wörter daher. Es besteht dabei keine Herzensbeteiligung. Es gibt keine Verbindung zum Herzen des Göttlichen. Und so werden diese Wörter oberflächlich. Wenn diese Menschen hören, dass Liebe und Vergebung verbunden sind, empfinden sie dies als Herausforderung. Selbst jene, die »Ich liebe dich« aus ganzem Herzen und verbunden mit dem Göttlichen sagen, können durch die innige Verbindung zwischen Liebe und Vergebung herausgefordert werden.

Du kannst nicht wahrhaftig lieben, bis du auch wahrhaftig vergeben kannst. Es ist einfach, festzustellen, ob du wahrlich vergeben hast, weil du dann einen tiefen inneren Frieden empfindest. Dies ist deine Prüfung. Es ist der Weg, zu wissen, ob deine Vergebung wahrhaftig ist. Es ist leicht, sich zu täuschen. Es ist einfach, sich etwas vorzumachen. Es ist nicht einfach, inneren Frieden zu verspüren. Dies kommt nur durch das wahrhaftige Angebot von Vergebung. Es kommt auch durch das *Annehmen* von Vergebung! Beide Haltungen sind von grundlegender Bedeutung. Vergebung ist wie schon gesagt ein Geschenk, das gewährt und empfangen werden kann. Der innere Frieden, der daraus entsteht, wirkt vollständig transformierend. Du fühlst ihn buchstäblich durch deinen ganzen Körper fließen. Es findet eine Verlagerung statt. Du spürst, wie sich die Beengung um dein Herz löst. Es kann sich entspannen und frei sein. Dein Geist wird automatisch einige seiner liebsten Gedankenmuster, Gesinnungen und Glaubenssätze loslassen. Sie werden verschwinden wie Rauch im Wind. Du fühlst dich unfassbar leicht und licht. Und du bist wahrlich leicht, und bist wahrlich das Licht. Deine Frequenz nähert sich sehr dem Göttlichen und den höchsten Heiligen an.

Das ist ein kleines Beispiel einer Unterweisung, die für die Menschheit neu ist. Diese Lehre wurde zurückgehalten, um für das Zeitalter des Seelenlichts freigegeben zu werden. Die Menschheit hat schon immer gewusst, dass Vergebung wichtig ist. Die Menschheit hat nicht immer gewusst, weshalb und wie die Vergebung mit der Liebe und innerem Frieden verbunden ist. Die Menschheit hatte keine praktikablen Wege, göttliche Vergebung zu geben und zu empfangen. In dieser Epoche gibt es viele praktische Wege, dies zu tun. Einer davon ist es, »in den Zustand« zu gehen. Dabei setzt du dich hin, legst eine Hand auf dein Botschaftenzentrum, während die andere Hand in Gebetshaltung ist. Dann chante einfach: *Göttliche Vergebung*. Chante so lange, bis du göttliche Vergebung *geworden bist*. Richte deine Aufmerksamkeit auf dein Herz, dein Botschaftenzentrum und deine Seele. Wenn du nun göttliche Vergebung *wirst*, lad die Seele der

Person ein, der du das Geschenk der Vergebung anbieten möchtest. Bitte sie, die göttliche Vergebung anzunehmen. Sag ihr, ihr sei vergeben worden. In diesem Moment bietest du göttliche Vergebung an, denn du bist im Zustand der Vergebung. Sie kommt nicht von deinem Geist oder deinen Emotionen. Sie kommt vom Göttlichen. Die Person, die du eingeladen hast, wird dir dafür sehr dankbar sein. Ein großer Teil des mit der Situation verknüpften Karmas wird dadurch gereinigt. Dies ist ein tiefgreifender Dienst.

*Empfange* Vergebung auf ähnliche Weise. Lad die Seele des Menschen ein, den du verletzt hast, und bitte ihn um Vergebung. Es kann sein, dass du mehrmals bitten musst. Es kann sein, dass du Segnungen anbieten musst. Erinnere dich aber daran, im Zustand des göttlichen Vergebens zu bleiben. Dies ist sehr machtvoll. Wenn du *im Zustand der Vergebung* fragst, ist es beinah unmöglich, deine Bitte abzuschlagen. Du kannst den anderen fragen, ob du etwas tun sollst, um ihn auf seiner Seelenreise zu unterstützen. Nachdem du dieses Anbieten und Empfangen göttlicher Vergebung beendet hast, chante weiter und ende schließlich damit, dass du *Hao! Hao! Hao!* und *Danke, danke, danke* sagst. Du kannst dem Göttlichen gar nicht genug danken für den Schatz, den du gegeben und empfangen hast. Das ist ein sehr praktisches Werkzeug, um die Unterweisung über göttliche Vergebung umzusetzen.

# Kommunikation mit allen Seelen
## in allen Universen

In diesem Buch habe ich viele Unterweisungen über das Kommunizieren mit deiner eigenen Seele, mit den Seelen der höchsten Heiligen und mit dem Göttlichen mitgeteilt. Ich habe erklärt, warum diese Praxis wichtig ist. Du hast auch gelernt, dass es möglich ist, mit den Seelen deiner Haustiere, deiner Pflanzen, einer Beziehung, einer Emotion und unzähligen anderen zu kommunizieren. Du kannst die Sonne, den Mond, die Sterne, das Sonnensystem, die Galaxis um Unterweisungen bitten. Du kannst jede Form der Seelenkommunikation mit jeder Seele eines jeden Universums pflegen. Auf solche Weise zu kommunizieren bedeutet für deine Seelenreise eine große und wundervolle Veränderung.

Sobald du diese Art der Seelenkommunikation praktizierst, wirst du erstaunt sein über die Weisheit und die Seelengeheimnisse, die du bekommst. Wenn du die Namen bestimmter Sterne und Planeten kennst, dann sprich diese direkt an. Jeder hat eine einzigartige Seele, seinen eigenen Seelenweg, seine Weisheit, Heilungsfähigkeiten und Methoden. Durch diese Art der Seelenkommunikation kannst du große Weisheit gewinnen. Du kannst wertvolle Lehren für deinen eigenen Seelenweg erhalten, auch wertvolle Lehren über die lange Geschichte von Mutter Erde, unserem Sonnensystem und unserer Galaxis. Du kannst ein tieferes Verständnis dafür bekommen, warum sich die Dinge hier so entwickeln, wie sie es gerade tun, und lernen, wie die Geschichte der Erde in die größere Geschichte hineinpasst. Du kannst auf der Seelenebene erfahren, wie unfassbar alt sie ist.

Die Informationen, die du aus der Seelenwelt beziehst, unterscheiden sich sehr von jenen, welche die Wissenschaftler mit ihren Instrumenten ermitteln. Das bedeutet nicht, dass Seelenweisheit und Wissenschaft sich gegenseitig ausschließen oder gar ablehnen. Es heißt einfach, dass es viel mehr Weisheit und Wissen gibt, welche die Wissenschaft nicht wahrnehmen und noch weniger messen kann – zumindest nicht zum jetzigen Zeitpunkt. Wir streiten uns nicht mit der Wissenschaft. Da gibt es keinen Konflikt. Wir sind im selben Team, und wir sind auf derselben Reise. Es ist nur so, dass die Informationen, die du von der Seelenwelt bekommst, sich oft vom akademischen Wissen unterscheiden. Dass sie sich »unterscheiden«, bedeutet weder, dass sie »falsch«, noch, dass sie »ungenau« wären. Es bedeutet nur, dass sie die Informationen der Wissenschaft ergänzen und ausbalancieren.

Es gibt über dieses Universum hinaus noch viele Universen. Die Seelenkommunikation erlaubt es dir, mit jedem von ihnen zu kommunizieren. Sie können dir ihre Geschichten erzählen und dich ihre Weisheit lehren. Jedes hat eine andere Historie und eine andere Qualität, die es herausstellt. Jedes hat seinen eigenen Ansatz für Heilmethoden. Du kannst dich mit ihm verbinden und von all den Unterweisungen profitieren. Die meisten Menschen haben niemals daran gedacht, Seelenkommunikation in solch erweiterter Form zu betreiben, sondern beschränken ihre Kommunikation üblicherweise auf den »Heimatstern« beziehungsweise »-planeten«.

Alle Möglichkeiten der Seelenkommunikation auszuloten kann große Schätze in dein Leben bringen. Jedes Universum und jede Galaxis haben ihre eigenen heiligen Wesen und höheren Heiligen. Du kannst von ihnen große Weisheit lernen. Du brauchst dazu ihre Namen nicht zu kennen, sondern kannst ganz einfach und direkt den höchsten Heiligen ansprechen, der für Heilung verantwortlich ist. Diese Art des Ansprechens ist angebracht und wirksam. Nachdem du den höchsten Heiligen angesprochen hast, äußere deine Bitte, wie ich es in den vorangegangenen Kapiteln gelehrt habe.

Du kannst durch diese Art der Kommunikation die wunderbarsten Überraschungen bekommen. Du entdeckst vielleicht, dass dein wahrer Heimatplanet nicht Mutter Erde ist. Du hast möglicherweise in vielen Lebenszeiten auf einem anderen Gestirn gelebt und gedient oder in anderen Universen. Du wirst die Qualitäten und Charakteristiken dieses Heimatortes erfahren. Dies gibt dir große Einsichten über dein eigenes Temperament und deine Persönlichkeit. Dies mag auch erklären, warum sich einige immer danach sehnen, nach Hause zurückzukehren. Macht dies nicht auch Sinn, wenn dein Heimatplanet nicht Mutter Erde ist?

Es ist möglich, Unterweisungen zu jedem Aspekt aller Universen zu bekommen. Genau wie Mutter Erde Pflanzen, Tiere, Berge und so weiter hat, gilt dies auch in allen anderen Universen. Die Pflanzen und die Tiere sind sicher unterschiedlich. Es gibt Kräuter in anderen Universen. Einige davon sind sehr kraftvoll. Die Geheimnisse von Kräutern, Pflanzen und Tieren in anderen Universen zu erfahren kann uns auf Mutter Erde sehr hilfreich sein. Es ist nicht nötig, diese Kräuter, Pflanzen und Tiere physisch bei uns zu haben. Wir können sehr von einer Verbindung von Seele zu Seele profitieren. Bitte die Seelen dieser Kräuter und Pflanzen um Heilung für unsere Gesundheitsprobleme, emotionalen Ungleichgewichte, mentalen Probleme und Beziehungen hier auf Mutter Erde. Das würde uns sehr helfen.

Lass mich dich lehren, wie du mit der Seele von Kräutern kommunizieren kannst, um dir selbst eine Heilsegnung für jeden Aspekt deines Lebens zukommen zu lassen. Wenn du zum Beispiel unter Rückenschmerzen im Lendenwirbelbereich leidest, kannst du sagen: *Liebe Seele, lieber Geist und lieber Körper aller Seelenkräuter im Kräutergarten des Himmels, ich liebe euch. Könnt ihr mir bitte eine Heilsegnung für meine Rückenschmerzen im Lendenwirbelbereich spenden? Ich fühle mich geehrt und gesegnet. Ich kann euch gar nicht genug danken. Danke, danke, danke.*

Dann chante drei bis fünf Minuten lang: *Göttliche Kräuter, göttliche Kräuter, göttliche Kräuter, göttliche Kräuter, göttliche Kräuter* … oder eben so lange, bis du Erleichterung verspürst. Üb dies täglich, wenn du chronische Schmerzen hast. Dies ist ein einfacher und praktischer Schatz, den du zur Selbstheilung einsetzen kannst.

Seelen in allen Universen sind gern bereit, mit uns in Kommunikation zu treten. Sie sind universelle Diener. Sie sind begierig und hoch erfreut, dienen zu dürfen. Wenn du mit ihnen Seelenkommunikation pflegst, wie ich es beschrieben habe, gibst du ihnen die Möglichkeit, zu dienen, und du selbst leistest ebenso einen großen Dienst. Diese Verbindung zu anderen Universen herzustellen, um von ihnen zu lernen, ist auch ein großer Dienst. Einer der Gewinne ist, dass die Qualität des Lichts auf verschiedenen Planeten, Sternen, Galaxien und Universen anders ist. Wenn du mit ihnen in Seelenkommunikation trittst, wird diese Qualität des Lichts auf Mutter Erde gegenwärtig und trägt zu ihrer Transformation bei.

Der von dir durch diese Art von Seelenkommunikation geleistete Dienst hat viele Aspekte. Du gewinnst neue Weisheit. Du erlernst Heilpraktiken. Deine Fähigkeiten nehmen zu. Der Status deiner Seele wächst. Du hast es anderen ermöglicht, Mutter Erde zu dienen. Du hast eine andere Schwingung und Qualität des Lichts zu Mutter Erde gebracht. Du hast eine direkte Verbindung zu den spirituellen Werten verschiedener Elemente in allen Universen hergestellt. All dies ist ein wunderbarer Dienst an allen Seelen. Dein Seelenrang wird angehoben. Deine Seelenreise wird in hohem Maße transformiert.

Bei den vielen Vorteilen der Kommunikation mit allen Seelen in allen Universen ist es doch ratsam, eine Warnung im Blick zu behalten. Es ist sehr wichtig, dass du deinen Körper und deine Seele während der Seelenkommunikation auf der Erde präsent hältst. In dieser Inkarnation ist die Erde dein Zuhause. Der Grund dafür ist, dass du Mutter Erde zu dieser Zeit und während der gesamten Seelenlicht-Epoche einen ganz besonderen und einzigartigen Dienst erweisen kannst. Weil es wichtig ist, dass du diesen Dienst auf Mutter Erde leistest, ist es unumgänglich, deine Seele bewusst mit deiner physischen Gegenwart in Verbindung zu halten, wenn du diese Art von Seelenkommunikation pflegst. Es kann sehr schädlich sein, deiner Seele zu gestatten, im gesamten Universum auf Reisen zu gehen. Um dies tun zu können, musst du einen sehr hohen Seelenrang innehaben. Sehr wenige Menschen auf Mutter Erde haben einen entsprechend hohen Seelenstatus, der es ihnen erlaubt, durch die Universen reisen zu können. Dazu kommt, dass diese Art der Seelenreise nicht notwendig ist. Du kannst außerordentliche Informationen auf der Ebene von Seele zu Seele gewinnen, ohne je deinen physischen Körper zu verlassen. Fernheilung ist kraftvoll und in manchen Fällen sogar noch stärker als Heilung von Angesicht zu Angesicht. Auf ähnliche Weise ist Fernheilung von Seele zu Seele sehr kraftvoll und wirksam.

Behalt diese Warnung in deinem Bewusstsein und folg meiner Unterweisung. Es ist mir sehr ernst, wenn ich dir sage, dass du dir selbst schaden kannst, falls du deiner Seele gestattest, durch die Universen zu reisen, wenn du noch nicht genügend spirituelle Werte angesammelt hast. Es ist sicher für einige unter euch eine große Herausforderung, diese Unterweisung anzunehmen. Du magst denken: »Oh, Meister Sha hat nun zum Thema ›Seelenkommunikation‹ gelehrt. Ich möchte doch überprüfen, ob diese Art von Seelenreisen für mich in Ordnung ist.« Ja, es stimmt, ich habe zum Thema »Seelenkommunikation« gelehrt. Ich habe aber auch über falsche Botschaften gesprochen. Ich kann nicht oft genug betonen, wie wichtig es ist, dass du in diesem Punkt meinen Anweisungen folgst. Stell stets sicher, dass deine Seele und dein Körper auf bewusste Art verbunden sind.

Beachte diese Warnung, und du wirst, wenn du in Seelenkommunikation mit allen Universen trittst, angenehm überrascht sein, wie geerdet du dich fühlst. Du wirst erstaunt sein darüber, wie stark dein Unteres Dan Tien und dein Schneebergbereich werden. Du wirst erfreut sein, zu entdecken, wie viel weiter sich deine spirituellen Kanäle öffnen. All dies ist für dich möglich, wenn du die einfachen Anweisungen befolgst, die ich in diesem Teil gegeben habe. Ich habe nur einige Möglichkeiten der Seelenkommunikation mit allen Universen aufgezeigt. Aber diese Beispiele geben dir eine Ahnung davon, was möglich ist. Du wirst dir viele andere Wege ausdenken, durch die du mit allen Seelen in allen Universen kommunizieren kannst. Genieß die Erfahrung. Du bist zutiefst gesegnet.

# 7

# Seelenkommunikation
# im Zeitalter des Seelenlichts

Die Ära des Seelenlichts ist einzigartig in der Geschichte der Erde. In den Millionen von Jahren ihrer Existenz hat sie viele Zeitalter kommen und gehen sehen. Soeben haben wir das Ende einer fünfzehntausend Jahre währenden Epoche erlebt. Das Zeitalter des Seelenlichts begann wie gesagt am 8. August 2003 und währt auch wieder fünfzehntausend Jahre. Es ist einzigartig. Zum ersten Mal ist die Seele derart federführend. Es gab auch früher schon Epochen, in denen die Seele am wichtigsten war, aber ihre Kraft und Macht waren nie größer als jetzt.

Über Tausende und Abertausende von Jahren haben unzählige Menschen ihre jeweiligen spirituellen Werte, ihre »Tugend«, eingebracht. Die höchsten Heiligen haben uns immer wieder ihren Segen, ihre Heilung, ihre Führung und ihre Unterweisungen zuteilwerden lassen. Es ist eine große Ehre, in einer Zeit zu leben, in der die Seele so überaus stark ist. Im Zeitalter des Seelenlichts ist die Seele tatsächlich und buchstäblich maßgebend. Sie verfügt jetzt über entscheidend mehr Kraft, Macht und Einfluss als im

261

vorherigen Zeitalter, das vom Verstand und vom Ego dominiert war. Die Seele nimmt nun bedeutend mehr Einfluss auf die Entscheidungen, die wir treffen. Sie hat jetzt wesentlich größere Kraft und Macht, dem Verstand Anweisungen zu erteilen. Sie ist voller Respekt, weiß aber auch vollumfänglich um die unglaublichen Veränderungen, die das neue Zeitalter mit sich bringen wird.

Wenn immer mehr Menschen der Führung ihrer Seele folgen, werden dadurch alte Muster und Verhaltensweisen transformiert. Institutionen und ganze Gesellschaften werden sich verändern. Diese Erneuerungen spielen sich zuerst auf der Seelenebene ab. Sie erinnern uns an die Einzigartigkeit der Epoche. Es ist von großer Bedeutung, im Bewusstsein zu behalten, dass viele unserer aktuellen Erfahrungen nie zuvor gemacht werden konnten. Wir schreiben auf ganz neue und andere Art und Weise Geschichte. Wir haben teil an einer neuen Schöpfungsgeschichte. Die Gesamtheit von *allem, was existiert*, befindet sich in einem Veränderungsprozess. Auch das, was uns bisher vertraut war, wandelt sich. Einiges wird ähnlich weitergehen wie bisher, jedoch auf eine neue Weise. Einige Qualitäten erkennen wir. Andere sind uns vollständig neu. Aber auch wenn wir Situationen, Ereignisse oder Reaktionen erkennen können, wird uns bewusst sein, dass all dies auf völlig neue Art und Weise erfahren wird.

Zum Beispiel wird es immer Lehrer geben. Viele denken bei dem Wort »Lehrer« automatisch an ihre Schulzeit. Schullehrer und die Rolle, die sie spielen, sind uns vertraut. In Zukunft wird mit dem Begriff »Lehrer« jedoch etwas völlig anderes assoziiert. Die Kinder werden auf eine vollkommen neue Art und Weise unterrichtet. Die Schwerpunkte werden ganz neu gesetzt. Die Schulen lehren das neue Bewusstsein. Dieses wird sich an keiner Religion ausrichten.

Viele weitere Veränderungen werden stattfinden. Die Rolle des Lehrers wird sich vornehmlich darauf beschränken, sich mit den Seelen zu verbinden. Neben den Veränderungen im Bewusstsein und in den Lehrern selbst wird sich der gesamte Unterrichtsansatz verändern. Heutzutage baut jede Schulform, auch die kreativste, auf einer bestimmten Philosophie auf. Diese ergibt sich aus der jeweiligen Erfahrung. Man versucht, die Stärken der Schüler auszubauen, ihre Schwächen zu korrigieren und ihren Verstand zu schärfen. Zukünftig wird sich ein Lehrer mit der Seele des Unterrichtsthemas und den Seelen seiner Schüler verbinden. Der Unterricht findet dann auf Seelenebene statt. An diesem Beispiel kann man erkennen, welche Veränderungen uns ins Haus stehen. Es gibt dir eine Ahnung davon, was sich im Zeitalter des Seelenlichts abspielen wird. Die Seelenkommunikation spielt dabei eine große Rolle.

## Die Verbindung zwischen Vergangenheit, Gegenwart und Zukunft

Mit Hilfe der Seelenkommunikation haben wir bedeutend bessere Möglichkeiten, Vergangenheit, Gegenwart und Zukunft zu verbinden. Wir versuchen, uns auf viele Weise mit der Vergangenheit zu verbinden, um die Gegenwart zu verstehen und die Zukunft zu gestalten. Die Seelenkommunikation kann uns dabei äußerst behilflich sein. Sie wird zu diesem Zwecke im Zeitalter des Seelenlichts eine herausragende Rolle einnehmen. Im folgenden Abschnitt möchte ich aufzeigen, wie man Vergangenheit, Gegenwart und Zukunft effektiv miteinander in Zusammenhang bringt.

Nachdem wir uns gerade erst am Anfang der neuen Ära befinden, stehen wir noch unter dem starken Einfluss der Vergangenheit. Die Läuterung der Erde sowie der gesamten Menschheit hat sich noch nicht vollständig vollzogen. Auf gewisse Weise stehen wir mit einem Fuß in der Vergangenheit und mit dem anderen in der Gegenwart. Es ist unbedingt notwendig, mit beiden Füßen im Hier und Jetzt zu stehen. Dabei hilft uns die Seelenkommunikation. Vor allem die direkte, die ich auch »direkten Flow« nenne. Dennoch gilt das, was ich jetzt sagen werde, selbstverständlich auch für die Seelensprache und ihre Übersetzung, das Dritte Auge und das direkte Wissen. Wenn dir das Verständnis meiner Erläuterungen im Zusammenhang mit einer der anderen Formen der Seelenkommunikation leichter fällt, ist es völlig in Ordnung, diese im Sinn zu haben. Mach dir keinen »Knoten ins Hirn« und bleib immer flexibel und beweglich. In der einen Situation ist es sinnvoll, eine bestimmte Form der Seelenkommunikation zu wählen, in der anderen Situation wählt man eine andere Form. Nimm dir zuerst etwas Zeit und erspüre, welcher Kanal der stimmige ist, um mit der Vergangenheit Kontakt aufzunehmen. Durch welchen Kanal möchte sich die Vergangenheit ausdrücken? Dies zeigt deinen Respekt und deine spirituelle Höflichkeit sowohl der Seele der Vergangenheit als auch deinen Kanälen gegenüber. Für meine Erläuterungen in diesem Abschnitt nutze ich den direkten Flow lediglich als Beispiel.

Die direkte Seelenkommunikation kann dir klare, präzise und verdichtete Informationen über die Vergangenheit liefern. Dies kann sich auf deine eigene Vergangenheit beziehen, die Vergangenheit deines Heimatlands, auf die Region, in der du lebst, auf deine Firma oder auch auf das Grundstück, auf dem dein Haus steht. Die Möglichkeiten sind endlos. Zum Erhalt von Informationen aus der Vergangenheit ist Seelenkommunikation ein sehr wertvolles Werkzeug. Beachte, dass ich die Wörter »aus der« und nicht »über die« verwendet habe. Dies ist ein wichtiges Unterscheidungskriterium. Um Informationen *aus der* Vergangenheit zu erhalten, kommunizierst du mit der Seele der vergangenen Situation, Organisation oder des damaligen Ortes. Wenn du um Informationen *über die* Vergangenheit bittest, hast du nicht notwendigerweise eine direkte Verbindung mit der Seele der vergangenen Situation, Organisation oder des damaligen Ortes. Mit einer Seele der Vergangenheit zu kommunizieren verschafft dir eine völlig andere Qualität von Information. Sowohl übermittelte Unterweisungen als auch Heilsegnungen haben eine andere Qualität. Sie berühren einen anderen Teil deiner Seelenreise.

Wenn du Seelenkommunikation pflegst, um Informationen aus der Vergangenheit zu erhalten, gibst du der Vergangenheit die Möglichkeit, ihre Geschichte zu erzählen. Du gibst der Seele der Vergangenheit die Chance, ihre hochgeschätzten Unterweisungen zu übermitteln, bittest um ihre Heilung, räumst ihr die Möglichkeit ein, ihre wichtigsten Übungen weiterzugeben. All dies sind kraftvolle und wertvolle Kostbarkeiten. Lehren und andere Geschenke aus der Vergangenheit zu empfangen hilft dir dabei, die Gegenwart zu formen. Diese Geschenke liefern dir Hintergrund und Kulisse für das Jetzt. Sobald du direkt von einer Seele aus der Vergangenheit hörst, bekommst du ein klareres Verständnis der Gegenwart. Du weißt die wichtigsten Aspekte der aktuellen Situation zu schätzen.

In der Seelenkommunikation mit der Vergangenheit wird manchmal zu wenig Wert auf Respekt gelegt. Es geht nur noch darum, zu erfahren, was geschehen ist, wer es war und warum. Die Neugier rückt mehr und mehr ins Zentrum der Aufmerksamkeit. Diese Fragen sind im Zusammenhang mit der Vergangenheit von Bedeutung, vermitteln aber nicht das vollständige Bild. Ich werde noch auf weitere wichtige Fragen zu sprechen kommen. Denk immer daran, dich zu bedanken. Die Seele der Vergangenheit unterstützt dich auf wahrlich erstaunliche und großzügige Art und Weise. Die Akasha-Chronik ist kein Traumbild, sondern sie existiert wirklich. Die Führer[19] der Akasha-Chronik geben dir Einblick in den Teil der Vergangenheit, auf den sich deine Frage bezieht. Erweise ihnen dafür deinen Respekt. Erweise diesen Respekt allen Mitarbeitern der Akasha-Chronik.

Wenn du Seelenkommunikation mit der Vergangenheit oder auch jede andere Form von Seelenkommunikation betreibst, ist es wichtig, den Beitrag deines Verstandes anzuerkennen. Es gilt auch immer, die Seele deines Verstandes daran zu erinnern, dass sie sich für den Moment zur Ruhe begibt. Dadurch wirst du weder kopflos noch verwirrt. Im Gegenteil, sobald du der Seele deines Verstandes gestattest, sich zur Ruhe zu begeben, wirst du bewusster, fähiger zu einem Denken, das mit deinem Herzen und deiner Seele im Einklang ist, und fähiger zu großer Klarheit. Dein Verstand braucht während der Seelenkommunikation nicht aktiv zu sein.

Fahren wir fort mit den Unterweisungen bezüglich der Kommunikation auf Seelenebene mit der Vergangenheit, der Gegenwart und der Zukunft. Sobald du Informationen von der Seele der Vergangenheit erhalten hast, musst du etwas damit tun. Wie ich schon an früherer Stelle angemerkt habe, liegt es in deiner Verantwortlichkeit, auf Basis der empfangenen Informationen sofort zu handeln. Wenn dies nicht deine Absicht ist, frag erst gar nicht. Welche Handlungen ergeben sich aus Informationen einer Seele aus der Vergangenheit? Lass dir von dieser eine Unterweisung zur Gegenwart geben. Bitte die Seele der Vergangenheit, dir zu berichten, wie die entsprechende Information dein gegenwärtiges Leben beeinflusst. Viele Menschen haben ein gewisses Bewusstsein im Hinblick auf ihre Vergangenheit, gehen aber nicht den nächsten Schritt. Geht es um ihre aktuellen Verhaltensweisen, Gesinnungen und Glaubenssätze, sagen sie schlicht: »Das ist mein Karma.« Oder: »Dies oder jenes ist mir in einer früheren Inkarnation zugestoßen und hat mein derzeitiges Leben geformt. Ich wurde damals sehr schlecht behandelt und habe deswegen heute kein Vertrauen.« Vielleicht auch: »Ich habe mich in früheren Leben anderen gegenüber sehr schlecht benommen und muss daher jetzt großes Leid ertragen.« Solche Reaktionen sind für viele Menschen ganz selbstverständlich, sie sind aber nicht vollständig. Es wird dir schwerfallen, auf deiner Seelenreise voranzukommen, wenn du auf diese Art und Weise weitermachst.

Ich möchte meinen Fokus auf eines der Beispiele lenken: »Ich wurde damals sehr schlecht behandelt und habe deswegen heute kein Vertrauen.« Hierbei handelt es sich lediglich um den Anfang der Geschichte. Ein Mangel an Vertrauen ist zwar mit Karma, aber auch mit vielem anderen verbunden. Die Gesamtheit jener Angelegenheiten kann und muss in diesem Leben verändert werden. Informationen aus der Vergangenheit sind nur dann nützlich, wenn du sie als Anleitung begreifst, die entsprechenden Umstände zu ändern. Sobald du weißt, dass du in der Vergangenheit schlecht behandelt worden bist, wird klar, dass es in der Gegenwart der Heilung bedarf. Diese Heilung muss auf jeden Fall die Vergebung mit einschließen.

Die Vergangenheit lehrt uns, wie wir die Gegenwart angehen können. Sie sagt uns, welche alten Muster da waren, und sie gibt uns alle Werkzeuge zur Veränderung an die Hand. Viele Menschen verwenden die Vergangenheit als Ausrede: »Ich bin einfach so«, »Ich war schon immer so« oder »Ich war schon in vielen Leben so«. Das mag stimmen. Aber es ist nicht genug. Diese Aussagen müssen vervollständigt werden, etwa wie folgt: »Es bedarf der Heilung. Es bedarf der Liebe und der Vergebung. So war ich damals. Heute bin ich nicht mehr so.« Erinnere dich auch immer daran, dass wir uns im Zeitalter des Seelenlichts befinden. Die Seele hat die Federführung übernommen. In der Vergangenheit war der Verstand der Boss. Sprich mit der Seele des Verstandes und sag ihr: »Die Erfahrungen der Vergangenheit sind vorüber. Du lebst nicht mehr dort. Dies ist eine neue Epoche. Ein neues Kapitel in deinem Leben. Möglicherweise ist es sogar ein neues Buch.«

In der Gegenwart ist alles neu. Deine Seele hilft dir auf jede erdenkliche Art und Weise, die notwendigen Veränderungen herbeizuführen. Die gesamte Seelenwelt unterstützt dich. Seelenkommunikation ist ein Werkzeug, das Klarheit in den Prozess bringt und ihn beschleunigt. Wenn wir sie dazu nutzen, um herauszufinden, wie die Vergangenheit uns in der Gegenwart führen kann, bringt uns dies sehr schnell Informationen darüber, was verändert werden muss. Die Seelenkommunikation steht in Kontakt mit den Seelen der bedingungslosen Liebe und Vergebung. Du kannst dich fortwährend mit beiden verbinden, so dass sie ständige Begleiter werden. Sie sind die ersten beiden Qualitäten im universellen Gesetz des universellen Dienstes. Es ist ihnen eine Freude, dir zu dienen.

Siehst du dir also die Vergangenheit an, liegt kein großer Gewinn im bloßen Hinschauen. Nutz das Geschehene als Sprungbrett, tiefer in die Gegenwart einzutauchen. Informationen von früher zu erhalten befreit dich, so dass du tiefer in der Gegenwart leben kannst. Du erfährst alles über deine Gedankenmuster, inneren Haltungen und Glaubenssätze, die loszulassen sind. Das Gleiche gilt auch für eine Organisation, eine Gesellschaft, ein Geschäft oder das Grundstück, auf dem dein Haus steht. Es gelten jeweils dieselben Prinzipien. Stell dir vor, alles, was du in der Vergangenheit erlebt hast, seien die Zutaten, die du zur Erschaffung der Gegenwart benötigst. In manchen Situationen verhält sich die Menge der Zutaten proportional zur Freude, die das Ergebnis in der Gegenwart bringt. Es mag jedoch auch Situationen geben, in denen man aus sehr wenigen Zutaten ein wundervolles Gericht zaubern kann. Es ist nicht notwendig, ständig und immer wieder die Vergangenheit zu Rate zu ziehen. Empfange die benötigte Information, setz ein Bild zusammen und erschaffe die Gegenwart. Du darfst gewiss sein, dass alle Zutaten in der genau richtigen und stimmigen Weise kombiniert werden, da du den Anleitungen deiner Seele folgst.

Das klingt sehr einfach: »Nimm die Zutaten aus der Vergangenheit und erschaffe damit die Gegenwart.« Es mag auch simpel sein, aber das heißt nicht, dass es auch immer leicht ist. Es kann sehr einfach sein, wenn du dich stets von deiner Seele führen lässt und immer Seelenkommunikation praktizierst. Das macht den Prozess schneller und lichtvoller. Damit wird es eine Erfahrung der Dankbarkeit.

Viele hören diese Unterweisungen und sagen: »Oh, das ist ja wunderbar. Klar mach ich das.« Dann aber fahren sie mit ihrem täglichen Leben fort, und ihre Aufmerksamkeit schweift wieder ab. Sie kehren sofort zurück in ihr altes Muster und gehen die Dinge vornehmlich mit Verstand und dem logischen Denken an. Sie stecken fest. Um dies zu vermeiden, führ eine Übung durch, indem du zu dir selbst sagst: *Die Vergangenheit schenkt mir die Zutaten für die Gegenwart.* Diese einfache Aussage kann als Mantra genutzt werden. Indem du es wieder und wieder sprichst, werden deine Geisteshaltungen, Gesinnungen und Glaubensmuster wahrlich verändert. Wenn du dich in dem Bewusstsein, Zutaten für die Gegenwart zu empfangen, mit der Seele deiner Geschichte verbindest, der Seele der Vergangenheit von Mutter Erde, deiner Organisation oder deiner Firma, wirst du erstaunliche Reaktionen erhalten. Flexibilität und Schöpferkraft werden dir zufließen.

Ich kann gar nicht genug betonen, dass wir durch die Vergangenheit weder begrenzt noch zurückgehalten werden. Sie öffnet die Tür zur Gegenwart. Sie ist eine Schatztruhe, aber die Schätze sind dazu gedacht, in der Gegenwart verwendet zu werden. Auch wenn du schmerzvolle Erfahrungen in früheren Inkarnationen gemacht hast, ist deine Vergangenheit doch eine Kostbarkeit. Jedes dieser Leben schenkt dir eine unbezahlbare Zutat, die dir dabei hilft, deine Gegenwart zu erschaffen. Diese Erkenntnis verändert deine Sicht auf deine augenblickliche Situation vollständig.

Wenn wir weder begrenzt noch zurückgehalten werden, sind wir frei. Es ist wichtig, zu erkennen, dass die Art Freiheit, von der ich hier spreche, vollständig mit Respekt und Dankbarkeit verbunden ist. Es handelt sich um die Art von Freiheit, die es dir möglich macht, dankbar für alles zu sein, was in der Vergangenheit liegt. Diese Freiheit bietet dir die Option, deine Vergangenheit zu respektieren und sie als Geschenk anzunehmen. Durch eine solche Haltung transformiert sich die Vergangenheit und wird von einer Last zu reinem Licht. Sie bringt nun nicht mehr Schwere in deine Gegenwart, sondern Leichtigkeit. Diese Leichtigkeit ist Freiheit. Das meine ich mit »frei sein«.

Sobald du deine Reaktion auf die Vergangenheit veränderst und sie als eine Schatzkiste voller Zutaten betrachtest, wird sich deine Reaktion gegenüber allen Menschen und Seelen verändern, die sich in deiner Gegenwart befinden. Jeder von ihnen ist auch Teil deiner Vergangenheit. Manch einer davon kann wahrlich eine Herausforderung bedeuten. Betrachte einen jeden von ihnen als eine seltene und kostbare Zutat. Jeder Koch kennt Ingredienzien, die äußerst wertvoll sind und nur in kleinsten Dosierungen verwendet werden dürfen. Menschen, die du als Herausforderung betrachtest, können wie eine solch kostbare Zutat sein. Ob sie in deinem Leben nur in kleinen Dosierungen vorkommen oder als ständiger Begleiter, spielt dabei keine Rolle. Sie sind die kostbarsten Zutaten, denn sie helfen uns dabei, die Gegenwart zu erschaffen. Sie geben uns die wertvollsten Informationen, die wir benötigen. Sie erinnern uns energisch daran, dass es an der Zeit ist, etwas Neues zu erschaffen. Bedank dich bei diesen »Provokationen«. Bedank dich bei all deinen Herausforderungen. Es gibt keinen Ersatz für jene kostbarsten Zutaten, die dir geschenkt werden.

Nehmen wir das Beispiel des Kuchenbackens. Viele Kuchen benötigen Backpulver oder Hefe, um aufzugehen. Ohne diese Zutaten blieben sie flach. Denk an herausfordernde Menschen oder Umstände in deinem gegenwärtigen Leben. Erkenne, dass sie eine Verbindung mit deiner Vergangenheit haben. Erkenne sie als Hefe in deinem Leben. Sie sind der Wirkstoff, der alle Prozesse in Gang bringen kann, um einen hervorragenden Kuchen entstehen zu lassen. Man könnte auch sagen, dass fordernde Menschen und Erfahrungen grundlegend dafür sind, dass Veränderungen in deinem Dasein stattfinden, die eine neue Situation erschaffen. Fehlten diese Menschen, bliebe dein Alltag flach und ohne Geschmack. Durch sie wird deine Gegenwart zur reinsten Gaumenfreude. Sobald dies deine Geisteshaltung, deine Gesinnung und dein Glaubenssatz ist, verändert sich deine Seelenkommunikation tiefgreifend. Die Ebene der empfangenen Lehren verändert sich. Du führst dein Leben auf eine andere Art und Weise. Die Möglichkeit, zum Ausdruck der Dankbarkeit zu werden, vergrößert sich.

Seelenkommunikation zu pflegen verhilft dir schnell zu der Fähigkeit, Herausforderungen auf diese Weise zu betrachten. Du könntest beispielsweise diese Frage stellen: *Liebe Seele meiner Vergangenheit* [der Vergangenheit dieser und jener Organisation ...], *bitte zeig mir diejenigen Menschen, Ereignisse und Situationen, welche die größten Herausforderungen für mich darstellen.* Die meisten wissen ohnehin, wer und was die größten Schwierigkeiten für sie sind. Dennoch mag es Überraschungen geben. Üblicherweise denken wir, dass unsere Aufgaben dort liegen, wo wir versagen. Aber auch der Erfolg kann dich fordern. Er kann sogar die größte Herausforderung sein. Wenn wir erfolgreich sind und uns nur mit Menschen umgeben, die uns nach dem Munde reden, bleibt wenig Platz für Transformation und Dienst. Daher könnte es sehr überraschend sein, herauszufinden, was tatsächlich deine größten Herausforderungen sind.

Sobald du diese Information hast, ist es an der Zeit, zu fragen, wie diese Aufgabe zur kostbaren Zutat werden kann. Wie kannst du am besten im täglichen Leben mit ihr umgehen? Wenn du die empfangenen Unterweisungen anwendest, wirst du darüber erstaunt sein, wie schnell du alte Geisteshaltungen, Gesinnungen und Glaubensmuster loslassen kannst. Voller Freude siehst du, wie schnell du eine neue Gegenwart zu erschaffen vermagst. Deine Seelenreise beschleunigt sich. Dein Seelenrang erhöht sich. Es finden Veränderungen in jedem Bereich deines Lebens statt.

Die Seelenkommunikation fördert und erleichtert alle Möglichkeiten, von denen ich gesprochen habe. Die einzige Blockade ist dein Verstand. Seelenkommunikation kann dir dabei helfen, diese Blockade zu entfernen. Dazu habe ich schon einige Übungen beschrieben. Es ist der Wunsch deiner Seele, vollständig in die Schaffung einer neuen Gegenwart für dich einbezogen zu werden. Deine Seele weiß, dass dies ihre Aufgabe ist. Deine Seele weiß auch, dass dies jetzt im Zeitalter des Seelenlichts geschehen muss. Deine Seele weiß, dass du einer der Pioniere bist, die diesen Ansatz in das Zeitalter der Seelenlichts einbringen. Du musst dich nur von ganzem Herzen dazu entscheiden, es zu tun. Dies möge dein tägliches Mantra sein: *Die Vergangenheit schenkt mir die Zutaten für die Gegenwart.* Sprich es ständig leise vor dich hin. Im Auto, im Bus, im Zug, beim Einkaufen, beim Spazierengehen, bei der Arbeit oder unter der Dusche. Du kannst es vor dem Einschlafen sprechen und direkt nach dem Aufwachen. Es ist angemessen, dieses Mantra zu jeder Zeit des Tages zu sprechen. Vielleicht magst du dir auch einige Minuten nehmen und wiederholt chanten: *Die Vergangenheit schenkt mir die Zutaten für die Gegenwart.*

So eng verbunden sind Vergangenheit und Gegenwart. Wir wollen uns jetzt der Zukunft zuwenden. Du kannst ihr Gestalt verleihen. Ich habe dir gezeigt, wie du eine neue Gegenwart erschaffen kannst. Eine neue Gegenwart kreiert auch eine neue Zukunft. Sobald du dich von deinem Karma aus der Vergangenheit befreist, deine Geisteshaltungen, Gesinnungen und Glaubensmuster loslässt, wenn du die Vergangenheit als Zutaten für die Gegenwart sehen und willkommen heißen kannst, dann hast du damit schon die Zukunft verändert. Jede einzelne dieser Maßnahmen verändert dein künftiges Leben. Bist du in der Lage, alle diese Handlungen auszuführen, verändert sich deine Zukunft grundlegend.

Sobald du eine vollständig neue Sicht auf deine Gegenwart hast und in Verbindung zum Zeitalter des Seelenlichts lebst, wird auch die vor dir liegende Zeit in Verbindung zur Seelenlicht-Ära stehen. Das Morgen folgt dem Heute. So wie du deine Gegenwart neu erschaffst, gestaltest du deine Zukunft neu. Dies ist ein wertvoller Schatz, den du künftigen Zeiten schenken kannst. Du magst ihn auch an deine Kinder weitergeben oder an Mutter Erde. Deine Nachfahren werden dadurch gesegnet sein, dass du eine neue Gegenwart erschaffen hast. Du hast dich dazu entschieden, die Vergangenheit nicht als Last, sondern als Geschenk anzusehen. Die Zukunft verändert sich dadurch auf profunde Weise. Deine Zukunft und die all deiner Nachfahren wird lichterfüllt sein. Gesundheit, Glück, schöne Beziehungen, Erfolg und ein langes Leben wird Teil dieser Zukunft werden.

Seelenkommunikation ist ein Werkzeug, das dir beim Verständnis dessen helfen kann, wie die Vergangenheit Teil der Gegenwart wird und wie die Gegenwart die Zukunft beeinflusst. Wenn deine Gegenwart durch den Gebrauch von Seelenkommunikation geformt wird, verschafft dir das Zugang zu grundlegender Weisheit, tiefen Lehren und transformierenden Übungen. Du hast Zugang zu heiligen Geheimnissen, die jetzt enthüllt werden. Seelenkommunikation ist eine sehr kraftvolle Art des Dienstes. Je größere Dienste du leistest, desto größere spirituelle Werte erhältst du. Die Gegenwart beeinflusst die Zukunft. Es ist wichtig, dies im Bewusstsein zu halten. Deine Zukunft und die deiner Nachfahren werden von dem geprägt, was du jetzt tust. Der Gebrauch der Seelenkommunikation verbindet dich auf tiefste Art und Weise mit dem Göttlichen und den höchsten Heiligen. Er bringt dir spirituelle Werte. Du bringst Licht in deine Seelenreise, erhöhst deinen Seelenstandpunkt und sammelst große Mengen wunderschöner spiritueller Blumen. Dein Buch in der Akasha-Chronik wird von Licht erfüllt. Dies sind wundervolle Geschenke, die du in deine eigene und in die Zukunft deiner Nachfahren bringst.

Du kennst sicher den folgenden Spruch zum Thema »Geld« und »materielle Besitztümer«: »Das letzte Hemd hat keine Taschen.« Alles, was du mitnehmen kannst, wenn du diese Erde verlässt, sind die angesammelten spirituellen Werte. Diese kann man auch als »himmlische Währung« bezeichnen. Sie ist bedeutend wertvoller als physische. Es sind die Werte, die für immer bei dir bleiben. So viel wie möglich davon einzusammeln ist das Großzügigste, was du für dich selbst und deine Nachfahren tun kannst. Dies zu tun, entspringt großer Weisheit.

Es ist ein wundervolles Geschenk, seine Zukunft beeinflussen zu können. Die meisten Menschen verstehen die volle Bedeutung dieser sehr einfachen Aussage nicht. Vermutlich wird jeder, der sich auf der spirituellen Reise befindet, sagen können: »Ja, ich weiß, dass ich meine Zukunft beeinflussen kann.« Die meisten erkennen aber nicht, wie groß dieser Einfluss sein kann. Mit Hilfe der Seelenkommunikation ist es dir möglich, genau herauszufinden, wie du deine Zukunft zu beeinflussen vermagst. Sie kann dir präzise Informationen dazu verschaffen, welche Bereiche gelenkt werden müssen und was du jetzt Nützliches für deine Zukunft tun kannst. Dazu kannst du jede Form der Seelenkommunikation anwenden. Das Dritte Auge wird dir beispielsweise Bilder zu deiner Zukunft zeigen. Dann kannst du die Seele des zukünftigen Ereignisses fragen, was du im gegenwärtigen Leben tun solltest, um dieses Ereignis zu verändern. Werden dir zum Beispiel Bilder gezeigt, in denen du an einer Krankheit leidest, solltest du die Seele der Krankheit fragen, wie du die Gegenwart transformieren kannst, damit diese Krankheit nicht Teil deiner Zukunft sein wird. Dazu kannst du die Seelensprache und ihre Übersetzung oder direkte Seelenkommunikation anwenden. Diese Art der Seelenkommunikation ist nicht selbstsüchtig, eigennützig oder egoistisch. Wenn du nämlich eine Unterweisung dazu erhältst, was in der Gegenwart transformiert werden muss, profitieren davon auch viele andere. Natürlich ziehst du daraus einen Nutzen. Aber eben auch alle Menschen, denen du begegnest. Jeder von dir transformierte Aspekt deines Seins versetzt dich in die Lage, mehr Licht zu den Menschen zu bringen, die deinen Weg kreuzen. Damit allein leistest du einen großen Dienst.

Sobald du herausgefunden hast, welche Aspekte transformiert und welche losgelassen werden müssen, profitiert jeder Einzelne davon, mit dem du zu tun hast. Die Gedankenmuster, inneren Einstellungen und Glaubenssätze der Menschen, die uns begegnen, haben einen Einfluss auf unsere Reise durchs Leben. Dies gilt natürlich auch umgekehrt. Vielleicht bist du die Herausforderung für einen anderen. Vielleicht hast du eine Anhaftung an einen bestimmten Glaubenssatz, der dich davon abhält, grundlegende Weisheitslehren zu erhalten. Du kannst nichts in die Welt bringen, was du nicht selbst empfangen hast. Je mehr Glaubenssätze du loslassen kannst, desto tieferen Zugang zu Weisheitslehren bekommst du. Diese Weisheit kannst du auf verschiedene Weise zur Erde bringen und sie auf verschiedene Weise lehren.

Seelenkommunikation unterstützt dich dabei, herauszufinden, welche Aspekte deiner Zukunft in der Gegenwart geheilt werden müssen. Es ist wunderschön, die Möglichkeit zu erkennen, eine Zukunft in bester Gesundheit, mit liebevollen Beziehungen, beruflichem Erfolg und einem langen Leben zu erreichen. Diese Maßnahmen und die Realisierungen sind nicht nur möglich, sie sind eine Tatsache. Du verbindest dich mit diesen Realitäten durch die Seelensprache. Frag beispielsweise die Seele erfolgreicher Beziehungen, was sich in deinem gegenwärtigen Leben ändern muss, um deine künftigen Partnerschaften positiv und erfolgreich zu gestalten. Du wirst klare Antworten und grundlegende Weisheiten dazu erhalten. Zudem wirst du die Heilsegnungen bekommen, die es dir ermöglichen, loszulassen, was gegenwärtig losgelassen werden muss.

Die Seelenkommunikation schenkt dir viel mehr als einfache Information. Sie ist eine Verbindung von Seele zu Seele. Diese Art von Verbindung ist äußerst tiefgründig. Du kannst die verschiedensten Situationen in einer Zukunft bitten, dich zu führen. So, wie die Vergangenheit Ingredienzien für deinen aktuellen Alltag anbietet, hält auch die Zukunft Zutaten für die Gegenwart bereit. Ereignisse, Situationen und Lebensumstände, die dir wünschenswert erscheinen, sind die Zutaten für deine Gegenwart. Bitte sie um Antworten und Unterweisungen. Bitte sie um ihren Heilsegen. Mit Hilfe ihrer Führung, durch die Verbindung von Seele zu Seele, hast du die Möglichkeit verschiedener Optionen für deine Gegenwart.

Ich weise wie so oft auch hier noch einmal darauf hin, dass du die auf deine Frage erhaltene Antwort nutzen musst. Wenn du von vornherein weißt, dass du dies nicht willst oder kannst, stell die Frage erst gar nicht. Bekommst du eine Antwort, nutze sie sofort. Das Mindeste, was du tun solltest, ist, dankbar für diese Gelegenheit zu sein und deine Erkenntlichkeit unmittelbar zum Ausdruck zu bringen. Diese Gelegenheiten sind unbezahlbar.

Der Gebrauch der Seelenkommunikation zum Zweck der Beeinflussung der Zukunft und Transformation der Gegenwart ist in etwa so, als würde das Göttliche dir eine tägliche Übungspraxis schenken. Wie viele Menschen wünschen sich, eine Übung vom Göttlichen selbst oder den höchsten Heiligen zu erhalten! Dafür geben nicht wenige Leute eine Menge Geld aus. Dabei ist es so einfach: Du brauchst nur zu fragen. Frag einfach, wie du deine Zukunft beeinflussen kannst, so dass sie voller Licht, Gesundheit, Erfolg und Langlebigkeit ist. Viele Menschen haben einen persönlichen Trainer, um sich körperlich fit zu halten. Der Gebrauch der Seelenkommunikation ist in etwa so, als hätte man den besten »Coach« für die Seelenreise. Das ist ein unbezahlbarer Schatz. Für diese unglaubliche Gelegenheit können wir gar nicht dankbar genug sein.

Es bereitet dem Göttlichen große Freude, dir zu dienen. Die höchsten Heiligen helfen dir von Herzen gern. Auch die Seelen verschiedenster Ereignisse und Umstände in deiner Zukunft tun dies mit Vergnügen. Sie teilen dir mit, was du brauchst. Sie geben dir die notwendigen Übungen und Unterweisungen. Wenn du Einzelheiten dazu benötigst, frag einfach nach. Manche Menschen fragen sogar danach, wie sie ihren Tag planen sollen. Ich erinnere ein weiteres Mal daran, dass du die erhaltene Information dann auch nutzen musst.

Seelenkommunikation gibt dir spezifische Unterweisungen für dein Leben. Sie sind genau auf dich und diesen Zeitpunkt deiner Seelenreise zugeschnitten. Wenn du für einen Aspekt deines gegenwärtigen Lebens Heilung erfahren hast, frag: *Was kann ich in meiner Zukunft verbessern?* Du kannst dich immer weiter verbessern. Auch wenn deine Zukunft sich frei von Krankheiten darstellt, kann sich deine Gesundheit optimieren, und du kannst fragen, was du dazu tun solltest. Durch die Antwort erhältst du Informationen, die dir dabei helfen, deine Gegenwart immer weiter zu veredeln. Je reiner du wirst, desto mehr Licht bringst du in deine Zukunft, und desto mehr wird sie durch die göttliche Gegenwart gesegnet und geformt.

Dies kann die Seelenkommunikation für dich als einzelnen Menschen tun. Sie kann es auch für Gruppen, Organisationen und sogar für das Grundstück tun, auf dem dein Haus steht. Nachdem die Seelenkommunikation mit dem Göttlichen und den höchsten Heiligen verbunden ist, sind die Möglichkeiten endlos.

Ich habe dir gezeigt, wie du deine Zukunft fragst, was sich in deiner Gegenwart ändern muss. Ein weiterer Ansatz besteht darin, deine Gegenwart zu fragen, was geheilt und transformiert werden muss, damit du eine lichtvolle Zukunft haben wirst. Die Fragen sind grundsätzlich die gleichen. Du hast sicher schon eine Ahnung davon, welche Aspekte dich in deinem gegenwärtigen Leben blockieren. Sprich mit den Seelen dieser Blockaden. Solltest du dir nicht ganz sicher sein, was die Blockade ist, frag einfach: *Liebe Seele dieser Blockade. Bitte sag mir, was du bist. Identifiziere dich. Lehre mich, wie ich dich dabei unterstützen kann, in Licht transformiert zu werden.* Es ist sehr wichtig, dass du die Blockade zur Transformation einlädst. Es macht keinen Sinn, unhöflich zu werden und sie fortzuschicken. Es sollte dein Wunsch sein, dass sie ein besserer Diener wird. Auch du willst ihr dienen. Es sollte dein Wunsch sein, ihr bedingungslose Liebe zu schenken.

Für manche mag dieser Ansatz neu sein. Es ist sehr wichtig, ihn zu leben. Schenk Liebe, was immer auch die Blockade sein mag. Sie kann sich in deinem Leben in Form von Geisteshaltungen, Einstellungen oder Glaubensmustern zeigen. Sie kann sich in Form von Krankheit, schwierigen Beziehungen oder geschäftlichem Misserfolg darstellen. Wie auch immer sie sich präsentiert, schenk der Blockade stets bedingungslose Liebe und lad sie ein, sich zu transformieren. Stell dir vor, wie dankbar die Seele der Blockade ist, wenn sie mit Liebe und Respekt behandelt wird. Es wird ihr Wunsch sein, dir zu dienen. Sie wird dich voller Freude auf deiner Seelenreise unterstützen. Sie wird auch darüber glücklich sein, dass du ihr hilfst, auf eine höhere Ebene zu gelangen und lichtvoller zu werden.

Du leistest einen großen Dienst. Wenn du in dieser Art auf eine Blockade reagierst, erhältst du auf vielen Ebenen spirituelle Werte. Du erhältst die himmlische Währung, weil du gute Dienste leistest, auch dadurch, dass dir Dankbarkeit geschenkt wird. Diese Dankbarkeit regnet in Form wunderschöner spiritueller Blumen auf dich hernieder. Je mehr Dankbarkeit dir geschenkt wird, desto mehr Blumen erhältst du. Beide Parteien ziehen größten Nutzen aus der Situation. Ja, mehr als das, sind doch zahllose Seelen involviert. Alle ziehen größten Nutzen aus der Situation. Es ist auch nicht nur deine Gegenwart mit einbezogen, sondern ebenso deine Zukunft.

Es geht darüber hinaus um einen weiteren Aspekt des Gebrauchs der Seelenkommunikation als Verbindung zwischen Vergangenheit, Gegenwart und Zukunft, nämlich die Erkenntnis, dass die Gegenwart eine Brücke ist. Ereignisse aus deiner Vergangenheit treten in die Gegenwart und setzen sich in die Zukunft fort, es sei denn, du transformierst sie. Alle Ereignisse aus deiner Vergangenheit sind Teil deiner Gegenwart, auch jene, die andere mit einschließen. Wahrscheinlich bist du in deinem gegenwärtigen Leben noch nicht allen Ereignissen aus früheren Inkarnationen begegnet. Aber durch viele, viele Leben hindurch wird dies mit Sicherheit geschehen.

Wenn du die Vergangenheit heilst, dann therapierst du damit mehr als nur einen Bereich deiner eigenen Reise. Jede einzelne Seele, die Teil deiner Vergangenheit ist, nimmt an dem Genesungsprozess teil. Wenn du ein spezielles Ereignis heilst, besteht ein Teil der Heilung immer in Vergebung. Sie bringt Frieden und spirituelle Werte für alle, die an dem Prozess teilhaben. Wenn du dies für deine Vergangenheit tust, hilfst du damit automatisch auch anderen, und das macht sich in deiner Gegenwart bemerkbar. Es ist dann nicht mehr notwendig, Lektionen zu lernen, die mit diesen Ereignissen verbunden waren. Anstelle von Lehrstücken bekommst du Licht. Und die Menschen, mit denen du in deiner Vergangenheit zu tun hattest und die Segnungen empfangen haben, machen auch die Erfahrung von mehr Licht in ihrem gegenwärtigen Leben. Dies ist eine weitere Form von Dienst, die sehr tiefgreifend und kraftvoll ist.

Alles, was in der Gegenwart geschieht, beeinflusst das Kommende. Transformationsprozesse sorgen dafür, dass Licht in die Zukunft fließt. Wir haben das wunderbare Privileg und die großartige Gelegenheit, sehr vielen Seelen dienen zu dürfen und unseren Seelenrang auf eine höhere Ebene zu erheben.

Im Zeitalter des Seelenlichts werden zunächst Tausende, dann Millionen von Menschen lernen, wie man Seelenkommunikation praktiziert. Wir stehen am Anfang des Prozesses, auf den ersten Stufen der Seelenlicht-Ära. Wir sind die Pioniere. Es ist unsere Pflicht und unsere Verantwortung, zu lernen, wie man dies gut macht. Wir müssen all diese Lehren fortwährend anwenden. Wir transformieren die Vergangenheit, die Gegenwart und die Zukunft. Wir erschaffen das Energiefeld, in dem andere viel schneller lernen können. Wir kreieren buchstäblich ein Lichtfeld, das weit über Mutter Erde hinausreicht. Es ist, um es ein weiteres Mal zu betonen, eine tiefgreifende Ehre und ein großes Privileg, dies für die Menschheit, die Erde und das Universum tun zu dürfen.

## Seelenkommunikation mit der Erde

Die Seelenkommunikation mit unserer Erde eröffnet zahllose Möglichkeiten. Sie verfügt über große Weisheit. Es ist ihr ein ernsthaftes Anliegen, diese Weisheit mitzuteilen. In den Millionen Jahren ihrer Existenz hat sie einen riesigen Erfahrungsschatz angehäuft. Wenn du Seelenkommunikation mit unserer geliebten Mutter pflegst, bitte sie um ihre Weisheitslehren. Behandle sie mit dem Respekt, den du einem älteren, weisen Menschen entgegenbringen würdest. Die Tiefe ihrer Lehren wird dich in großes Erstaunen versetzen.

Du kannst um Unterweisungen zu einem bestimmten Thema bitten, auch einfach nur darum, dass sie ihre Weisheit mitteilt. Je öfter du dies machst, desto tiefer werden die Ebenen der Weisheit sein. Vielleicht möchtest du dies mit Hilfe der Seelensprache tun. Die Seelensprache von Mutter Erde zu sprechen ist an sich schon eine tiefgreifende Unterweisung, sie zu übersetzen eine weitere. Die Erde singt ihren eigenen Seelengesang. Es ist ein Unterschied, ganz allgemein zu ihrer Seele zu sprechen oder sie um eine spezielle Unterweisung zu bitten. Die Antwort wird aus einem bestimmten Klang oder Lied bestehen. Fragst du die Berge nach ihrer Weisheit, wirst du ein anderes Lied hören, da dies von der Seele der Berge stammt. Du kannst auch die Flüsse, Meere, den Regen, Schnee, die Schmetterlinge, Blumen und die Wüste um Unterweisungen bitten. Diese Liste könnte naturgemäß unendlich fortgesetzt werden.

Jeder Aspekt von Mutter Erde verfügt über seine eigene Weisheit. Jeder Gesichtspunkt hat seine individuelle Seelensprache, seinen Seelengesang und Seelentanz. Mit Hilfe der Seelensprache kannst du dich mit einem dieser Perspektiven oder mit allen gleichzeitig verbinden. Dies hier sind nur einige Beispiele, um dir einen Eindruck von den Möglichkeiten zu vermitteln. Du kannst dich sogar mit ausgestorbenen Rassen oder Arten verbinden, etwa Dinosauriern. Du kannst dich auch mit Rassen verbinden, die erst in Zukunft auftauchen werden.

Es liegt große Weisheit darin, mit unserer geliebten Mutter Seelenkommunikation zu betreiben. Sie hat fast jede menschliche Möglichkeit gesehen und erfahren. Du kannst in deiner Seelenkommunikation mit ihr ganz spezifisch darum bitten, Weisheitslehren ihrer gegenwärtigen Inkarnation zu erhalten. Es ist nicht ihre einzige Inkarnation, aber nachdem die meisten Menschen mit der jetzigen vertraut sind, bekommst du von ihr die nützlichsten Informationen. Dennoch ist es selbstverständlich möglich, Mutter Erde um Weisheitslehren aus ihren anderen Inkarnationen zu bitten.

Wir sprechen nicht zufälligerweise unseren Heimatplaneten als *Mutter* an. Warum das so ist, kannst du durch Seelenkommunikation erfahren. Vermutlich bekommst du sofort eine Antwort von deinem Verstand. Diese Antwort ist genau und wahr, aber Mutter Erde kann dich bedeutend größere Weisheit lehren. Es ist ihr eine Freude, mit dir Seelenkommunikation zu betreiben. Denk nur an die Kommunikation mit deiner leiblichen Mutter. Das sind oft ganz besondere Momente. Diese trägst du als großen Schatz in deinem Herzen. Sie beeinflussen dein Leben häufig auf tiefgreifende Weise. Dies gilt auch für die Seelenkommunikation mit Mutter Erde. Es wird sich eine ganz besondere und einzigartige Verbindung mit ihr einstellen. Ihre Mitteilungen an dich werden profund und tiefsinnig, sie werden ein großer Schatz für dich sein.

Die Kommunikation von Seele zu Seele mit unserer geliebten Mutter stellt einen großartigen Dienst dar. Einen Dienst an ihr. Es ist ebenso ein Dienst an dir selbst und an der gesamten Menschheit. In diesen Zeiten ist unsere Erde sehr zerbrechlich. Zahlreiche Regionen und Bereiche des Planeten sind in großer Gefahr. Verschiedenste Arten in Flora und Fauna sind sehr bedroht. Viele Menschen sorgen sich um die Erde. Die sogenannten Leute auf der Straße, Wissenschaftler und viele Politiker erkennen, dass die Gesundheit der Erde stark angeschlagen ist. Es gibt Konferenzen, Projekte und mancherlei Anstrengung, um ihren Zustand zu verbessern. Üblicherweise sind dies Zusammenkünfte, auf denen viel geredet und analysiert wird. Es werden Pläne und Strategien erarbeitet, um die Gesamtsituation zu verbessern. Das sind gute Ansätze. Wir achten und respektieren sie. Es ist jedoch nicht genug.

Um unserer geliebten Mutter wieder zu guter Gesundheit zu verhelfen, ist es absolut notwendig, mit ihrer Seele zu sprechen. Frag sie direkt, was sie benötigt. Wenn du mit ihr sprichst, antwortet sie dir mit großem Mitgefühl und großer Fürsorge. Sie lehrt dich Geheimnisse, die du dir kaum vorzustellen vermagst. Sie wird dir auch sagen, wie du ihr am besten helfen kannst. Wenn du dich um eine bestimmte Gegend sorgst, dann sprich mit dieser Region. In den Vereinigten Staaten machen sich immer noch viele Menschen Sorgen um die Auswirkungen, die der Wirbelsturm Katrina auf New Orleans hatte. Bei vielen überwiegen immer noch die Trauer und das Gefühl der Ohnmacht rund um dieses Ereignis. Wären die Hilfspläne in Absprache mit der Seele von Katrina und der Seele von New Orleans gemacht worden, hätte effektiver und schneller geholfen werden können. Herkömmliche Planungsstrategien können um das Zehn-, Zwanzig-, Dreißig- oder gar um das Hundertfache beschleunigt werden. Dann würde sich schnell etwas tun. Heilung könnte rascher geschehen.

Mit Hilfe der Seelenkommunikation würden genau die erforderlichen Handlungen und Heilungen eintreten. Was wirklich gebraucht wird, entspricht oft nicht dem, was man logisch plant. Logischer Planung liegt immer begrenzte Information zugrunde. Die Seele zeigt grenzenlose Lösungen auf. Logische Planung basiert üblicherweise auf Präzedenzfällen. Das Markenzeichen der Seelenkommunikation ist im Gegensatz dazu die Kreativität.

Oft ist es so, dass die Seele Vorschläge liefert, auf die man durch bloßes Nachdenken in hundert Jahren nicht gekommen wäre.

Es wäre dennoch auch »logisch«, die Seele von New Orleans nach den notwendigen Maßnahmen zu fragen. Wenn du herausfinden möchtest, was einem anderen Menschen wichtig ist, sprichst du am besten direkt mit dieser Person. Möchtest du wissen, was ihre größten Wünsche auf der physischen Ebene sind, solltest du sie am besten selbst fragen. Das gilt auch für die Seele von New Orleans. Es ist zwar offensichtlich, aber noch nicht Teil des Ansatzes, der üblicherweise zur Problemlösung gewählt wird. Das ist völlig in Ordnung. Wir stehen noch am Anfang der Ära des Seelenlichts. Auch wenn die entsprechenden Planer und Entscheidungsträger diesen Ansatz noch nicht nutzen, können wir es tun. Wir können die Seele von New Orleans fragen, was wir zu ihrer Hilfe tun können. Das wird sicher etwas völlig anderes sein als das, was die Regierung tun kann. Es wird sich weniger auf der physischen Ebene abspielen, ist aber dennoch bedeutend, da wir auf der Seelenebene sehr viel ausrichten können.

Seelenkommunikation mit der Erde kann auf mannigfaltige Art und Weise angewendet werden. Zum Beispiel kannst du sie mit jeder geschichtlichen Epoche pflegen. Du kannst mit jeder alten oder zeitgenössischen Kultur Seelenkommunikation betreiben. Dies ist besonders wichtig in der Gegenwart, da viele Kulturen miteinander in Konflikt sind. Zahlreichen von ihnen mangelt es an Wertschätzung oder Respekt untereinander.

Seelenkommunikation mit den Kulturen auf Mutter Erde birgt viele Möglichkeiten. Zwei der besten Einstiegsfragen lauten: *Welche Botschaft hast du heute für mich?*

Und: *Welche Weisheit willst du mir vermitteln?* Diese beiden Fragen kannst du immer wieder stellen. Die Antworten mögen zu Beginn noch oberflächlich sein. Die Seele der Kultur versucht zuerst einmal, herauszufinden, was du mit der Information vorhast. Warum stellst du diese Frage? Es gibt nicht sehr viele Menschen, die die Seele einer Kultur nach ihrer Weisheit, ihren Lehren und ihrer Botschaft befragt haben.

Die Seele wird vermutlich zuerst einmal überrascht sein, gefragt zu werden. Daher verrate ich dir jetzt ein Geheimnis, das dir dabei hilft, von Beginn an großartige Informationen zu erhalten. Nenn meinen Namen. Du kannst einfach sagen: *Meister Sha hat mir empfohlen, dich um deine Weisheitslehren zu bitten.* Oder sprich: *Meister Sha wünscht, dass du mir heute eine Botschaft übermittelst.* Vielleicht fragst du dich jetzt, ob das einen Unterschied machen wird. Wenn dem so sein sollte, kannst du ja einfach beide Möglichkeiten ausprobieren. Frag zuerst: *Liebe Seele der Kultur der ..., wie lautet deine Botschaft?* Am nächsten Tag nennst du meinen Namen und vergleichst dann die empfangenen Ergebnisse. Nachdem du meinen Namen mehrfach genannt haben wirst, erkennt die Seele der Kultur die Bedeutung davon, dir tiefgreifende Weisheitslehren zu vermitteln. Es ist dann nicht mehr nötig, meinen Namen zu nennen. Du hast eine Verbindung von Seele zu Seele geschaffen.

Du könntest der Seele der Kultur beispielsweise auch folgende Frage stellen: *Wie ist ein harmonisches Miteinander verschiedener Kulturen möglich?* Dies ist eine Schlüsselfrage. Es kann sein, dass du schon im Moment der Frage eine Antwort hörst. Fahr mit der Seelenkommunikation fort, und dir werden immer weitere Einzelheiten und immer größere Weisheit offenbart werden. Vielleicht vermittelt die Seele der Kultur dir auch Übungen, die dabei helfen, Harmonie zwischen verschiedenen Kulturen herzustellen. Die Frage nach dem harmonischen Miteinander verschiedener Kulturen stellt allein schon einen großen Dienst dar. Doch leben wir in einer Zeit, in der für unseren Planeten etwas anderes als Harmonie ansteht. Es geht für unsere geliebte Mutter um Reinigung und Läuterung. Misch dich nicht in diesen Prozess ein. Solltest du eine Unterweisung empfangen, größere Harmonie herzustellen, nutze sie für eine örtliche Situation. Nutze sie nicht für nationale oder globale Fragen. Du darfst sie für deine Stadt oder deinen Ort anwenden. Der Versuch, Harmonie auf nationaler oder globaler Ebene zu etablieren, würde dich auf deiner Seelenreise in große Schwierigkeiten bringen, da du im Moment noch nicht über genügend spirituelle Werte verfügst, um die nationale oder globale Transformation zu beeinflussen. Du kannst größeren Gruppen helfen, sobald du größere spirituelle Werte angesammelt hast. Bis es so weit ist, wahre den Respekt der Seelenwelt und deinem Seelenrang gegenüber und nutze die Informationen auf örtlicher Ebene. Allein dies ist schon eine wunderbare Fähigkeit und verändert die Qualität des Lichts in deiner Ortschaft. Es verändert die Qualität des Lichts deiner gesamten Kultur.

Durch die Seelenkommunikation mit einer Kultur erlangst du eine Vielzahl an Informationen. Aber es ist auch ein Dienst an der jeweiligen Zivilisation. Wenn du Teil von ihr bist, kann die Information sehr hilfreich sein, sowohl deine Ansätze als auch deine Anhaftungen zu verstehen. Es ist vergleichbar mit dem Empfang von Seelenkommunikation aus deiner Vergangenheit.

Der Zustand unseres Planeten spielt für viele Menschen eine große Rolle. Die Umweltverschmutzung ist immens.

Zahllose Konferenzen und so weiter haben bereits stattgefunden, Pläne, Projekte, Vorschriften und Gesetze wurden ausgearbeitet. Mancher Ansatz war wirklich erfolgreich und hat gut funktioniert. Die Gesamtsituation hat sich jedoch nicht dramatisch verändert. Herkömmliche Ansätze im Hinblick auf die Umweltverschmutzung gehen in der Regel davon aus, dass die Situation analysiert werden muss, um Strategien für das existierende Problem zu entwerfen. Man sammelt Informationen und erstellt Statistiken. Dann werden aufgrund einer Analyse all dieser Daten entsprechende Pläne entwickelt. Die meisten Pläne sind dabei abhängig von Regierungszuschüssen. Genau an dieser Stelle hakt es oft, und dringend benötigte Gelder werden nicht bewilligt. Die Situation der Erde verschlimmert sich dabei täglich.

Diese herkömmlichen Ansätze haben dazu geführt, dass unsere geliebte Mutter in einem bedauernswerten Zustand ist. Die einigermaßen erfolgreichen Ansätze und Anläufe gingen in der Regel auf privat finanzierte Initiativen zurück, die unabhängig von Regierungsgeldern waren. Allerdings sprechen wir hier von sehr eingeschränktem Erfolg.

Ein Aspekt der Umweltverschmutzung, der für viele Länder und Städte ein riesiges Problem darstellt, ist der Müll, den wir tagtäglich produzieren. Abfalldeponien stoßen in vielen Bereichen an ihre Grenzen. Die vermeintliche Lösung besteht vielerorts darin, den Müll abzutransportieren und an anderer Stelle zu lagern. Dies ist natürlich nur eine Schein-, bestenfalls eine Notlösung. Auf Dauer kann dies kein gangbarer Weg sein. Der überschüssige Unrat wird nur an einen anderen Ort geschafft, die Folgeprobleme und die Ursachen der Müllproduktion bleiben zumindest gleich, vergrößern sich in der Regel jedoch. Mit jeder

Ansammlung von Müll ist sowohl eine große Menge an Energie als auch riesiges Karma verbunden, die bei einer solchen Scheinlösung gewaltige nachteilige Auswirkungen auf die Gesundheit der Erde zeitigen. Geschieht dies immer und immer wieder, steigern sich die Auswirkungen.

Was kann zur Lösung dieser Situation getan werden? Ich hoffe, dass du jetzt automatisch sagen wirst: »Seelenkommunikation!« Sprich mit der Seele der Mülldeponie. Sprich mit der Seele des überflüssigen Mülls. Sprich mit den Seelen derjenigen, die den Müll produzieren. Sprich mit den Seelen der Regionen, in denen der überschüssige Müll abgeladen wird. Jede einzelne dieser Seelen kann dir tiefgreifende Weisheit vermitteln.

Die Situation mit dem Müll ist ja nur eins von vielen Problemen, mit denen wir gegenwärtig umzugehen haben und die uns profunde Weisheit bescheren können. Du kannst dieses Beispiel natürlich auf jeden anderen Bereich ebenso anwenden. Auf der Erde gibt es viele Gebiete, die der Heilung bedürfen. Im Moment ist es uns noch nicht möglich, jedes von ihnen zu heilen. Sprich einfach mit den Seelen jener Orte, die dein Herz am tiefsten berühren, und lass dir ihre Weisheit vermitteln. Zum angemessenen Zeitpunkt wird Heilung geschehen. In der Zwischenzeit sende einfach deine bedingungslose Liebe und bedingungslose Vergebung.

Reichen wir uns die Hände, um Mutter Erde auf ihrer spirituellen Reise zu unterstützen, um ihr im Reinigungsprozess und dabei zu helfen, wenn sie ihre Seele erhebt. Sprich: *Liebe Seele, lieber Geist und lieber Körper von Mutter Erde. Ich liebe euch. Danke, dass ihr mich und mein Leben nährt. Es ist mir eine Ehre, und ich bin voll tiefster Wertschätzung. Danke, danke, danke. Liebe Seele, lieber Geist und lieber Körper der bedingungslosen Liebe und der bedingungslosen Vergebung. Ich liebe euch. Bitte schenkt Mutter Erde einen Segen. Ich kann euch gar nicht genug danken. Danke, danke, danke.*

Chante dann mindestens drei Minuten lang: *Bedingungslose Liebe, bedingungslose Liebe, bedingungslose Liebe, bedingungslose Liebe, bedingungslose Vergebung, bedingungslose Vergebung, bedingungslose Vergebung, bedingungslose Vergebung* ... Stell dir dabei vor, wie die Erde göttliches goldenes, regenbogenfarbenes, purpurnes oder kristallenes Licht empfängt. Visualisiere ihren Reinigungs- und Heilungsprozess. Wann immer du die Mantras *Bedingungslose Liebe* und *Bedingungslose Vergebung* chantest, erweist du dem Planeten einen großen Dienst und segnest seine spirituelle Reise. Dafür bedankt sich unsere geliebte Mutter als universelle Dienerin, indem sie dir Liebe und Vergebung schenkt.

Wir befinden uns in einer Lernphase. Wir empfangen Weisheitslehren und Unterweisungen, um Übungen und hochwirksame Wege zur Heilung zu erlernen. Es ist äußerst wichtig, Weisheitslehren aus all den schwierigen Situationen der Erde zu ziehen. Es ist wichtig, sich mit der Seele jeder einzelnen Situation zu verbinden. Es stellt einen großen Dienst dar.

Im Lauf der Jahrhunderte hat eine kleine Anzahl von Menschen einiges an Information empfangen, die aber nie vollständig war. Was aufgenommen wurde, war angemessen für die alte Epoche. Wir befinden uns jedoch jetzt in einer neuen Ära. In diesem Zeitalter werden uns viele Dinge enthüllt, die zuvor streng geheim gehalten wurden. Ein Beispiel sind Unterweisungen und Weisheitslehren von Kraftplätzen und heiligen Orten auf der Erde, die dir geschenkt werden, sobald du mit den jeweiligen Seelen

sprichst. Jede Seele hat auch hier ihre eigenen Weisheitslehren, Heilungstechniken, Segnungen und Übungen für
dich. Alle werden jetzt benötigt, denn sie helfen bei der
Reinigung und Läuterung der Erde. Sie helfen uns im weiteren Verlauf der Ära des Seelenlichts. Sie können jetzt
enthüllt werden, da sie sich auf tiefster Seelenebene befinden. In der vorangegangenen, vom Verstand dominierten
Epoche war es unmöglich, Zugriff auf diese Lehren zu
haben. Wir hätten sie schlicht nicht verstanden, auch
wenn wir davon gehört hätten.

Die Erde möchte vieles mit der Menschheit teilen. Wenn
wir uns ihr Wissen und ihre Weisheit durch die Seelenkommunikation erschließen, unterstützen wir aktiv den
Transformationsprozess des Bewusstseins der Menschheit
und anderer Wesenheiten. Mutter Erde ist auf vielerlei
Weise die beste Lehrerin für alle, die auf ihr eine Heim-
statt haben. Die Menschheit ist hier entstanden, und sie
ist ein Teil von ihr. Unser körperlicher Aufbau ähnelt sehr
stark dem physischen Aufbau unseres geliebten Planeten.
Aus diesem Grunde geht die Menschheit auf eine besondere Art mit ihren Weisheitslehren in Resonanz.

Ganz besonders werden uns die spirituellen Lehren der
heiligen Kraftorte eine neue Frequenz bescheren. Die
Menschheit wird diese Lehren sofort nutzen. Wir können
diese Schwingungen schnell integrieren. Jene Weisheitslehren mittels der Seelenkommunikation zu empfangen
ist ein großartiger Dienst. Eine Einzelperson ist nicht in
der Lage, alle verfügbaren Lehren und Unterweisungen zu
empfangen. Es bedarf vieler Helfer, um in Seelenkommunikation mit jedem einzelnen heiligen Kraftort zu treten.
Gemeinsam bekommen wir ein vollständigeres Bild. Es
gibt der Seele des heiligen Kraftorts die Möglichkeit, sich
mit vielen verschiedenen Seelen zu assoziieren, wobei jede

Verbindung einen bestimmten Aspekt der Weisheit beleuchtet. Jede einzelne Seelenkommunikation findet auf ihrer bestimmten Frequenz und in ihrer besonderen Schwingung statt. Das zusammengefügte Bild vermittelt einer großen Vielfalt von Menschen in vielen verschiedenen Lebensumständen hilfreiche Informationen und Weisheitslehren.

Die Seele eines jeden heiligen Kraftortes befindet sich an einem besonderen Platz in Dschu Tien, den »Neun Himmeln«. Durch die Kommunikation mit diesen Seelen stellst du eine besondere Verbindung mit Dschu Tien her. Dies bringt dir großen Nutzen auf jeder Ebene deines Seins. Es ist ein weiteres Beispiel über den Nutzen und Gebrauch der Seelenkommunikation mit Mutter Erde. Bemüh dich und find weitere Wege, mit unserer geliebten Mutter zu kommunizieren. Nutze deine Vorstellungskraft, hör auf deine Seele und folg ihren Vorschlägen. Seelenkommunikation mit Mutter Erde ist ein wunderbares Geschenk und eine profunde Art, zu dienen.

Die Seelenkommunikation ist eines der wichtigsten Werkzeuge, die uns vom Göttlichen zu diesem Zeitpunkt in der Ära des Seelenlichts geschenkt wurden. Zu einer Zeit, die eine ganz besondere in der Geschichte unseres Planeten ist. Nutze dieses Werkzeugs mit großem Respekt und großer Dankbarkeit. Das Schöne ist, dass das Werkzeug mit jedem Gebrauch besser wird. Das Göttliche verspürt große Freude und großes Entzücken, wenn wir Seelenkommunikation praktizieren, und segnet uns dafür. Die Seelenkommunikation ist ein besonderes Geschenk vom Göttlichen, das uns in diesen Zeiten hilft und unterstützt.

# Zum Schluss

Ich habe dir einen Überblick darüber gegeben, worum es sich bei der Seelenkommunikation handelt und warum sie von großer Wichtigkeit ist. Du kennst nun ihre Bedeutung und ihren Nutzen. Du hast Übungen und Unterweisungen dazu empfangen, wie du deine Kanäle zur Seelenkommunikation öffnen kannst. Meine Lehren tragen großen Segen mit sich. Lies dieses Buch gegebenenfalls mehrmals. Es transportiert die gleiche Intensität und Kraft wie einer meiner Workshops oder eine meiner Teleklassen.

Wenn es dir schwerfällt, den einen oder anderen Seelenkommunikationskanal zu öffnen, lies die entsprechende Lektion wiederholt. Bitte die Seele der Lektion, dich zu segnen. Tu dies ohne Erwartungshaltung oder Anhaftung. Erwartungshaltungen und Anhaftungen bringen nichts als Unruhe und Stress. Dies blockiert äußerst effektiv den Lichtfluss. Jene Störfaktoren loszulassen ermöglicht es dem Licht, frei zu fließen. Alles kann in Schwingung kommen, und das zeitigt viel schneller gute Ergebnisse. Halt dir immer vor Augen, dass du zwar die Arbeit tust, das Ergebnis jedoch einzig und allein in Gottes Hand liegt. Das verhilft dir zu einer entspannten Haltung.

Vielleicht denkst du, deine Erwartungshaltungen und Anhaftungen schon losgelassen zu haben, und dennoch sind deine Kanäle zur Seelenkommunikation noch nicht geöffnet. Erinnere dich daran, dass ich bereits über Prüfungen und Reinigung gesprochen habe. Was immer geschehen mag oder auch nicht geschieht, ist ein Geschenk. Sei zutiefst dankbar, wenn sich dein Drittes Auge weit öffnet. Sei ebenso dankbar, wenn es sich weiterhin ausruht. Dies gilt für jeden einzelnen der Kommunikationskanäle.

Du hast die wundervolle Gelegenheit, Seelenkommunikation zu erlernen. Solltest du bereits gewisse Fähigkeiten darin haben, kannst du sie verbessern. Dieses Buch wird dich darin unterstützen. Sobald du Seelenkommunikation pflegst, sind das Göttliche und die höchsten Heiligen bei dir. Es besteht immer die Möglichkeit, noch mehr zu empfangen. Keiner von uns kann sagen: »Ich verfüge über den vollständigen Informationsschatz des Göttlichen und der höchsten Heiligen.« Es gibt immer noch mehr zu erfahren. Dieses Buch unterstützt dich in deiner Verbindung mit tieferer Weisheit und immer tiefer greifenden Unterweisungen.

Du hast hier erfahren, wie Seelenkommunikation dir auf deiner Seelenreise helfen kann. Ich habe dir praktische Vorschläge gemacht, wie du diesen Schatz zur Heilung, zum Lehren und zum Dienen anwenden kannst. Alle meine Vorschläge sind für jeden Menschen in jeder Situation, an jedem Ort und jederzeit durchführbar. Je öfter du meinen Vorschlägen folgst und entsprechend übst, desto mehr werden deine Fähigkeiten wachsen. Nutze meine Unterweisungen zu jeder Tageszeit, und dein Tag wird zu einem fortwährenden Fließen von Seelenkommunikation. Dies ist ein höchst wertvoller Schatz.

Meine Vorschläge haben nur dann eine Bedeutung, wenn du sie nutzt. Praktiziere meine Lehre. Wende meine Vorschläge von früh bis spät an. Dadurch wirst du eine erstaunliche Transformation erfahren. Wenn dein Tag zu einem fortwährenden Fließen von Seelenkommunikation wird, lebst du das, was wir den »Zustand« nennen. Du lebst im Zustand der ständigen Verbundenheit mit dem Göttlichen und den höchsten Heiligen. Es ist eine Ehre und ein Privileg jenseits aller Worte. Es ist unschätzbar. Wenn du im Zustand der Seelenkommunikation lebst, wird jeder Aspekt deines Seins geheilt, gesegnet, verjüngt und transformiert.

Es war mir eine Ehre und ein Privileg, dir diese Unterweisungen vorstellen zu dürfen.

Danke, danke, danke.

# Dank

Es ist mir eine Ehre, dieses Buch im Droemer Knaur Verlag vorstellen zu dürfen. Ohne die Unterstützung, Führung und den Segen zahlreicher Seelen wäre es mir nicht möglich gewesen, diese Lehren, die Weisheit, Übungen und dieses Wissen zu veröffentlichen.

Zuvorderst bedanke ich mich bei meinem zutiefst geliebten Lehrer und Adoptivvater, Meister Zhi Chen Guo. Er hat mich fünfzehn Jahre lang ausgebildet. Er hat mich immer wieder geprüft und getestet. Er hat mich gesegnet. Er hat mir sein Herz und seine Seele geöffnet. Ohne seine Unterweisungen, seine Ausbildung und seinen Segen hätte ich dieses Buch nicht schreiben können. Ich kann meinem geliebten spirituellen Vater gar nicht genug danken.

Ich bin dem Göttlichen zutiefst dankbar. Als göttlicher Kanal, göttliches Gefährt und göttlicher Diener ist es mir eine Ehre, göttliche Weisheit, göttliche Übungen und göttliches Wissen zu empfangen und weiterzugeben. Ohne die unermesslichen Segnungen und tiefen Unterweisungen des Göttlichen hätte ich dieses Buch nicht schreiben können. Ich kann dem Göttlichen gar nicht genug danken.

Ich danke all meinen spirituellen Vätern und Müttern im Himmel, einschließlich meinem ersten Geistführer Yung Zhong Zi und meinem geliebten Shi Dscha Mo Ni Fuo. Es gibt noch zahllose weitere Seelen, ohne deren Unterweisungen, Führung und Segnungen ich dieses Buch nicht hätte schreiben können. Ich kann ihnen gar nicht genug danken.

Ich danke allen göttlichen Schreibkanälen, göttlichen Lektoren, den Mitarbeitern meiner Organisation und allen Schülern, die mit mir zusammen der Menschheit, Mutter Erde und dem Göttlichen dienen. Ohne ihre Unterstützung und ihren Segen hätte ich dieses Buch nicht schreiben können.

Ich danke allen meinen Lehrern in diesem Leben. Ich durfte bei vielen großen Meistern lernen, um auch ihre Weisheit und ihr Wissen praktisch umzusetzen. Ohne ihre Unterweisungen, ihre Lehren und ihren Segen hätte ich dieses Buch nicht schreiben können.

Ein besonderer Dank geht an meine geliebte Familie, meine geliebten Eltern und Großeltern, meine geliebte Frau und meine Kinder sowie an meine verehrten Geschwister. Ohne ihre Liebe, ihr Verständnis und ihre Unterstützung hätte ich dir dieses Buch nicht schenken können.

Ich danke dir dafür, liebe Leserin, lieber Leser, dass du Herz und Seele öffnest, um die Lehren, die Weisheit, das Wissen und die Übungen dieses Buches zu empfangen. Möge es dir und vielen anderen gute Dienste leisten.

Ich danke jeder einzelnen Seele im Universum. Verbinden wir unsere Hände, unsere Herzen und unsere Seelen in Liebe, Frieden und Harmonie, um eine friedvolle und harmonische Mutter Erde und ein friedvolles und harmonisches Universum zu erschaffen.

Danke, danke, danke.

*Zhi Gang Sha*

# Anmerkungen

1 Die Akasha-Chronik ist eine feinenergetische Bibliothek, in der alle Ereignisse und Reaktionen aus allen
Sphären aufgezeichnet werden. Für jede Seele befindet
sich ein Buch in dieser Bibliothek. Deine Taten, dein
Verhalten und deine Gedanken werden darin aufgezeichnet. Dazu die jeweils gute oder schlechte Tugend,
die du erworben hast. Man kann dies auch »gutes« oder
»schlechtes Karma« nennen. Menschen mit sehr weit
entwickelten Fähigkeiten zur Seelenkommunikation
können mit ihrem Dritten Auge diese Bibliothek sehen
und mit Hilfe eines ihrer Seelenkommunikationskanäle
dort Informationen erhalten.

2 *Seele Geist Körper Medizin*, KOHA Verlag, Burgrain
2007.

3 Ein *cun* ist eine persönliche Maßeinheit aus der Traditi-
onellen Chinesischen Medizin. Es handelt sich um deine
individuelle Daumenbreite am vorderen Gelenk. Bei den
meisten Menschen sind es etwa 2,5 Zentimeter.

4 Vgl. auch *Seele Geist Körper Medizin*, S. 322–325. Hier
findest du eine genauere Beschreibung des Unteren Dan
Tien.

5 Ebenda spreche ich über die »Sag-Hallo-Heilung« (S. 47).
Sie ist die Essenz der Seelenheilung.

6 Ebenda, S. 197.

7 Chinesisch für »sehr gut«, »werd gesund«, »wunderbar«.

8 *Seele Geist Körper Medizin*, S. 74 f.

9 *Seelenweisheit. Kostbarkeiten zur Transformation deines Lebens*, KOHA Verlag, Burgrain 2008.

10 Das ist der neue Name von Kwan Yin im Zeitalter des Seelenlichts, ebenso bekannt als der weibliche Bodhisattwa des Mitgefühls. »Ling Hui Sheng Shi« bedeutet »Heilige Dienerin der Seelenintelligenz«.

11 *Soul Study: A Guide to Accessing Your Highest Power* (Zhi Neng Press, 1996).

12 Die Nahe-Hand-Ferne-Hand-Technik ist eine grundlegende Körperkrafttechnik aus meinem Buch *Seele Geist Körper Medizin* (S. 194 f.). Bei Kopfschmerzen, Bluthochdruck, Glaukomen, einem Hirntumor oder anderen Formen von Krebs im Kopfbereich, Alzheimer, Demenz oder als Rekonvaleszent eines Schlaganfalls solltest du unter keinen Umständen Übungen für das Dritte Auge ausführen. Bei diesen Krankheiten handelt es sich um Energieblockaden im Gehirn.

13 Vgl. ebenda, S. 121–125.

14 Die chinesische Bezeichnung für Gautama Buddha.

15 Siehe *Seele Geist Körper Medizin*, S. 85–129.

16 Pu Ti Lao Zu gehört zu den bedeutendsten Heiligen des Tao. Er ist höchster Führer in der Ära des Seelenlichts.

17 Als göttlicher Diener, göttliches Gefährt und göttlicher Kanal habe ich Hunderten von Menschen verbleibende göttliche Heilerseelen übertragen, um Seelenheiler der Seele-Geist-Körper-Medizin in die Welt zu bringen.

18 In einigen Situationen kann die »Übersetzung« von jemandem eine Botschaft oder eine Essenz tragen, die sich eindeutig von anderen Übertragungen unterscheidet. Dies signalisiert, dass sie nicht stimmig ist. So etwas geschieht, wenn jemand eine Interpretation mit dem logischen Verstand abgibt. Der Gebrauch des logischen Verstandes kann bewusst oder unbewusst erfolgen.

Ängstlichkeit, Mangel an Selbstvertrauen und andere emotionale und mentale, aber auch physische Faktoren können die Fähigkeit blockieren, eine stimmige Übersetzung abzuliefern.

19 Die beiden höchsten verantwortlichen Heiligen für die Akasha-Chronik heißen Yeng Wang Ye und Dschin Fa Shang She.